子どもの思考が見える21のルーチン

アクティブな学びをつくる

R. リチャート／M. チャーチ／K. モリソン 著
黒上晴夫／小島亜華里 訳

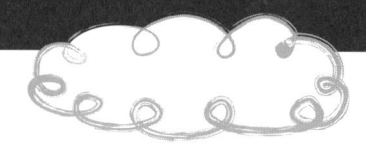

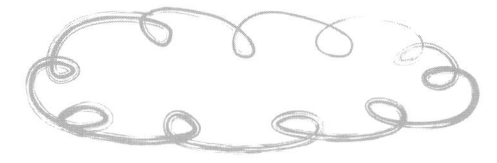

Making Thinking Visible:
How to Promote Engagement, Understanding,
and Independence for All Learners
Ron Ritchhart, Mark Church, Karin Morrison

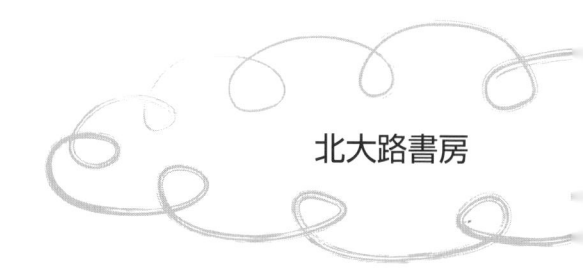

北大路書房

MAKING THINKING VISIBLE
by Ron Ritchhart, Mark Church and Karin Morrison
Copyright © 2011 by Ron Ritchhart, Mark Church and Karin Morrison.
All Rights Reserved.

Japanese translation published by arrangement with John Wiley & Sons International Rights, Inc. through The English Agency (Japan) Ltd.

デビッド・パーキンスによる序文

　だれかが電話で話しているのを聞いて,「どうしたんだ？」と疑問を感じたことはないだろうか？　何年も前だが,興味深い経験をした。私はケンブリッジコモン公園をゆっくり横切って,ハーバード教育大学院の私の部屋に向かっていた。すると１人の男がベンチに腰掛けて,携帯電話に大きな声でどなっていた。「そうに違いない。彼は私にも君にも嘘をついたんだ！　君に電話で何て言ったって？　すべて順調だって？　全然うまくいってないじゃないか！」

　「何があったの？」と聞きたい誘惑に駆られた。しかし,知らない人に話しかけるのはためらわれた。しかたなく好奇心を飲み込んで,歩き続けた。そして,電話の男が何て言っていたか覚えておいて,部屋につくなりそれを書き留めた。その後何度かそれを読み直して,その会話の裏にあるストーリーに思いをはせた。このちょっとした経験は,会話の片方だけでは,わからないことがどれだけあるのかを象徴している。そのようなことは日常的にたくさんある。とくに「会話」を広く解釈したときには。

　思考はよい例だ。われわれはふつう,他人の思考のすべてを聞くことはできず,考えた結果すなわちアイデアや意見や計画だけを耳にする。「もし～だったら」「一方で」「だけど～が心配だ」とか,「私の勘では～」などの言い回しも同じである。聞いたことが考えのすべてのように思っても,実はその人の頭の中にあることの半分,否それ以下のことしか言葉にはされていない。だから,「何があったの？」という疑問が起こる。

　自分の思考についても同じではないだろうか。ほとんどの人は,問題についての自分の立場や理解の状態をはっきり意識していないということが,研究によって明らかになっている。そんなことはないと言うなら,スポーツにおけるコーチの重要性を考えたらよい。運動について,選手が知らない専門知識を持つコーチは,選手が気づかない所に注意を払うことができる。いっしょに運動していなくても,端で見ていてわかるのである。

　これが,教育において「思考を可視化する」ことが重要な理由である。大ざっぱに言うと,それは考えを表明させて扱えるようにすることである。このために筆者らは,疑問を持つ,聞く,文章化する,名前をつけるなどたくさんの方法を提示している。他にももっと具体的な方法や,一般的な方法も示されている。これらによって,教室に主体的・積極的に深く考える学びの文化がつくられるので

ある。ロン・リチャート（Ron Ritchhart），マーク・チャーチ（Mark Church），カーリン・モリソン（Karin Morrison）は私とともに，長年実践に取り組んでこのアイデアを洗練させてきた。ここには，その経験による叡智が詰まっている。

ここで重要なのは，よりよく考える方法を学ぶということだけではない。この本で示されるミッションは，考え方を学ぶことだけでなく，学ぶために考えるということでもある。つまりこういうことだ。私はいつも学生に次のやっかいな質問をする。「大学に入るまでに学んだ概念で，今の生活でも重要なものはあるかな？」。たくさんありすぎて絞れない学生もいるが，自己を形成し，世界を理解し，行動に大きな影響を与えた知識をあげる者もいる。フランス革命をあげた学生がいた。フランス革命の詳細が重要なのではなく，すべての対立関係を見るレンズとして重要だというのである。また，環境問題をあげた者もいる。それは，どんな政策を支持するかだけではなく，毎日の生活でどうふるまうかにも大いに影響しているという。一般に，人は関心のあるテーマについて語るとき，考える対象だけでなく，考えのもとになっていることについても話す。…たとえば，フランス革命をもとにして葛藤について理解するとか，毎日の行動を改善するために環境の知識をもとにして考えるというように。

「何かをもとにして考える」ことは，2つの段階を経て「知識を覚えるだけ（それはあまりに多くの教育の目標だが）」の状態を脱けることである。第1段階では，おもしろくて価値があることについて考える。ただし，それ自体が何か特別な理解を生み出すものであってほしい。次に来るのは，応用である。遊びで学んだ概念が他の何かを考えるもとになるということが腑に落ちると，その概念の意味はずっと大きくなる。こうして応用が始まる。それはいざこざを解決することから地球温暖化に配慮して賢い買い物をすることまですべてにあてはまる。

思考を可視化することやそれに関連することが，学習者にとって重要な理由が，もう1つある。それは，何かについて考えるということと，学習したことをもとにして考えるということの関係が教えてくれる。公園のベンチにもどってみよう。複雑で衝突が多く不安定な昨今の世の中では，知っていることについて考えたり，知っていることをもとに考えたりすればするほど，たとえ耳に入る会話が片方だけでも，その意味を深く理解することができる。そして，会話全体の意味を知ることに近づくのである。

デビッド・パーキンス

はじめに

　2005 年，私とハーバード・プロジェクト・ゼロの同僚たちは，考える性向 (disposition) の育成をめざす 5 年間のプロジェクトを終えたところだった。このプロジェクトは，「知能改革（Innovating with Intelligence）」プロジェクトといい，カルペ・ヴィタム基金の助成を受けて，スウェーデンのレムスハーガ・アカデミーで行われた。ここでの考える性向と考える文化についての研究をもとに，一連の思考ルーチンが開発された。思考ルーチンとは，日頃の授業での思考を手助けする単純な手立てのことである。われわれは，授業改善をうながす方策として思考ルーチンを提案し，それが徐々に「思考の可視化」とよばれるアプローチの中心になっていった。これが文章化され，ルーチンとして，www.pz.harvard.edu/vt で世界中に公開された。

　このサイトは，いっしょに実践してきた教師たちに役立つものになっただけでなく，われわれ自身の仕事の重要な情報源となった。ともに「理解のための教育」をめざしてきた教師たちは，思考ルーチンを短時間で理解を深める方法だと考えていた。同僚のシャーリー・ティシュマン（Shari Tishman）とパトリシア・パーマー（Patricia Palmer）は，芸術の統合に焦点をあてた芸術思考●[1]を展開するのに効果的だと考えた。ハーバード教育大学院の教員も，学生に複雑な概念を扱わせるときに，思考ルーチンが役立つと考えた。自分自身の考えをふり返ったり書き出したりするのに，思考ルーチンを使う同僚さえいた。定例の夏の研修の講師は，議論をうながすためにそれまでに使ってきた方法と同じく，思考ルーチンによって研修がうまく進むことに惹きつけられた。

　同時に，デビット・パーキンス，マーク・チャーチ，カーリン・モリソンと私は，アベ＆ヴェラ・ドレヴィッチ基金の助成を受けて，ビアリク校（メルボルンの就学前～12 年一貫教育の私学）で「考える文化プロジェクト」を開始した。その際，どうやって学級の文化を変えるかを，それぞれの教師に考えてもらうには，思考ルーチンから始めるのがよいと考えた。プロジェクトの目的は，広い意味で考える文化に教師たちの目を向けることだったのだが，それまでの研究からは，思考ルーチンを何度も使っているうちに他の要因，たとえば時間，用語，機会，相互

●[1]　Artful Thinking＝お絵かきや音楽と学習を統合し，①観察と記述，②比較と関連づけ，③複雑さの発見，④視点の検討，⑤推論，⑥質問と調査，の 6 つの色の混合としてさまざまな思考を生み出すハーバード・プロジェクト・ゼロの考え方。

作用などについても目が向くようになることがわかっていたからだ（7章参照）。

　思考の可視化サイトの公開からまもなく，見知らぬ教育者たちが，思考ルーチンをどのように使っているか知らせてくれるようになった。彼らは，もっと学びたがってもいた。新しいルーチン，授業実践，授業ビデオ，さまざまな学年や教科での事例などである。要するに，それぞれの学校でより効果的にルーチンを使うための，より多くのサポートが求められたのである。このサイトは教師たちの役には立っていたが，もっと深く学ぶための文献が求められていた。本だと，机の上に置いていつでも使え，時間があるときにめくって読むことができ，会議に持って行って仲間といっしょに参照することができ，自分でメモやこつを書き込むことができる。そのために，サイトを全部印刷して綴じている教師もいたほどである。

　このような強い関心を目の当たりにして，マークとカーリンと私は，思考の可視化サイトを発展・充実させた本を書くことを考えた。はじめにまず，いくつかの目標を決めた。2005年に「思考の可視化」のアイデアを提案してから，研究者，開発者，ファシリテーターとしてのわれわれ自身の考えの変遷を明らかにすることが大事だと考えた。研究が進むにつれ，また仲間とのやりとりによって，可視化がルーチンを使用することから広がってきたし，それを知ってほしいとも思ったのである。このアイデアについては2章で扱う。

　また，思考ルーチンの新しい使い方を，知ってもらう必要もあると感じた。われわれは長年，何千もの教師たちといっしょにやってきた。そして，彼らの発明に驚かされ続けた。それを何とか知ってもらおうと思ったのである。そこでは，ルーチンが気の利いた活動としてだけでなく，思考と学習をサポートするものとなっている。思考ルーチンの知名度が上がり普及するに従って，効果が上がらない例も少なからず報告されていたので，効果が上がる条件についても理解してもらいたいと思った。そこで，ルーチンの説明にあたっては，どのような内容のときに使えばよいのかと，どのように形成的に評価すればいいのかを書くようにした。これは，従来は明記してこなかったものである。このことについては3章で詳しく説明する。ビアリク校などの考える文化プロジェクトにおける実践事例については，「実践の概要」に盛り込んだ。ここでは，教師が授業で思考ルーチンをどのように計画して使ったか，その結果はどうだったかに光をあてている。

　思考の可視化サイトと連動する形で，2005年にはDVDも作成した。アムステルダム国際学校の実践の映像である。これは，思考の可視化とは何かを知りたい

はじめに v

教師たちに広く見てもらえた。授業でうまく思考ルーチンを使うには，子どものやりとりと内容の吟味が重要であることを伝えるのに，この映像が非常に役立った。そこで，われわれはこの本にも DVD を付け，アメリカ，オーストラリア，ヨーロッパの教師たちによるさまざまな授業実践について紹介することにした。7つの授業映像は，書かれている内容の理解に役立つと思う[2]。

　もう1つの目標は，思考ルーチンやその他のツールを，広い意味での指導の中に位置づけること，すなわち，学級に考える文化をつくりだして，子どもを懸命にさせ，理解を促進し，自立をうながすことであった。1章で，思考とは何かを解きほぐして，思考が学習において果たす決定的な役割について議論する。思考をうながすことは，気の利いた付け足しなどではなく，学習の中心であることを事例で示す。この本全体で示される思考ルーチンと思考を可視化する方法は，3つの場面を対象にしている。学級，博物館，そして教員研修である。それについては7章で示す。ここでは，思考の可視化がモザイク状に重なって考える文化ができるということが示される。最後に8章で，「現場での覚え書き」をまとめて，この本を総括する。ここには，実践のこつ，成果，自分なりの使い方を見つけるヒントなどを集めただけでなく，どのように教師たちが思考ルーチンの使い方を学ぶかについての研究成果も示す。

　本書全体を通して，さまざまな学級のようすを織り込んだ。それぞれの学級の思考ルーチンに対するとらえの多様性によって，内容豊かな本になった。しかし，話は尽きてはいない。常に，新しく付け加えるべきことがある。世界中の教師たちとともに学んでいきたいと思う。子どもを一生懸命にさせ，理解を深め，考えることをサポートし，自立をうながすあなたのような先生たちから学び続けようと思う。この本を読んでいるのだから，あなたはそのような意識の高い先生に違いない。あなた自身の声を，思考を可視化するために腐心している教師たちの声に共鳴させてほしい。ここで示すアイデアを学級文化の中に溶け込ませてほしい。この本をもとにして，それを拡張してほしい。そして，教えることに畏れず向かってほしい。さらに大事なことは，すべての学習者が考える力を持っていることと，考えることは教えることができるということに，自信を持つことである。その結果は必ず輝かしいもののはずだ。あなた自身を元気づけるはずだ。

ロン・リチャート

---

[2] この訳本では映像は割愛した。

謝 辞

　学校では，常に考える力を育て，考えるプロセスを可視化し，考える文化をつくって学習集団のきずなを強くすることをたいせつにしたい。言うのは簡単だが，実際に実を結ぶのはそれほど簡単なことではない。一所懸命，誠心誠意取り組んで，反省を怠らず，従来のやり方に安住せず，挑戦するのがいかにたいへんか。各自が取り組み，全体でも取り組まなければならない。実践してみて学び，人の実践を見て学ぶのである。考えることをうながす試みに参加していただいた皆さん，思考の可視化に熱心に取り組んでいただいた皆さんに感謝したい。

　アベ＆ヴェラ・ドレヴィッチ基金とビアリク校評議会の助成を受けた。両者ともに，この考えの潜在的可能性を早くから理解していただいた。そして，ビアリク校での7年間にわたる研修をサポートしてもらった。それは，カルペ・ディエム基金の助成による「思考の可視化プロジェクト」およびスペンサー基金による「知的特徴」の研究につながり，そして「考える文化プロジェクト」の実践につながった。さらにそれはビアリク校にとどまらず，世界中にさざ波のように広がっていった。ダウ・ケミカル社も，ミシガン州中部地区の実践を助成してくれた。アトラス学習会（ATLAS: Authentic Teaching, Learning, and Assessment for All Students）は，ニューヨークの実践を支援してくれた。スウェーデンのレムスハーガ・アカデミーとアムステルダム国際学校は，世界中の教員を集めて知見を共有する機会を準備してくれた。こうして，この試みがたくさんの人々によって育てられ発展し続け，大きく育つのを見ることができた。

　思考を可視化する試みは，実践の段階にある。学校はどこでも，あまりに多くのことが起こり，あまりに多くの仕事がある。それでもありがたいことに，その価値を認めて定着させるまでの苦労を買ってでてくれるリーダーたちを見つけることができた。ビアリク校のジェニア・ジャノヴィーは「考える文化プロジェクト」を中心にすえて，定例研究会を開き，教師たちがこの試みについて相互理解し，議論し，深めるように仕向けてきた。教師たちが学ぶことを後押ししてくれたことで，この試みがずいぶん前に進んだ。また，ビアリク校のダフィネ・ガディーとトスカ・ムシークは，教師たちが常にこの試みについて話し合うようにしてくれた。ミシガン州中部地区では，ロッド・ロックとジェラーリン・ミクシコヤクが，多数の教育区でさまざまな教師たちにこの試みを広げる先導的な役割を果たしてくれた。ジェイン・モーア，パム・アリフィエリ，ジュリー・フォーク

謝　辞

ナーは，ミシガン州トラバース市の教師たちがこの試みに参加できるようにしてくれた。ニューヨークのヴァンガード高校の校長，ルイス・デルガードも自校の教師たちにこれを広げてくれた。ワシントン州のクローバー・パーク教育区では，パティ・マックスフィールドが推進役となった。マサチューセッツのベス・デルフォージとポール・デュラックはマーベルヘッド校から全教育区にこの考えを広めていった。リンダ・ジャースタイルは早くからこれに賛同し，アトラス学習会の活動に組み込んでアメリカ全土に広げてくれた。ジュリー・ラングフォークトは，2000年に初めてこの考えにふれ，メルボルンに広げるネットワークをつくった。メルボルン・グラマー校のクリス・ブラッジェ，アラン・ブライス，ロイ・ケラーはその要請に応えた。このリストはまだまだ続くし，増え続けている。

　この試みについての研究を進め，発展させるにつれ，その応用範囲の広さに驚かされてきた。思考を可視化するということと，そのための思考ルーチンは，さまざまな教科，さまざまな学習機関，多様な状況，いろいろな学習者に用いることができる。この本の神髄は，それらの実践のなかにある。ここには，ほんのわずかしか掲載できなかった。しかし，この試みに取り組んでいただいたすべての教育者たちに，感謝したい。それぞれの実践は，子どもたちや教師たちにとって，よき事例となりきっかけとなるのだろう。ビアリク校，ミシガン州サギノー市の中学校区，トラバース市の公立学校，スウェーデンのレムスハーガ・アカデミー，タスマニアのブライトン小学校，メルボルンのメルボルン・グラマー校，メソジスト女子大，ウェズリー大学の教師たちに深謝する。彼らは，しかし，いっしょにやってきた多くの学校や教師たちの中のほんの一部である。

　本書を書くにあたって，われわれの考えを後押しし，意見交換を通してアイデアを形にするのに貢献してくれた先見性のある人たちに感謝したい。ハーバード教育大学院のプロジェクトゼロのデビッド・パーキンス，テリー・ターナー，ベッカ・ソロモン，ライノー・ヘイダーにも感謝したい。彼らは，「考える文化プロジェクト」を通してアイデアを発展させるためのキーパーソンだった。シャリー・ティシュマンとパトリシア・パーマーは，最初の思考ルーチンを開発した「思考の可視化プロジェクト」の一員だった。スティーブ・サイデル，マラ・ケルシェフスカイ，ベン・マーデルは，学習の可視化プロジェクトを通して，可視化すること，記録することについての問題を提起してくれた。そして，ティナ・ブライスとジュリー・ラングフォークトは，何度もわれわれの考えを前に進めてくれた。

著者紹介

■ ロン・リチャート

　2000年より，ハーバード教育大学院におけるプロジェクトゼロの「考える文化プロジェクト」主席。プロジェクトゼロ以前は，小・中学校の芸術から数学まで幅広く教える教師であった。ニュージーランド，インディアナ州，コロラド州での教師経験を持つ。著書に通底するのは，どんな学習状況においても，思考，理解，創造性の育成を重視するという点である。この点についての数多くの著書，編著書や論文，ビデオを出版している。

　ロンは2002年に『知的特徴（Intellectual Character）』という著書を，刊行した。この書は，よい教育とは，テストの点をとらせることではなく，子どもを考えるようにさせる教育だと説く。スペンサー基金を受けたロンの実践研究は，学校や教室の文化がいかに子どもの考える性向に影響するかを明らかにした。グループや組織の文化を形成する要因についての分析は，クラスの内外における指導と学習についての分析枠組みとして，広く知られている。

　多くの学校や組織で，ロンの考えは熱心に取り組まれている。2005年にはサイトを立ち上げ，世界中で参照されるようになった。とくにオーストラリアのメルボルンでは，ビアリク校およびアベ＆ヴェラ・ドレヴィッチ基金の助成を受けて，「考える文化プロジェクト」を通してこの試みを推進している。

■ マーク・チャーチ

　約20年教師として勤務。子どもが考えて学習する機会をつくることをどうやって支援するかに関心がある。指導者として，マークは世界中の学校や教育区で，子どもたちに考えさせたいと思っている教師たちによる，豊かな実践コミュニティを創造するのを支援している。著書は，アメリカ，日本，ドイツ，オランダで小学校および中学校で教えてきた幅広い経験に裏打ちされている。

　マークは，海外での数年の経験を経てアメリカにもどり，アトラス学習会とプロジェクトゼロの「思考の可視化プロジェクト」の助言者になった。同プロジェクトの夏期講座の講師陣の一員でもある。また，ハーバード教育大学院が提供するWIDE（Wide-scale Interactive Development for Educators）Worldオンライン学習コースのコース開発者であり，授業者であり，指導者でもある。マークは，世界各地の学会で，おもに高学年から中学校を対象とした思考，学習，理解の問

題について報告してきた。現在は，ミシガン州北部地区にあるトラヴァース市の公立学校を対象とした教員研修の責任者である。さらに，プロジェクトゼロがアメリカ内外で主催する「考える文化構想」のコンサルタントでもある。

■ カーリン・モリソン

　カーリン・モリソンは，子どもと教師の思考と学習について関心を持つ，熱心な教育者である。有意味な学習を通して深い思考と理解をうながす環境や手順に焦点をあててきた。現在は，オーストラリアのビクトリア州の私立学校開発センター（Development Centre at Independent Schools Victoria）の主事である。また，ハーバード教育大学院で WIDE World の「思考の可視化」コースの指導者も兼任している。

　カーリンは，プロジェクトゼロとビアリク校による「考える文化プロジェクト」の協同研究の中心で，開始から5年間，同校でリーダーとしてこのプロジェクトを牽引してきた。ビアリク校勤務時は，ローゼンクランツ教育センターの主事でもあった。カーリンは長く，世界各地で考えさせる授業を熱心に支援してきた。2005年にメルボルンで開催された第12回国際思考力学会（International Conference of Thinking）を共同主催したほか，世界才能教育会議（The World Council for Gifted and Talented Children）のオーストラリア代表，ビクトリア才能教育連盟の元会長，オーストラリア・レッジョ・エミリア情報センター（Reggio Emilia Australia Information Exchange）委員を歴任。プロジェクトゼロの夏期研修の講師，バーモント州で行われるアトラフ学習会夏期講座の講師である。

目 次

デビッド・パーキンスによる序文　　i
はじめに　　iii
謝辞　　vi
著者紹介　　viii

第 1 部　思考についての考え　1

1 章　思考とは何か ……………………………………………… 3
　ブルームを超えて　　4
　記憶，勉強，活動を超えて　　7
　理解を深める思考の案内図　　9
　他に思考の種類はあるか　　12
　子どもの思考についての考えを明らかにする　　13

2 章　思考を教育の中心に ……………………………………… 20
　学習と指導における効果　　22
　思考を可視化する方法　　25
　　問い　　26
　　聞くこと　　31
　　記録　　33

第 2 部　思考ルーチンによる思考の可視化　37

3 章　思考ルーチンの導入 ……………………………………… 39
　思考ルーチンの 3 つの見方　　40
　　ツールとしての思考ルーチン　　40
　　構造としての思考ルーチン　　41
　　行動パターンとしての思考ルーチン　　42
　どのように思考ルーチンを整理するか　　44

4 章　考えの導入と展開のためのルーチン ……………………… 47
　ルーチン 1：見える・思う・ひっかかる　　47
　ルーチン 2：ズームイン　　56
　ルーチン 3：思いつくこと・わからないこと・調べること　　63

ルーチン4：チョークトーク　　70
　　　ルーチン5：3-2-1 ブリッジ　　78
　　　ルーチン6：4つの方位　　85
　　　ルーチン7：説明ゲーム　　93

5章　考えを総合・整理するためのルーチン……………………………101
　　　ルーチン8：見出し　　101
　　　ルーチン9：色・シンボル・画像　　108
　　　ルーチン10：コンセプトマップ：つくり出す・並べ替える・関連づける・詳細
　　　　　　　　　化する　　114
　　　ルーチン11：つなげる・広げる・吟味する　　122
　　　ルーチン12：関連・違和感・重要・変化　　130
　　　ルーチン13：小実験室　　137
　　　ルーチン14：前の考え，今の考え　　145

6章　考えを掘り下げるためのルーチン……………………………………153
　　　ルーチン15：どうしてそう言えるの？　　153
　　　ルーチン16：視点の輪　　159
　　　ルーチン17：なりきり　　166
　　　ルーチン18：赤信号・黄信号　　174
　　　ルーチン19：主張・根拠・疑問　　180
　　　ルーチン20：綱引き　　189
　　　ルーチン21：文・フレーズ・単語　　197

● ● ● ● ● ● ● 　**第3部　思考の可視化に命を吹き込む**　205　● ● ● ● ● ● ●

7章　思考が評価され，可視化され，推奨される場をつくる……………207
　　　事例：ふり返りを取り入れる　　211
　　　事例：自分たちが学ぶ時間をつくる　　218
　　　事例：豊かな話し合いを行う　　225
　　　文化をつくる力　　230
　　　　　期待　　231
　　　　　機会　　231
　　　　　時間　　232
　　　　　モデリング　　233
　　　　　言葉　　233
　　　　　環境　　234

相互作用　235
　　　ルーチン　237
8章　実践記録から ……………………………………………………238
　　算数における思考の可視化に向けて：マーク先生の事例　239
　　内容＋ルーチン＋子ども＝考える文化：シャローン先生の事例　245
　　２つの事例が示すもの　251
　　思考ルーチンを使いこなすまでの段階　252
　　　初めての利用：最初の段階　254
　　　慣れ：発展中の段階　255
　　　自信を持つ：進んだ段階　256
　　よくある落とし穴と苦闘　256
　　　付箋紙マニア　257
　　　今日のスペシャル　258
　　　「アラバマ物語」シンドローム　258
　　　ワークシートによる思考阻止　260
　　　一話完結から連続ものに　261
　　結語　262

文献　264
訳者解説：日本の授業と思考ルーチン　268
索引　284
訳者あとがき　286

Part 1

思考についての考え

Chapter 1

思考とは何か

　　オックスフォード辞書によれば，厳密に言うと約25万語の異なる単語がある（Fact About Language, 2009）。もちろんこの膨大な単語のうち，日常的に使うのはほんのわずかである。おそらくほんの7,000単語ぐらいで日常単語の90％がカバーできる。では，「考える」という語は，どれくらいの使用頻度だろうか。あなたは毎日どんなときに「考える」という語を用い，聞き，読むだろうか。その使用頻度は，標準的に何番目ぐらいだろう。トップ1,000に入るのか，もっと下か。

　いくつかの順位リストによれば，「考える」が印刷物で使われる頻度は125～136位に入る（Fry, Kress, & Fountoukidis, 2000）。オックスフォード辞書は，英語の動詞に限れば「考える」は12番目だとしている。明らかに，「考える」は書いたり話したりする中で際立った役割を果たしている。にもかかわらず，「考える」が正確に何を意味しているか，どれくらい知られているだろう。「考える」という語を聞いた人はどのような意味を思い浮かべるのだろう。だれかに「考え中」と言うとき，実は何をしているのだろう。確かなデータはないが，「考える」という語の使用頻度は，教室ではもっと高いと思われる。教師がその語を使うのは，何を意図するときだろう。子どもがそれを聞くと，何をすることだと思うのだろう。何かの行動につながるのだろうか。

　子どもの学習をサポートしたいのなら，そして学習が「考えること」の結果だと思うなら，何をサポートしようとしているのかをはっきりさせておく必要がある。子どもや同僚や友だちに，どのような知的活動を期待するのだろう。ワーク

ショップで教師に,「授業ではどのような思考を高く評価し,どのように考えさせたいと思いますか？」とか「その授業ではどのような思考が必要になりますか？」と尋ねると,多くの教師が途方にくれる。それまでに,「思考」というレンズを通して,自分の授業を見たことがなかったのである。いつも子どもには考えなさいと言うのに,頭の中で何をすればいいのかについて一歩引いて考えることはしてこなかった。授業で考えを可視化しようとしたら,そのためのいろいろな思考の形式,思考の様相,思考のプロセスを可視化することから始めるのがよいだろう。

ブルームを超えて

　教師に,授業でどんな思考が必要かを明示するように言うと,しばしばこういう反応が返ってくる。「ブルームの分類体系のことですか？　分類体系をもとに考えたらいいのですか？」。ほとんどの教師が,ブルーム（Benjamin Bloom）について,教員養成時代に学んでいる。分類体系は3つの領域（情意的領域,精神運動的領域,認知的領域）に焦点をあてているが,ほとんどの教師は認知的領域しか覚えていない。ブルームは,低次思考から高次思考に連なる6つの学習目標を示した。知識,理解,応用,分析,総合,評価である。しかし,これらは理論であって,学習についての研究に基づいたものではなかった。にもかかわらず,多くの教員養成で思考について教えるときの教典になった。教師はよく確実に「高次思考」が必要な授業や発問をするように求められる。しかしそれが「理解」を超えることを意味していることはあまりない。

　ブルームのカテゴリーは知的活動のタイプを表しており,したがって思考について考える出発点としてはよいのだが,思考のレベルが連続的あるいは階層的だとするのは問題だ。ブルームは,知識から理解,理解から応用という具合に進んでいくことを想定した。しかし生活の中には,それにあてはまらない例を見つけることができる。幼い女の子のお絵かきは,だいたい「応用」モードで描かれる。突然,絵の具が紙に落ちてびっくりする。たった今何が起こったのか「分析」する。同じことをもう一度違う場所でやったらどうだろう？　やってみたところ,しっくりこないと「評価」する。こうして,いったりきたりの実験とふり返りを続けながら,図画の作品を完成させる。親がこの子を迎えに来たとき,その日覚えたお絵かきのやり方について話をする。このように,きわめて動的にからみあ

っている思考によって，学習が生み出されるのだ。

　1990年に，ブルームの弟子が分類体系を改訂した。そして，新しいリストは，名詞ではなく動詞で示された。しかし，連続性は保持された。アンダーソンとクラスウォール（Anderson & Krathwohl, 2001）は，低次なスキルから高次なスキルまで順に，記憶する，理解する，適用する，分析する，評価する，創造するというレベルを提示した。これもまた役に立つリストなのだが，授業の順序を決めるために使われるなら問題である。アンダーソンらがレベルごとに示した思考活動を見ると，彼らが言う「検証する」が「評価する」に含まれるとは言い切れないし，それが記憶に含まれている「記述する」よりも高次なスキルだとも言い切れない。何かに注目してそれを完璧に「記述する」ことは，とても複雑で手のかかる作業ともいえる。この詳細な観察は，科学や芸術の根幹でもある。分析したり深く考えたりすることは，注意深い観察があってこそである。同僚のサイデル（Seidel, 1998）は，子どもの学習について「記述する」ことの重要性とむずかしさについて記している。人の脳はおのずとパターンを探したり解釈したりするようにできているが，その一瞬を切り取ってじっくり観察し「記述する」だけでもむずかしいのである。対照的に，紙飛行機がどれくらい飛ぶか，数学のアルゴリズムが正確か，つまようじで作った橋がどれくらいの重さに耐えるかを「検証する」ことは，すぐにできるし簡単である。

　これらからわかるのは，思考を内容と目的から切り離して論じるのはほとんど無意味だということである。そしてレベルについては，対象とする思考の中で考えるのがいいだろう。異なる種類の思考どうしでレベルを比較するのではなく，1つの思考の中でレベルや質について検討する方がよい。たとえば，何かについて「記述する」とき，表面的に書くことも非常に高い次元で詳しく書くこともできる。何かについて「検証する」とき，失敗かどうかをテストすることもできるし，失敗を引き起こす限界や条件について詳しくテストすることもできる。「分析する」ことを，すでに明らかになっている特徴だけに注目してすませることもできるし，もっと深く追究することもできる。テレビのニュースをラジオや新聞のより詳しいニュースと比べると，異なるレベルの分析結果にふれることになる。

　ブルームとアンダーソンの分類体系それ自体にも混乱がある。示された思考が，1つのレベルだけにおさまらないのだ。これは「理解」においてとくに顕著だ。1970年代から，多くの研究者や理論家が，理解にいたらせることの複雑さに注目してきた（Bruner, 1973; Gardner, 1983, 1991; Skemp, 1976; Wiske, 1997）。浅い

理解と深い理解を区別することもある（Bigs, 1987; Craik & Lockhart, 1972; Marton & Saljo, 1976）。知識や事実の記憶のような表面的な学習は，しばしば単純な練習の形をとる。一方，深い理解をもたらすのは，より積極的で構成的なプロセスである。今日の教育者たちは，理解について，ブルームの分類体系が示すほど低次なものではなく，とても深い（少なくとも複雑な）ものだと考えている（Blythe & Associates, 1998; Keene, 2008; Wiggins & McTighec, 1998）。実際，理解は教育の主たる目標だと考えられていることがよくある。

　理解についての研究は（その多くがプロジェクトゼロによるが），理解が応用，分析，評価する，創造する，の前にあるのではなく，その結果であることを示している（Wiske, 1997）。先の女の子にもどってみよう。彼女が得た理解あるいは洞察は，いろいろな活動とそこで起きた思考の結果である。したがって，理解を思考の1つのタイプだとするのはまったくあたらず，それは思考の結果と見るべきだ。したがって，何かをただ「理解する」とだけ言ったり，理解を他の活動と対置したりすることはできないのである。キーン（Keene, 2008）は，読解のプロセスの複雑性について記し，それを助ける思考方略を育てる必要性を説いている。ヒーバートら（Hiebert et al., 1997）は，算数の理解が，手順の記憶とは根本的に異なっていることを明らかにした。

　理解についてと同じ議論（それは思考のタイプではなくて思考の結果なのだという議論）が，「創造する」についてもあてはまる。創造のプロセスでは何が起こっているのだろう。そこにはたった1つの「活動」があるのではなく，さまざまな活動とそれに関連する思考が絡みあっている。このプロセスの一部に，意思決定があり，問題解決がある。さまざまなアイデアが検証され，結果が分析され，既習事項が呼び出され，（少なくとも創造している人にとって）新しいアイデアに組み入れられる。創造は，子どもが新しい色をつくっているときと同じように，本来単純なものであるが，新しいiPhoneアプリを発明するのと同じくらい役に立ち，新しい材料でエネルギーを生み出す方法のように奥深い。

　これまで簡単に述べたとおり，レベルがあるという考え方は，思考について細かく見ると問題で，結局期待したほど役に立たない。思考は，決まった順番で連続的に段階を追って進むわけではない。もっとごちゃごちゃで複雑で，ダイナミックで，絡まりあったものである。思考は内容とも密接につながっていて，どのような思考に対しても，レベルの違いやレベルに見合った成果を対応づけることができる。結局，思考の目的から始めるのがいちばんよいだろう。なぜ子どもに

考えさせたいのだろうか。考えることはいつ役に立つのか。何の役に立つのか。この後，それらの問題について見ていこう。

記憶，勉強，活動を超えて

ブルームの分類体系についての議論で，理解は思考のタイプではなくて，思考の主要な結果だとした。ほとんどの教師が気づいているが，理解は教育にとって大きな脅威だ。「理解のための教育（The Teaching for Understanding: TFU）」(Blythe & Associates, 1998) あるいは「デザインによる教育（Understanding by Design: UBD）」(Wiggins & McTighe, 1998) は，教師が理解に焦点をあてるカリキュラムを設計する2つの重要なよりどころである。すべての教師がこの目標を採用して，理解のためにがんばるとしたら，とても喜ばしい。しかし，ほとんどの学校や学級の現状は，まったく違う。今日のテスト至上環境の中では，すべてのカリキュラムをこなしてテストに備えることへのプレッシャーがきつい(Ravitch, 2010)。理解に向けて教えるというアイデアは歓迎するとは言うが，実際には逆のプレッシャーがかかっている。このプレッシャーは別に新しくはない。学校は，産業モデルによってできているので，技能や知識を主要なゴールとしてきたのだ。

ほとんどの学校で，本当に理解させることよりも，内容をこなして評価することに重点が置かれてきた。それがうまく計画されていて理解をうながすようなものだったとしても，新旧の知識や技能のくり返しを重視していることがよくある。教室はしばしば，「説明と練習」の場所となるのである。教師は子どもに，何を覚えて何をすることが重要かを説明し，それを練習させる。そのような授業では，ほとんど思考は起こらない。教師は，そこでどのような思考を期待しているかを問われると途方に暮れる。なぜなら，子どもに与える「勉強」には何も考えることが含まれていないからだ。くり返しによって情報を記憶することは学習ではなくトレーニングなのだ。

その裏返しは，教室の活動が，まさに体験だけの場合だ。経験学習や探究学習を誤解すると，子どもは膨大な体験に従事することになる。うまく仕組まれていれば，この体験も理解をうながすことができるが，体験を学習に変換するのに必要な思考が置き去りになっていることが多い。また，体験が練習を楽しくしたようなものにすぎないこともよくある。「ジェパディ！[1]」のゲームをするのは，

ワークシートに向かうよりもおもしろいが，理解をうながすようなものではない。

教えることの根底には，カリキュラムは子どもに何かを伝えるもので，よい教師はそれがとてもうまいという考えがある。教師としての成長をふり返って，マーク・チャーチはこの考えがいかに自分の教育に影響したか，語っている。

> 教師になりたてのころは，「おもしろい先生」であり，自信もあり傲慢だった。いつも子どもを楽しませていた。子どもも僕を好きだった。授業も好きだった。エキスパートとして，あの手この手を使って，どんな知識でも伝えることができた。その結果，僕の教育方法は，情報を伝達する一方的なものになっていた。楽しさやハンズオン[2]を生み出すのがよい教育方法で，マインズオン[3]の活動である必要はなかった。よい教師になることは，情報を伝えるテクニックをマスターしており，子どものするすべての質問の答えを知っていることだった。そのころはまだ，よい教育は，子どもについて，どのような学習が起こるかについて何を知っていて何を理解しているかにかかっている，というようなことは頭になかった。何が理解なのか，理解はどのように起こるのかという問題を本当に確かめようとするまでは，僕は本当に教師に向けて一歩も踏み出していなかったのだ。それをしてはじめて，勉強と活動は，学習とは同意語ではないということがわかったのだ。

この章の中心テーマ「どのような思考に価値を認め，育成しようとしているか？」にもどろう。それと関連して，「その授業は，どんな思考を子どもに要求するのか？」という問いもある。子どもが活動や勉強に挑んでいるのに，教師は指導事項をこなすことに重点を置きがちだ。そのときどんな順番でどんな活動をすればいいのかは明確にできるが，そこに思考は存在しない。そうなると，学習は同じく存在しないのである。

活動と思考を導く教育方法を見分ける練習をしよう。担当教科で子どもが取り組むすべての活動のリストをつくってほしい（もし小学校教員なら，1つの教科だけでよい）。そのリストを同僚や友人と見せ合ってみよう。そして，新しいリストをつくってみよう。さて，それらをもとにして，次の3つのリストをつくっ

---

[1] アメリカのクイズ番組。
[2] 体験的・実践的な学び。
[3] 頭を使って考える。

てみよう。

1．子どもが最も時間を使っている活動，日常的に75％を占める活動は何か。
2．教科の軸となる活動は何か。科学者，作家，芸術家がやっていることを，学習活動の中に見つけるとしたらそれは何か。
3．教科内容を理解させるために，いちばん時間を使っている活動は何か。

1番目のリスト（大量の時間を子どもが何に使っているか）があとの2つのリストと同じであればあるほど，あなたのクラスは理解をめざしている。もし，3つのリストに重なりがないなら，子どもは理解ではなく，勉強か体験に浸っているだけだ。教科内容を勉強しているが，教科は学んでいない。教科内容を理解させるためには，真正な知的活動をさせなければならない。それは，教科の軸になる方法や道具を使って，問題解決や意思決定をさせ，新しい理解をつくり上げることなのである。われわれは，科学者にとって重要な思考（仮説検証，観察，考察など）や数学者にとって重要な思考（パターン化，推量，一般化，論証など），読書家にとって重要な思考（解釈，関連づけ，予測など），歴史家にとって重要な思考（多面的思考，証拠に基づく推論，説明など）に敏感でなければならない。そして，そのような思考を学習の中心にすえなければならない。そして，育てたい力の中心に，そのような思考を置かなければならない。それは，教科を理解するのに必要な思考をさせるということで，実現可能なのである。

理解を深める思考の案内図

先に，各教科の軸となる思考のタイプをいくつか示した。理科では仮説生成，仮説検証，歴史では多面的な考え方などである。しかし，すべての教科を超えて理解のもとになる思考はないのだろうか。新しい概念，アイデア，出来事を理解するときに役立つ思考はないのだろうか。特定の教科の理解を深めるための思考について考えるとき，おそらくそのうちのどれかを思い浮かべることになるだろう。リチャート（Ron Ritchhart），パーキンス（David Perkins），ティシュマン（Shari Tishman），パーマー（Patricia Palmer）は，理解を高める思考のリストをつくろうとしてきた。その目標は，理解に関係するすべての思考をカバーすることではなく，理解を助けるのに必須となる思考を見極めることであった。そし

て，理解にとってなくてはならない，そしてもしそれがなかったら理解が進まないような思考を見つけ出すことであった。そして，次の6つが残った。

1. 念入りに観察して記述する
2. 説明や解釈をつくり上げる
3. 根拠をもとに推論する
4. 関係づける
5. 異なる視点を考慮する
6. 核心を見抜いて結論を導く

これらの6つは，新しい概念の理解をうながすのに重要な役割を果たすと思われる。何かを理解しようとするとき，それをくまなく細部にわたって記述することができるように，その構成要素や特徴を知らなければならない。構成要素や特徴を見極めて具体的に記述することは，分析の鍵となる。理解のプロセスは，説明や解釈をつくり上げることと密接に関係している。理科では，この説明や解釈を「説」あるいは「仮説」とよぶ。算数・数学では，「推量」「一般化」とよぶ。説明を考えるときには，自分の意見を裏付ける根拠にのっとって説明し，根拠が示すことだけを説明する。何か新しい概念に出会ったとき，過去の経験に基づいて，既知の概念との関係をさぐる。見つけた関係は，概念どうしを結びつけるのを助け，新しい概念が教科や教科外の知識のどこに位置づくかを見極めるのを助ける。またそれは，新しい概念やスキルの適用や，それらがどこで活用できるかということについての関係の場合もある。このような関係は，情報の検索を助け，新しい情報が活性化されているかどうか見るのを助ける（Whitehead, 1929）。新しいアイデアや状況を1つの視点からしか見られなければ，理解は限定的になり，時に色眼鏡で見ていることにもなりがちである。異なる視点から見ることで，理解が豊かになる。概念，手順，出来事，学習事項の核心をとらえることは，その本質を理解すること，すなわちそれがいったい何であるのかの理解を確実にしてくれる。木を見て森を見ずにならないように，核となる概念に気づくようにしなければならない。

これらの思考が，可視化したい思考のすべてというわけではない。しかし，最初としては有用なリストである。思考を重視し可視化しようとしている多くの教師にとっては，とても役に立つ。このリストは，学ぶべきことに子どもの注意を

向けさせる。勉強や体験で学習がおろそかにならないように，課題を出す前に少し時間をとって，その課題で必要となる思考のタイプについて話し合いをするのがよい。子どもが自分の思考について，考え方や考えるプロセスについてより意識するようになると，よりメタ認知ができるようになる（Ritchhart, Turner, & Hadar, 2009a）。

　この思考リストはすべて，理解を直接助けるので，単元設計をするときにも役立つ。子どもは単元を通して，理解を進めるためにさまざまな場面でこれらの思考に取り組まなければならない。説明，根拠に基づく推論，関連づけ，多面的に見ることに積極的に取り組まなければ理解に大きな穴が空く。6つの思考は理解を助けるだけでなく，理解を評価するためにも有用である。スウェーデンのレムスハーガ・アカデミー中学校のフレデリック・ピーターソンは，この6つの思考が歴史作文で求めていたものとまったく同じなので，評価ルーブリックとして使うことにした。アムステルダム国際学校の6年生では，本気で思考を可視化すれば，子どもはテストの成績だけでなく，自分の思考に注目しなければならなくなるという。6年生は全員，思考ポートフォリオをつくり，この6つの思考をどこでどのように使ったかを示すサンプルを綴じ込んだ。このポートフォリオは，学年度末の子ども会議で親に手渡された。

　理解を深める6つの思考（理解の案内図）を定めてから，2つが追加された。

　7．疑問に思って質問する
　8．複雑なものを単純化して深める

　好奇心を持って質問をすることが学習を進めるのに重要だというのは，自分自身の経験からも簡単にわかる。好奇心が芽ばえ，何かを知りたい学びたいと思うと，一所懸命に取り組むことはみんなが知っている。多くの教師は，本質的な質問をすることで，学習を深めようとしてきた。しかし，質問は理解の深まりを反映するものでもある。学習の初期にする質問は，学習が進むにつれて変わり，形を変え，発展する。一所懸命理解しようとしたあとで，より多くの疑問を持つことさえある。この新しい疑問は，理解の深さを反映している。理解を掘り下げるこの力は，深い理解には不可欠である。答えに簡単に満足しないで，出来事や話の流れやアイデアの複雑さをよく吟味させたいものだ。複雑性の中に，おもしろさ，好奇心，ミステリーのもとがあり，それが学ぶ気持ちを高めるのである。

なお，8つの思考のリストが，思考のすべてを網羅しているわけではない。とりあえず役に立つ出発点にすぎない。読者がより役に立つ思考を思いつくかもしれない。可視化する，理解しているかどうか点検する，因果関係を見つけるなどである。さらに，先の8つを洗練することができるかもしれない。たとえば，概念の類比・対比は関係づけの特別な形である。分類は，記述や観察を発展させたものだ。説明や解釈という語はかなり広い意味を持つが，まちがいなく推論，説明，予測に関係している。ふり返りはどこに位置づくだろう？ 組織的なふり返りは，理解と問題解決に不可欠だといわれてきた（Eyleer & Giles, 1999）。自分の意見や感情を話すだけでない組織的ふり返りは，対象を記述し，重要な特徴を見いだし，新しいものを既知のものと結びつけ，対象や出来事をさまざまな角度から検証することである（Colby, Beaumont, Ehrlich, & Corngold, 2009）。

他に思考の種類はあるか

もちろん，理解だけが思考の目標ではない。問題を解決すること，意思決定，判断することなども考慮しなければならない。しかし，これらの背景にも8つの思考がある。ものごとを新しい視点で見たり，構成要素を切り分けたり，根拠をもとに推論したりすることは，どうしても必要である。結論づけたり，重要な点を見極めることもまた重要である。問題解決，意思決定，判断において重要ないくつかの思考を追加しておくのが有用だろう。

1．パターンを見つけて一般化する
2．可能性とオルタナティブ（別の方法や考え方）を見いだす
3．根拠，議論，実行を評価する
4．計画し，実行をモニタリング（経過を観察）する
5．問題，仮説，偏見を見極める
6．優先順位，条件，何がわかっているかを明確にする

ここでもやはり，この6つがすべてを言い尽くしているわけではない。ただ，頭のはたらきを方向づけたり，授業を計画したりするのには役に立つ。このそれぞれは，どんなことと関連しているかを考えるとわかりやすい。たとえば，「可能性とオルタナティブを見いだす」ときには「ブレインストーミング」が役に立

つ。「詳しく調べる」ことによって「優先順位，条件，何がわかっているかを明確にする」が可能になる。「計画し，実行をモニタリングする」は戦略的思考と関係しており，「根拠，議論，実行を評価する」は「懐疑的である」ことの一部である。このリストからは，問題解決が中心となる数学や理科の難問を解く授業を連想するかもしれない。主体的な学習をめざす数学や理科では，よく観察し，パターンを見いだし，パターンを一般化して手順やアルゴリズムやきまりをつくらせる。もちろん，そのきまりや推測は，注意深く評価され検証される。

　このリストは，政治や社会や倫理の問題を扱う公民の授業でも有効である。そこでは，優先順位，条件，既知のことと未知のことを明らかにすることから始めるのが重要である。ものの見方を曇らせる先入観や偏見に敏感になることも忘れてはならない。もちろん，対象をさまざまな角度から見ること（前節の理解を深める思考の案内図であげた「異なる視点を考慮する」）も必須である。状況によっては同時に，「可能性とオルタナティブを見いだす」や「計画し，実行をモニタリングする」を実行することにもなるだろう。

　このリストと前節の8つの思考を組み合わせることで，思考が何を含むかがかなりわかってくる。どのような思考を期待するのか明確にすることで，授業計画が改善される。期待する重要な思考がうまく起こるように，機会をつくることができる。理解を深めたり問題解決をするために考えなければならないことがはっきりすると，発問や子どもとのやりとりのときに，そこに焦点をあてて導き出すことができる。思考の意味がはっきりわかってきたところで，子ども自身が「考えを可視化する」ことについて，どう考えているのか検討してみよう。

● 子どもの思考についての考えを明らかにする

　子どもの思考力を耕して，生涯学び続けることにつながる「思考の習慣[4]」と気質を身につけさせることが学校の使命だと考えると，子どもが思考についてどう考えているか，思考についてのメタ認知をどのように言葉にさせるかが問題になる。教師がどんな思考を期待するかを明確にすることと，理解を深めるときに思考が果たす役割に子ども自身が気づくことは別物だ。この気づきの重要性は，ビッグス（Biggs, 1987）が指摘している。彼は，「適切にメタ認知をするためには，課題に必要となる認知的リソース[5]がどのようなものか意識し，それをどう使うか計画し，実行をモニタリングし，コントロールしなければならない」

(p. 75)という。ビッグスは，この自己の学習プロセスについての意識と，それに基づくコントロールのことを，「メタ学習」とよび，メタ認知の下位に位置づけている。これを，「メタ方略的知識」とよぶ人もいる。つまり，自分の学習を促進したり方向づけたりする方略についての知識である（Zoher & David, 2008）。ここまで読んできた読者は，思考や学習のプロセスについて考えているだろう。そして今，読者自身のメタ方略的知識は，活性化しているはずだ。

　パーキンス，ターナー（Terri Turner），ヘイダー（Linor Hadar）と本書の著者たちは，ビアリク校の「考える文化プロジェクト」の一環として，思考を可視化してそのプロセスを意識させることで，子どもの思考についての概念がどのように変わるのかを明らかにしようとした。とくに，学習することや問題解決をすることにかかわる思考，意思決定や判断を進める思考について子どもがどのような意識を持っているかに関心があった。それは，学習にかかわる技能についての意識や，記憶したり記憶を引き出したりすることについての認識も含んでいるが，それだけでなく，「対象を異なる視点から見る」「既有知識と関連づける」「新たな仮説を生み出す」などの理解を築き上げる思考スキルについてどうとらえているのかということである。しかし，どうすれば思考についての意識を明らかにできるのだろう。思考とは何か，思考によって頭の中に起こることをどうやって掘り出すのか。事前に選択肢を決めて選ばせるような方法ではなく，どうやって自由

● 4　思考の習慣（Habits of Mind）とは，カリフォルニア州立大学のコスタ（Arthur Costa）らが提唱した問題解決のために必要な16の知的な習慣のこと。
- 粘り強さ（Persisting）
- 緻密・明確に考えて伝える（Thinking and communicating with clarity and precision）
- 衝動的に考えない（Managing impulsivity）
- 全感覚を通じて情報を集める（Gathering data through all senses）
- 理解と共感を持って聞く（Listening with understanding and empathy）
- 創造し，想像，革新する（Creating, imagining, innovating）
- 柔軟に考える（Thinking flexibly）
- 驚きと畏敬を持って対応する（Responding with wonderment and awe）
- 自分の思考について考える（Thinking about thinking: metacognition）
- リスクをとる（Taking responsible risks）
- 正確さを求める（Striving for accuracy）
- ユーモアを忘れない（Finding humor）
- 疑問を持ち問題を提起する（Questioning and posing problems）
- 協同して考える（Thinking interdependently）
- 初めての状況に既有知識を活かす（Applying past knowledge to new situations）
- いつも学び続ける（Remaining open to continuous learning）

● 5　課題を実行するために必要な知的な力。

な形式で個人の反応と変化をとらえることができるのか。

　研究チームは，コンセプトマップを使った。さまざまな学年で，思考とは何か，授業で強調される思考の種類は何かについて話し合うための共通形式としてコンセプトマップが用いられた。コンセプトマップを描かせるときには，いっさい制限をかけず，一般的な指示を出すだけにした。子どもに，「考えるってどういうこと？　考えているとき，頭の中で何が起こっているの？」と問いかけた。そして2つの例をあげた。「何かについて心の中で思い描くとき」「2つのものを比べるとき」である。「思考」という語を紙の真ん中に置いて，子どもに思考についての考えを書き込ませるようにした。とくに，身体的な活動ではなくて，認知的な活動に焦点をあてるため，「何をしているの？」ではなく，「頭の中で何が起こっているの？」と言うようにした。さらに子どもにとってなじみ深い2つの例を示した。

　研究者として見ても教育者として見ても，この方法は子どもにとって十分わかりやすいものだと言える。同じ方法で自分のクラスでやってみるとよいだろう。コンセプトマップにあてる時間は5分～10分で，その後マップをもとにして話し合いを持つ。一人ひとりのコンセプトマップを寄せ合って，グループでマップをつくらせる教師もいた。こうすると，マップが描けずに困っている子どもが，他の子どもの考えを聞くことができる。また，一人ひとりがマップを描いたあと，クラス全体でマップをつくった教師もいた。これは，似た考えをまとめて，あまり重要でない項目を省き，重要な思考にだけ焦点をあてるのにとくに効果的である。いずれにしろ教師たちは，マップに表された子どもの思考についての考えにわくわくした。どのクラスでも，実にさまざまな反応を見ることができるのである。4年生，6年生，10年生の例を，図1.1，1.2，1.3に示す。

　3年生から11年生までの何百枚ものマップには，4つの主要な書き込みが見られる。「関連的項目」「感情的項目」「メタ項目」「方略的項目」である。「関連的項目」とは，思考と関連しているが思考について直接はふれてはいないものである。「算数の授業で」「旅行の時」「次に何が起こるか」など，思考がいつどこで起こるかについてのコメントや，「考えていること」というようなコメントである。これらは，実際の思考プロセスや思考の本質についてのものではなく，むしろ人，場所，ものごとについてのコメントである。また，「考えるときに使うもの」「どのように考えるか」「頭の中の考え」「脳波」などの一般的なコメントも，このカテゴリーに特有である。同様に，思考にまつわる情意的な連想である「感情的項

16 Part 1 思考についての考え

だれかに何かのスペルを書くように言われたら，その形を頭に，思い浮かべて，それからスペルを書く。

図1.1　4年生の子どものコンセプトマップ

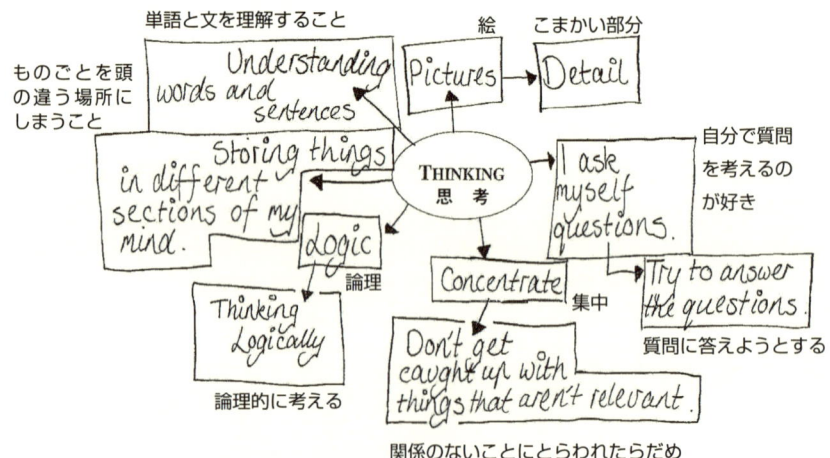

図1.2　6年生の子どものコンセプトマップ

目」も厳密に言うと，思考とは違う。子どもは「よくわからない」「楽しい」「時間制限があるとむずかしい」などの感情的な単語やフレーズをよく書く。

初めてコンセプトマップを描いたとき，小学生のコメントの70％が「関連的項目」で，10％が「感情的項目」であった。中学校，高等学校のマップも，50％が「関連的項目」で10％が「感情的項目」であった。これは，子どもが考えを進め

Chapter 1　17
思考とは何か

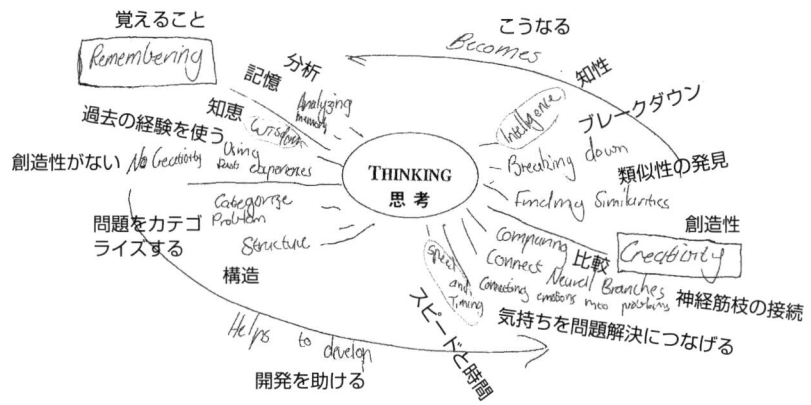

図1.3　10年生の子どものコンセプトマップ

るときに用いる方略をあまり知らないということを意味している。これを知らなければ，学習は非効率的で，自立しておらず，意欲的になれず，メタ認知もできないだろう。この研究については「コンセプトマップで子どもの思考を明らかにする（Uncovering Students' Thinking About Thinking Using Concept Maps）」(*Metacognition and Learning*)（Ritchhart, Turner, & Hadar, 2009b）に詳しい。もし，子どものコンセプトマップに，「関連的項目」や「感情的項目」が多く見られるようであっても，だめなのではないかと心配することはない。それはまちがっているのではなく，知っていることや思いつくことを書いているだけで，まだ思考についての意識が開拓されていないということなのである。

　コンセプトマップには，厳密に言うと思考プロセスそのものとは言えないとしても，思考とは何かについての気づきもいくらか書き込まれていた。これらを「メタ項目」とよぶ。特定の知的行為についてではなく，知識の枠組み，理解とはどういうものか，知識を得ることはどういうことか，などについてである。メタ項目は，「いくら学んでもまだ学ばなければならないことがある」「完璧に理解することなんてできない」「覚えることで新しいものがつくれる」というようなコメントを含む。これを書いた子どもは，思考，学習，理解の目的や複雑性について気づいていると思われる。

　もちろん，教師としては「方略的項目」をたくさん書いてほしい。しかし，方略にもいろいろある。この章の最初で書いたが，人は理解を深めるためだけでなく，知識の記憶と把持にも思考スキルを使う。「考える文化」研究チームは，「方

略的項目」に4つのカテゴリーがあることを発見した。

1. 記憶・知識方略：表面的な情報とその検索についてのコメント。「本を調べる」「何度も練習する」など。
2. 一般的な方略：一般性を持つコメント。このカテゴリーの項目は，もっともらしいが，知的活動を正確に表してはいない可能性がある。たとえば，「論理的に考える」というのは明らかに思考と関係しているが，5年生の言葉として見たときには，じつはその意味をわかって書いたものでないかもしれない。「問題解決」「メタ認知」「理解」などの場合は，さらにその可能性が高い。
3. 自己制御・動機づけ方略：このカテゴリーを書いた子どもは，考えるにはやる気と適切な方法が必要だということを理解していると思われる。「心配事は忘れる」「できるんだと声に出して自分を励ます」などである。
4. 特別な思考方略とプロセス：このカテゴリーは，意味づける，理解する，問題解決する，意思決定するなど，学習を深める建設的な取り組み方と関係がある。「違う見方を考慮する」「前の疑問から新しい疑問をつくる」などが含まれる。

　この本で「思考を可視化する」というのは，このような理解を深めるための特定の思考方略やプロセスのことである。これが，授業で中心となる活動であるべきなのである。子どもの思考（だけでなく教師の思考も含めて）を可視化して，各自が理解を築き上げる仕組みに注意を向ける。子どもが自分の思考プロセスを意識すればするほど，自分の認知的活動を律することができる自立した学習者となる。ところで，後の章で扱うさまざまな方法によって思考を可視化することで，思考プロセスや思考方略についての気づきをどれほどうながすことができるだろうか。考える文化プロジェクトを始めたときに行ったコンセプトマップの調査では，コンセプトマップを描く課題によってすべての学年で思考方略への気づきは有意に高まった。年齢の小さい子どもは250％，高校生では65％も多くのコメントを記すようになるのである。平均でも，調査対象のすべての子どもが，発達から想定される増加量よりも68％以上多くのコメントを記している。
　思考の可視化のゴールの1つは，子どものより深い理解をうながすことである。また，子どもがやる気になることや自立することもめざしている。この2つめの

ゴールには，学習についてのメタ方略やメタ知識が必要である。本書で説明するツールは，学習のしかたを学習することや思考についての考えに確実に影響を与えることを，この研究は示している。思考方略がどのように使われるかについて，本書では「実践の概要」という項を立てている。これは，思考ルーチンや効果的な発問によって理解を引き出した実例である。読者がこの実践をするときには，理解ややる気をゴールとして念頭に置いて，子どもがより深い理解を示し，やる気を持った自立した学習者になる方法を探し続けてほしい。

Chapter 2

思考を教育の中心に

　教え方はどうすれば学べるのだろうか。さらに…うまく教える方法はどうやって学べばいいのだろうか。教育に携われば携わるほど，この疑問に悩まされる。正解がないからではない。その答えがずっと前から準備されていて，あまりに簡単すぎて，永遠に変わらなさそうだからである。教師の仕事を，出来合いの学習内容を伝達することだと考えるのは簡単だ。実際，教員研修で内容の伝え方に焦点があたることは多い。大学ですら，「指導方法コース」のような課程がある。教師になりたてのころ，私はカリキュラムをこなすことにとらわれ，うまく中身を伝えられなかった授業について思い悩んだ。このような教育観は一般的で，教師だけではなく親や子どももあたりまえに思っている。「教員研修」という語が，通常新しい指導方法の研修を意味することにそれは表れている。政策決定者が教育改革をしようとするときの，カリキュラムを変えて，それを教師が伝えて，その結果として学校が改善されるという前提も，その表れである。さらに，教師自身に知識を増やせと迫る声（それはたしかに重要なのだが，よい授業にはそれだけで十分とされる）にも見ることができる。

　教育というのは内容を伝えればそれでよいという教育観は，単純すぎるばかりか危険ですらある。子どもとは無関係に教師がすることだけしか見えておらず，伝えたことを吸収するのが学習だという受動的教育観なのである。その結果，どれだけ内容を伝えたかだけが教育の効果として評価される。こうして，ゆがんだ教育についての見方が生まれ，それがしだいに強くなって，子どもを支える本当に効果的な学習から離れていってしまう。そこでは，子どもが教材をどれだけ覚

えたかだけが問題で，教育は教材を伝達することだとされる。そして，子どもの学ぶ力を育てるのではなく，テストで高い点をとらせるためのものに教育システムがゆがんでいく（Gallagher, 2010）。その結果，「教え方をどうやって学ぶのか」という問いへの答えは「教育内容に精通し伝える技法を磨くこと」だということになる。そしてついには，受動的学習に辟易した子どももうまく扱える学級経営の技法を求めるようになる。

反対に，子どもを教育の中心に置くと，教師の関心は最も根本的なことに向く。それは，教育の定義にも強く影響する。教師の役割は「情報を伝えることから，考えをはぐくむこと」に移っていく。カリキュラムをこなしてどれだけ内容を伝えたかではなく，子どもをやる気にさせ，がんばらせ，問いを出させ，調べさせ，最後に理解にいたらせる学習を引き起こす鍵となるものは何かを学ばなければならなくなる。ゴールは，カリキュラムの核となる概念[1]を一所懸命に取り組みたくなるようにわかりやすく伝え，同時にそれを学習するプロセスを奥深く，楽しく，成果が上がるものにすることである。子どもは，何かを重要だと感じ，考える価値があると思い，深く考える理由がわかるなら，その場だけでなくずっと学び続ける。内容について学ぶだけではなく，学び方をも学ぶのである。

1章では，マークが教師として，深い理解の重要性に気づいたことを述べた。それに気づいたのは彼だけではない。「教え込み」から「学習」に視点を移し替えることは，教師の職業的成長にとって重要で，有能な実践家になる基礎である（Hatch, 2006; Intrator, 2002, 2006; MacDonald, 1992; Palmer, 1998）。受動的に情報を吸収することを学習と見るのではなく，思考の結果，意味を主体的につくり上げた結果として学習が起こるのだということを大事にすべきだ。そうすると，教師は子どもの学習と理解の両方に目を向けることになる。ここに，2つの目標が生まれる。①考える機会をつくり出すこと，②子どもの思考を可視化すること，である。この2つの目標は同じではないが，相乗作用がある。考える機会をつくることは，思考を可視化するための文脈とニーズをつくることである。

パーキンス（Perkins, 1992）は "Smart Schools" で，考える機会をつくることの重要性について論証している。「学習は思考の結果である。記憶の把持，理解，

---

[1] ビッグアイデア（big idea）の訳で，一定の学習領域において重要で中核となるものの見方や知識などをさす。下記文献では西岡によって，「重大な観念」と訳されている。〔Wiggins, G. & McTighe, J. (2005). *Understanding by design.* Second edition. Virginia: Association for supervision and curriculum development. 西岡加名恵（訳）(2012). 理解をもたらすカリキュラム設計―「逆向き設計」の理論と方法　日本標準〕

知識の活用は，学習対象について考え，学習内容をもとに考えるという経験によってのみ生じる…思考は知識のあとから来るのではなく，知識が思考のあとについてくる。何かについて考え，何かを通して考えている時だけ，それについて本当に学んでいるのである」（p.8）。このように，思考は学習の中心なのであって，ただの付け足しや時間があるときだけすればいいというものではない。思考の量を減らすと学習の量もまた減らすことになるのだ。しかし，考える機会をつくり出したとしても，子どもの思考は可視化されてはいないということを知る必要がある。確実に考える機会をとらえて，子どもの学習のニーズに対応するためには，思考を可視化しなければならないのである。

● 学習と指導における効果

　思考を可視化すると，子どもが何を理解しているかだけでなく，それをどのように理解しているのかも知ることができる。子どもの考えを白日にさらすことで，正しく理解しているかだけでなく，理解が誤っているかどうかもわかる。思考を可視化することで，学習を1つ上のレベルに引き上げ，考えを深めさせる機会をつくるのに必要な情報を得ることができるのである。子どもが何を考え，感じ，何に関心が向いているのかを知ることによってのみ，理解しようとするやる気を持たせ，それをサポートすることができるのである。子どもの思考を可視化することは，指導の効果を上げる要因なのである。

　ハーバード・スミソニアン宇宙物理センターが，教師が子どもの思考に無関心だと，高い能力を持っている子どもでも表面的にしか学習せず，科学について誤った概念を持ってしまうと記しているのは有名である。「Minds of Our Own[2]」のビデオで，化学の教師が，「テストで理由を問う問題を出すのは好きではない。多くの時間を使って大事なことを全部教えたのに，理由を問うと思わぬ答えが大量に出てくることがある。その答えを見ると，がっかりする。理由を問うのは大事だが，科学的現象についての子どもの妙な考えを知るのが不愉快だということもあるのだ」と告白している。この教師は，別に尊大なわけでも薄情なわけでもなく，子どもにテストの準備をさせなければならない状況に自分が縛られていることを嘆いているのである。彼は，子どもが学習内容を本当には理解していない

---

[2] ISBN：1-57680-064-4

ことを知っている。にもかかわらず，伝達パラダイムとテスト準備のために，考えさせることをないがしろにして，学習成果とみなされる得点と直結するうわべだけの学習をさせてしまう。このようなことはどこにでもあって，世界中の教師がこの妥協を受け入れざるを得ないのである。学習とは何かについての誤解（妄想という人もいる）では，だれも得をしない。少なくとも本来なら学習できるはずのことを素通りさせられる子どもたちにとってよいことは何もない（Schwartz, Sadler, Sonnert, & Tai, 2009）。さらに，子どものつまずきに向き合ってわからせる力を，教師から奪ってしまうのである。

　ところで，ハーバードの同僚でプロジェクトゼロの「複雑な因果プロジェクト(the Complex Causality Project)」を運営するティナ・グロッザーは，科学の概念についてどう考えているかを表明させて，誤概念であることに気づかせ，概念をつくり直させる一連の流れを開発した。たとえば密度の単元では，同じ直径で長さの違う2つのろうそくを別々の水槽に落とすのを見る。短い方は浮かんで，長い方は沈む。ここで，子どもに実験で見たことは何か，どうしてそれが起こったのかを書かせる。科学の知識を使って現象とつじつまが合う自分なりの説をつくるのである。そして，子どもの考えが言葉や図によって示されることになる。その後，水槽からろうそくを取り出して落とす水槽を入れ換える。今度は，長い方が浮かび短い方が沈む。ほとんどの子どもがびっくりする。もう一度，実験で見たことと，それに合わせた説明を書かせる。それから，みんなの考えを披露し合って，この簡単な実験で注目すべき点がどのように変わったのか話し合う。話し合いが進むと，どちらの水槽の液体も同じに見えるが何か違っているはずだということ，浮き沈みは単純な原因によって決まるのではなく液体と物体の関係によって決まるということに気づくのである。

　「複雑な因果プロジェクト」でめざしているのは，考えを表明させ，予想に合わない現象によって考えを深めさせることで，どれくらい理解しているかを把握しながら適切な支援ができるようにすることである。子どものつくった説について話し合い，説明し，修正することで，理解を深めさせるわけだが，それはテストに備えて覚えさせるのとはまったく違う。思考を可視化することは，重要な評価の場面をつくり，また子どもの理解を深めることも助けるのである。

　思考を可視化することには，他にも目的がある。それは思考と学習の関係を示すことであり，それによって考えを理解するということはどういうことか，考えるとはどういうことか，学習とはどういうことかについてのモデルが伝わる。そ

して，教科書の内容を覚えさえすればいいという神話を払拭できる。学校は，「正しい答えを早く出す場所」ではなく，「新しい考えや内容を理解しようとし続ける知的作業の場」となる。ヴィゴツキー（Vygotsky, 1978）は，社会文化的な学習の重要性について述べる中で，「子どもは周囲の知的環境に参加していきながら成長する」(p.88) と述べている。この言葉は教育についての強力なメタファーである。この言葉に正面から向き合うと，学校は子どもにどんな知的環境を提供できているのか，子どもたちは学習について何を学んでいるのか，学習とはどのようなことでどうすれば学習したことになるか，考える機会をつくったとして，それでどんなメッセージが伝わるのか，を問わなければならなくなる。

何かについて学ぶとき，モデルは重要である。他の人が何をどうやっているのかに注目し，それをまねる。ダンスや野球の学習のときと同じく，学習のしかたや考え方を学ぶ際にもあてはまる。すばらしいダンスを見たことがない人がすばらしいダンサーになれるかどうか想像してみるとよい。初心者は，常に先を行くエキスパートのすばらしさをまねし，どのようにするのが自分にとって最適か学ぶのである。なので，受け持っている子どもがまねができるように，われわれ自身が考え学習する人にならなければならない。理解の力を伸ばすためには，他の人の見方，洞察，疑問を見聞きする必要がある。他の人がどのように計画し，進捗状況をモニタリングし，自分の考えを吟味し，考えを深めるのか見る必要がある。失敗しない人などいないこと，成果はしばしば失敗をふり返ることから生まれることを知る必要がある。

思考や学習におけるモデルが果たす重要な役割は，内容の伝達だけが教育なのではないということを示すことである。質の高い教育とは，授業や将来の生活で学習し続ける「知的習慣」と考える気質を育てることでもある（Costa & Kallick, 2009; Ritchhart, 2002）。このために，いろいろな種類の思考の特徴や方法について，子どもに気づかせなければならない。そのために教師は，自分が考えることをどういうふうにとらえていて，どのような思考方法を育てたいと思っているのか意識する必要がある。そして，その思考方法を育てるには，それに名前をつけて（新しい見方をする，自分なりの理屈をつける，推量する，説明する，関連づける，パターンを見つけるなど），それが授業の中で出てきたときには光をあてなければならない。

名前をつけて意識させることは，その活動を引き起こす重要な手段である (Johnston, 2004)。キーンら（Keene & Zimmermann, 1997）が言うには，名前を

つけなければ、その活動をコントロールできない。思考に注意を向けると、思考を意識し、いつどのように考えるか、考えた結果はどうなるかを意識するようになる（Perkins, Tishman, Ritchhart, Doin, & Andrade, 2000; Titchhart & Perkins, 2005; Tishmann, Perkins, & Jay, 1993）。われわれは、まず考えるべき場面を見抜かなければならない。それによってはじめて、考える力を活性化できる。その場面がわからなければ、スキルや知識は、活性化されず、使われないままである。教育者としてわれわれは、子どもを考えることができるようにするだけでなく、いつも考えているようにさせたいのである。（自分の思考でも他者の思考でも）思考を可視化することによって、考える気持ちが生まれる。ひとたび教師が思考を意識してそれに名前をつけると、つまり思考を可視化すると、子どもも教師も思考を意識するようになり、その思考が起こったときにすぐそれと気づくようになる（Harre & Gillet, 1994）。授業で考えを可視化することで、どうすればいいかが具体的になり、その思考が起こりやすくなる。考えについて話したり、広げたり、質問したり、そこから学んだりできるようになる。

　アムステルダム国際学校のリザ・フェルケルク先生の5年生のクラスでは、頻繁に思考に名前をつけて意識させている。それによって、なんとなくほめる（学習成果が実質的にどうだったのかではなく、教師がよいと思ったということしか伝えないコメントを与える）のではなく、具体的な成果についてのフィードバックを与えている。リザ先生は、子どもに思考を意識させる。リザ先生は2人の子どもに難民の惨状を写した一連の写真を見せて、「今までに知ってたことと今知ったことを使って、写真の中で何が起こっているかをうまく説明しようとするやり方が素敵だわ。本当に注意深く観察して、予想を裏付ける証拠として使っているわ」とコメントしている。このようなフィードバックは、考えるとはどういうことかについて案内図を子どもに与え、その後の学習につながっていく。

思考を可視化する方法

　思考を可視化することは、簡単ではない。まず、先述のとおり、思考とは何かを明らかにしなければならない。これによって、いろいろなタイプの思考に名前を与え、それが起こったときに気づけるようになる。加えて、思考を起こすためには、子どもにまず考えるべき内容を示して、考えるように求めなければならない。教師は、考える機会をつくらなければならないのだ。しかし、思考の機会が

あったとしても，思考の大部分は内面的なプロセスであって，頭の中で起こっている何かなのである。この章の後半では，教師がどのように，質問したり，聞き出したり，文書化したりして子どもの思考を可視化できるか述べよう。

◆◆ 問い ◆◆

　子どもの思考をうながし学習を深める場面をつくるためには，どのような発問をすればよいか，ずっと教育の課題となってきた。開いた発問は（答えが1つだけの問いとは違って），知識・技能を広げて理解を深める手段となる。1章で見たブルームの分類体系でも，よい発問のひな型として各所で推奨されている。第一レベルの「知識」を超えて，「応用」「分析」「総合」「評価」のレベルの発問をするようにというのである。記憶を引き出すだけではない発問をせよというのはたしかによいアドバイスで，そうすれば考える場面をつくり出すだろう。しかし多くの教師にとって，瞬時にそのような高いレベルの発問を考えつくのはたいへんなことなのである。それに，そういう発問ができたとしても，期待するほどには子どもの思考が浮かび上がってこない。とくに，教師が特定の答えを期待しているときにはそうである。そんなとき，子どもはただ「教師が考えていることをあてる」ゲームをやっているだけである。

　発問をもっと柔軟にとらえて，①どうやって期待する考えのモデルを示すか，②どうやって子どもの理解をうながすか，③どうやって子どもに自分の考えをはっきりわからせるか，を考えてみよう。これらは，発問のタイプのように見えるが，むしろ発問の目的と考えてほしい。すなわち，取り組む知的活動のモデルを示す，理解を深めるのを助ける，自分の考えをふり返ることを手助けする，という目的である。授業での多くの発問は，教えたことをどれだけ覚えているかテストするようなものである。そのような問いには考える余地はなく，ただ学習内容を復習させるだけになる。

▶概念に関心を持つことのモデルを示す　　オーセンティック[3]な発問をすること，すなわち決まった答えがなく，教師自身も答えを決められないような問いは，知的な活動に満ちた学級文化をつくるのにとてもよい。そのような問いによって，子どもは教師もいっしょに学んでいるのだと思い，みんなで探究する学級

●3　オーセンティック＝「真正な」ということで，「実社会での」「本物の」，というような意味を含む。

文化ができる。デンバー州のコロラド・アカデミーの幾何教師ジョン・スレルケルド先生は，これがうまい。ロン・リチャートが1年間観察したところ，授業が「えっと，きのう見つけたパターンがこの単元の他の場合にもあてはまるかどうか考えてるんだ。どう思う？」や「昨日，エイミイはこの問題のおもしろい解き方を見つけたんだけど，それはいつもうまくいくんだろうか？」というような問いで始められることが多い。ナイストランドら（Nystrand, Gamoran, Kachur, & Prenergast, 1997）は，授業でこのようなオーセンティックな問いが投げかけられることはあまりないことと，そのような問いによって子どもがやる気になり，批判的に考えて目標達成に近づいていくことを示唆している。オーセンティックな問いは，そもそも生成的[4]でもある。生成的な質問は，情報をただ積み上げさせるようなものではなく，複雑で多面的で共同的な活動を通して探究したり発見したりすることを求めるのである。本物の生成的な質問には，推進力がある。学習を前に進めるのである。

「本質的問い[5]」は，生成的な質問の1つでもある。ワシントン州のクローバー・パーク高校で9年生を担当するキャシー・ハナウォルト先生は，本質的問いによって歴史と文学に共通する真実，見通し，普遍性という基本的な問題に注意を向ける。白板に貼った短冊には，「どんな話か」「裏話はあるか」「どうやってそれを調べるか」「なぜ裏話を知る必要があり，またそれを話題にしなければならないのか」「裏話はどんな役に立つか」という5つの問いが書かれている。授業で扱うどのような内容についても，それを深めていこうとするときこれらの問いが端緒となる。キャシー先生が初めてこのように問いかけたとき，子どもたちは資料に載っていることだけでなく身近な出来事の裏を読み取ることに夢中になった。そして，だれかが発表すると，「うん，だけどどんな裏話があるの？」という質問をするようになった。これはまさに生成的な本質的問いである。歴史や今起きている出来事，政治についての記事を読むときに，そこには裏があること，書かれている人や出来事について本当に理解するためには知識が必要なのだという思いが学習を引っ張り，子どもたちは積極的に学習に取り組んだのである。このような問いは，歴史を学ぶというのはその裏を読み取ることでもあるというメッセージを伝えることになり，子どもたちは学習のしかたを学ぶのである。

---

[4] パーキンスによれば，今考えることが重要だと感じられ，深く掘り下げることに発展したり他のこととつながっていったりするようなもの。

[5] ウィギンス（Wiggins, G.）らがいう本質的問題にかかわる問い。

オーセンティックな質問は教師だけのものではない。子どもがすることもある。そういうとき，彼らは嫌々課題をやらされているのではなく，真剣に学んでいるのだと知ることができる。子どものオーセンティックな質問は，いかに知的にのめり込んでいるかを知るものさしなのである。ワイオミング州の中学理科のポール・クリップス先生は，子どもの持つ疑問によってその子の到達度が最もよくわかると言う。「私は，出した課題の答えだけで子どもを判断しないで，質問によって評価する」と彼は言う。ジョン先生が「よい質問だ！」と返すことがよくある。どのような質問がよい質問かと尋ねると，彼はすぐに「ああ，よい質問というのは，私も含めてクラス全体が考えざるを得なくなるような質問です」と答えた。子どもの質問から，どんな問題に取り組んでいるのか，どこでつまずいているのか，どこがどんなふうにつながっているのか，何を明らかにしたいのか，などの子どもの考えをとらえられる。だれかが，考えたことやわからないことを発表すると，クラスにさざなみが立つ。それは，学習に必要な興奮やエネルギーを生み出すのである。

▶理解を構成する　研究チームは，考える文化プロジェクトで，教師の問いについて観察した。教師が思考を大事にして可視化するとき，発問は知識についてのものから，もっと構成的[6]なものに変わる（もっと魅力的な問いもある。これらは次の節で論じる）。構成的な発問は，理解を深めるのを助ける。それは，アイデアどうしを関係づけたり，解釈させたり，核となる概念に焦点をあてたり，アイデアを広げさせたりする発問である。中学校の数学での発問について，ボアラーとブロディ（Boaler & Brodie, 2004）は，構成的な発問は子どもの思考を活性化させるだけでなく，「数学の醍醐味に子どもを導く」（p.781）ものだと記している。構成的であることは，高次思考を引き出す味付けなのではなくて，授業そのものの標識でありゴールなのだ。教師が発する構成的問いは，子どもが大事なところを見逃さないようにさせて，重要なアイデアやポイントを知らせる。復習させるような発問は，子どもが何を知っているか，覚えているかを問うが，構成的な発問をする教師は，重要なアイデアについての子どもの理解を導き，方向づけ，深めようと思っている。

アムステルダム国際学校のステファニー・マーチン先生が受け持った1年生は，

---

[6]　学習者がみずから知識をつくり上げられるようなもの。

五感について学んでいた。この単元の目標は、感覚器官と知覚された情報を結びつけることができるようにすることであった。ある授業の活動は、子どもがミステリーボックスの中の物を触った感想（びしょびしょ、柔らかい、角が丸い、角張っているなど）を声に出して言うというものであった。感想を聞いて先生は、「触ってみて知ってるって思ったことは何ですか？」「不思議に思うことは何ですか？」と聞いた。これらは、一見あたりまえのようだが、先生が本当に理解してほしいこととつながっている。それぞれの感覚からどんな情報が得られるのか、そしてその情報をどのように扱えるのかである。この問いがなければ、未知の物体を触る活動は、ただのゲームとなり学習ではなくなってしまう。

カリフォルニア州のシリコンバレーにある中学校の代数で、キャシー・ハンフリー先生は、解法の手順ではなく、その背景にある数学的考え方に迫ろうとした (Boaler & Humphreys, 2005)。2時間授業で、構成的な発問がなされた。「$n-1$を2倍すると何になりますか？ $2(n-1)$になりますね。それは$2n-2$と同じかな？」。先生は、子どもにそれが正しい理由を自分の言葉で説明させて、わからない子どもを納得させる話し合いをさせた。「それが常に正しいことをだれかに説明するには、どうすればよいでしょう？」。先生の意図は、それまでに習った分配の法則の復習をさせることではなくて、括弧を使って量を表すというやり方について考えさせることであった。括弧で囲まれた量についても、四則演算が適用できることを理解させたかったのである。そして、それを算数を使って説明するように仕向けた。nにいろいろな数値を入れて、式が成立するかどうかを確かめさせたのである。この試行錯誤は役に立つが、完全な証明ではない。そこで、さらに考えを深めて等式を証明することに挑ませた。アンソニーが自分の考えを発表したときの説明である。「オーケー。これ（$n-1$のこと）が2つってことは…n引く1を2つつくって、それを合計しようとしています…だからそれは、$2n$引く2をしているのと同じです。だって、どっちも2を引くからです」。

これら2つの例は、子どもがどんな知的な挑戦に取り組むべきかを示す構成的な問いの例である。そこでは、理解を深める根本的な考えと原理が明らかになる。教師にとっては荷が重いかもしれない。しかし、第2部で見る思考ルーチンが確実に役に立つ。思考ルーチンの手順が、理解をうながし思考を可視化する構成的な手続きなのだ。たとえば、ステファニー先生の授業では、**見える・思う・ひっかかる**（See-Think-Wonder）ルーチンを適用して、**感じる・思う・ひっかかる**（Feel-Think-Wonder）ルーチンとしている。最初の発問「ミステリーボックスに

手を入れたときに何を感じましたか？」という問いは，触覚による観察を求める。そして，「触った感じから何を考えましたか？」という発問は，解釈することと可能性をさぐることを求める。先生は最後に，「ミステリーボックスの中の物に触っただけだとわからないものは何だろう？」と聞く。第2部で他のルーチンについて読むとき，構成的な発問によって，考えさせ理解させたい考えや概念に子どもの意識を向けることができるのだということを頭に置いておいてほしい。

▶思考の促進と明瞭化　「どうしてそう言えるの？」という問いは，研究仲間の教師たちがよく使う統合的な思考ルーチンである。多くの教師が，子どもとのやりとりでこの種の発問を使っている（6章に詳細を掲載）。ビアリク学校では考える文化プロジェクトの一環として，教師が研修コミュニティをつくっている。そこである教師が，「『どうしてそう言えるの？』という問いは指導ツールではなくて，生き方なのよ」と言ったことがある。彼女は，友人や家族との会話にすぐに応えないで，「どうしてそう言えるの？」と聞き返すだけで，会話が深くなってたくさんのことを学ぶことができると言う。この問いの不思議は，それがさりげなく相手の心をゆさぶり深く考えさせて，考えを明瞭にさせることだと教師たちは言う。「どうして？」と「理由や根拠を言いなさい」は同じ意味だが，与える印象の柔らかさや興味の引き方のレベルは同じではない。

　この簡単なのに効果的な問いは，学習者の思考を深めて明瞭にさせる。考えをうながす発問によって，教師は子どもが何を考えているか理解し，子どもの頭の中をのぞいて何を考えているか見ようとする。それは，教師の頭の中身を子どもに注入するパラダイムから，子どもの頭の中を理解して学習をうながす応答的な指導への，パラダイム転換なのである。

　元中学校の理科教師で現在は科学教育の研究者であるミンストレル（Jim Minstrell）は，子どもの思考を解明しようとした。彼は，ワイオミング州のメルシャー・アイランド高校で子どもに発した問いを通して，教えるときに自分がどのように子どもとやりとりしているかを検証したのである。彼は，子どもの思考をうながし明瞭にする一連の問いを「ふり返りのトス」と名づけた（Zee & Minstrell, 1997）。従来は，授業のやりとりは教師の発問から始まるととらえられてきた。しかし，ミンストレルは会話のはじまりを，子どものコメントやアイデアととらえた。ふり返りのトスの第一の目標は，子どもの発言の意味をとらえてそれを理解することである。もしすぐに意味がわからなければ，「もう少し教え

て」とか「ついていけない。考えてることを言い換えてごらん」というように問う。意味が把握できると，考えを根拠づけながら教師や他の子どもに説明させるような問いを「トスし返す」。たとえば，「そのことから何がわかるかな？」「それをもとにしたら何が考えられるだろ？」や，「なぜそう言えるの？」というような問いである。

　われわれは従来の授業のやりとりを，問い・応答・評価パターン（Cazden, 1988）と，復習タイプに分けたが，この発問の流れは子ども自身が理解を深めるように思考や考えを明瞭にさせていくという点で，それらよりはるかに優れている。子どもは，教師が言うことを受動的に聞くのではなく，積極的に理解しようとする存在となる。長年にわたって言語が学習に果たす役割について研究してきた英国の研究者，バーンズ（Douglas Barnes）は，学習者が「声に出して考えることができるようになればなるほど，可能な解釈を案出してそれを評価することに責任を持つようになる」（Barnes, 1976, p. 29）と言う。

◆◆ 聞くこと ◆◆

　ロン・リチャートは，数学の介入授業をしていたときのエピソードについてよく語る。彼が訪れる学校で何度も語られるエピソードである。「ある教室で，その学年の教師たちが見る前で数学の授業をしました。その後，参観していた教師たちに，同じやり方で授業をしてもらって，次の会で結果を報告し合うことにしました。そこで，ある教師がこう言ったのです。『あなたがした発問を全部記録して，まったく同じように発問をしてみました。しかし，私の生徒は同じようには反応しませんでした』。このようなことが何度も起こったので，それはなぜかを調べようと決めたのです」。

　彼が見たものは，教師が授業の転換点で鍵となる発問（一般に構成的な発問）をしようと一所懸命になっているということであった。しかし，子どもは少しも数学的に考えるようにはならず，ただあてずっぽうで短く答えるだけだった。ロンは，すべての学級でデモンストレーションをしたのだから，これは子どもの問題ではない。彼はまた，期待するように子どもが答えてくれないと教師は途方に暮れ，ひたすら授業を進めようとすることに気づいた。ロンは，「よい発問も大事だが，『答えを聞く』ことも大事なのだ」と結論づけた。危険を冒してなじみのない新しい教え方を取り入れようとすることで，自分が何をして次に何を言うべきかに気をとられて，子どもの声を聞き損なうことがある。これで，2つの影響

が出る。まず，教師が子どもの言うことに関心を持っていないというシグナルをうっかり送ってしまう。その結果，子どもは自分の考えや理解について話すのではなく，教師の考えをあてるようになる。また，子どもに応答的でなくなり，適切な（思考をうながす）質問ができなくなる。学習を進めるよい質問は，事前に用意した処方箋やガイドラインから出てくるのではなく，子どもの声から浮かび上がってくるものなのだ。子どもの考えを聞かなければ，よい質問をするのに必要な情報を見逃すことになる。子どもの発言の意味を「とらえる」ことができなければ，思考を発展させ明瞭にする質問を「トスし返す」ことがむずかしくなる。

　イタリアのレッジョ・エミリア幼稚園では，聞く教育をやっている。園長でレッジョ・チルドレンの主幹コンサルタントでもあるカーラ（Carla Rinaldi）先生は，子どもとともに学ぶ関係を築くには聞くことが基礎になると言う。その関係とは，「だれもが問いに対して自分の説や解釈を言い表してもいいと認められていると感じる」(Giudici, Rinaldi, & Krecevsky, 2001) ような関係である。聞くことは，学習者の意見に対して，ある種の尊敬と興味を持つことである。それを持つとき，子どもは考えていることを話して自分の考えを広げたいと思う。大人でも相手が自分の考えに関心を持っていると感じるとき，よりしっかり対応するのである。同じ所感を，詩人のアリス・デュアー・ミラー（Miller, 1915）も述べている。「聞くことは，ただ話すこととは違う。それは，全身でのぞんでもできないことですらある。自分に向かって話されていることに，精いっぱい人間的な関心を向けることを意味している」のだ。精いっぱい人間的関心を向けることで，学級の中にコミュニティをつくることができ，考えを発展させるやりとりが生まれる。聞くことは，考えを開示することに扉を開く。なぜなら，聞いてもらうことが話すことの理由になるからである。

　教師が子どもの声を聞くことはまた，聞くというのはどういうことかをモデルとして示すことにもなる。教師が常に「どうしてそう言えるの？」と尋ねるクラスでは，子どももすぐにそれが互いを活かし合うための適切で有効な方法だと知って採用し始める。積極的に聞く力を育てると，他にもいいことがある。バロン（Barron, 2003）は，6年生がみんなで算数の問題を解いているときのやりとりを研究した。どうしてうまくいくグループとそうでないグループがあるのだろうか。「賢いグループが失敗するとき」と題する論文には，それが学習の能力とはあまり関係がなく，互いの意見を聞いて返し合う能力とより強い関係があることが示されている。成功するグループは，他のメンバーの意見をくり返し，その意見に

対して，意味をはっきりさせたり深めたりするような質問をする。そして，各メンバーがただ話すだけではなく，公平に全員の言うことを聞こうとする。こうして，学習能力の高い子どものグループよりも，みんなの考えを取り入れたよい成果を残すのである。

◆◆ 記録 ◆◆

　思考を可視化するためのツールの1つに，記録がある。ホワイトボードでクラスの考えを記録したもの，学習成果の写真，話し合いの録音，考えや意見を書いたノート，テストや絵画作品などである。子どもの思考を記録し慣れていない人にとっては，クラスがやったことを記録しただけのもの，つまりいろいろな文書を蓄積することと記録を混同しがちである。しかし，教師にも子どもにも役立つ記録をつくるには，それだけではだめである。レッジョ・エミリア幼稚園で始まって，ハーバードの学習の可視化プロジェクトによってすべての学年を対象としたものに広がった記録の方法は，学習のプロセスそのものに焦点をあてて，学習の流れの中での出来事，質問，やりとり，行動をとらえたものである。

　プロジェクトゼロの仲間，カーチェフスキー（Mara Kerchevsky），ターナー（Terri Turner），マーデル（Ben Mardell），ザイデル（Steve Seidel）は，幼稚園から中学校までの子どもを対象に，記録がどのように学習を助けるか調べてきた。彼らは，記録について「学習を深めるために，学習のプロセスや成果を，さまざまなメディアを用いて観察し，収録し，解釈し，共有すること」だと定義している（Given, Kuh, LeeKeenan, Mardell, Reditt, & Twombly, 2010, p. 38）。この定義のみそは，記録は学習をとらえるだけのものではなく，学習を進めることに役立つべきものだという点である。したがって，記録には収集だけでなく，それをもとに話し合ったりふり返ったりすることも含まれることになる。そして，記録は聞くことと聞いたことを発展させることの両方にかかわりがある。子どもの思考をとらえて記録するためには，教師は常に観察して聞いていなければならない。子どもの考えを理解しようとすることによって，その考えはさらに発展させたり確かめたりする価値があるものだというシグナルを送ることになる。

　ステファニー先生は，ミステリーボックスの中身に触って感じたことを共有するとき，一人ひとりの感想を付箋紙に書き込んで，それを模造紙に貼っていった。それを見ると，自分の意見が話し合いに役に立ち，価値のある意見であったと感じることができる。そして，この記録がもとになって「思う・ひっかかる」の段

階に進めるのである。この記録はまた，ミステリーボックスの中身についての話し合いで，教師がどれくらい子どもの声を聞いていたかも示している。バロンが行ったうまくいくグループについての研究では，子ども自身が同じような記録をつくっていた。問題解決のプロセスを記録することで，すべてのメンバーがグループの思考の流れを掌握し，それを自分のものと感じることができる。また，必要なときに問題解決の進捗状況をふり返り，意見を出し，問題箇所を見つけ出せるようになり，グループ全体の理解を進めることになる。反対に，失敗するグループでは，しばしば1人だけが記録をとり，全員でそれを見ることができない。これは，他のメンバーの権利を奪うことになる。

　子どもの思考を記録することには，もう1つ重要な目的がある。教師と子どもの両方が学習のプロセスをふり返って，学習の方法を書きとめ，理解したことについてコメントする場をつくることである。記録は，思考の流れを可視化する。そして，自分の学習をふり返ってそれについて話し合って検討することができる。グループや個人で記録を見直して学習のプロセスをたどることで，そのプロセスに対する強いメタ認知が生まれるのである。教師にとっては，子どもの学習を見直すのはまさに本当の意味で評価することである。記録は，評定のために使われるのではなく，子どもの学習の流れと理解の状態をとらえるための豊富な資料となる。学習と理解の多様性を見取るためには，1人の目ではなく複数の目を必要とすることがある。同僚と記録を共有することで，学習についていろいろな角度から話すことができ，うっかり見落としがちな子どもの思考やその指導についてのさまざまな面に気づくことができる。この同僚性が，どのようにプロ教師としての研修成果に結びつくか8章で示す。そこでは，記録をもとにして話し合うのに，「LAST プロトコル●7」を用いている。

　教育とは，受動的な子どもたちにカリキュラム内容を伝達することではなく，積極的に意見を出させ，意見をもとに考えることに目を開かせて，それをガイドすることだととらえ直すと，この章で示した方法は新しい意味での緊急性と重要性を持つ。われわれは，子どもをより考えさせて深く豊かな理解につなげるために，「発問すること」「聞くこと」「記録すること」を通して子どもの考えを可視化する。これらの中核となる方法は，第2部の思考ルーチンの基底となっている。ルーチンは，それぞればらばらな実践と見るのではなく，発問すること，聞くこ

●7　LAST プロトコルとは研修をすすめる手順のこと。8章参照。

と，記録することを発展させた構造的な手順だと見ることが重要である。思考を可視化するため使うことで，思考ルーチンは効果を発揮し生きてくる。第2部で示される思考ルーチンの実践概要では，そこに注目してほしい。

Part 2

思考ルーチンによる思考の可視化

Chapter 3

思考ルーチンの導入

　この章では、思考ルーチンというアイデアを紹介して、授業のルーチンが思考を可視化し、理解を深めるのにどのように役に立つのかを示そう。ルーチンというのは、目標を実行したり課題を達成したりするのをうながすために、くり返し使う行動の手順、プロセス、パターンなどをさす。教室にはそのようなルーチンがたくさんある。学習しやすい環境を実現し、教え合いをうながし、話し方のルールを守らせるための、行動ややりとりに関するルーチンがある。この研究を始めてすぐ、子どもに考えさせるのがうまい教師は、足場かけ[1]をして思考を助けるルーチンをつくって活用していることが明らかになった（Ritchhart, 2002）。それは通常、単純で少ない数のステップでできていて、理解を深めるための思考の道筋だけに集中させる仕組みになっている。宿題をこなすルーチンが浸透していくように、思考ルーチンは少しずつ学級文化に織り込まれていく。思考ルーチンの進め方を理解して利用したり自分自身でルーチンをつくったりするには、ルーチンを「ツール」や「構造」や「行動パターン」として見るのがよいだろう。

---

[1] 足場かけとは、セイヤー（Sawyer, 2006）によれば、学習目標を達成できるように学習者に合わせて提供される、学習プロセスにおける支援のこと。[Sawyer, R. K. (2006). *The Cambridge Handbook of the Learning Sciences*. New York: Cambridge University Press.]

思考ルーチンの3つの見方
◆◆ ツールとしての思考ルーチン ◆◆

　思考ルーチンは，思考をうながすツールである。ツールは何でもそうだが，正しいものを選ぶのが重要だ。ハンマーが必要なのに，鋸を持って来たら役に立たない。この例をひくと，1つのツールだけでやるのではなく，ゴールに向かう子どもに合わせて，目標達成にふさわしいツールをあてがうのが大事ということになる。1章では，理解につながる思考を取り上げた。念入りに観察して記述する，説明や解釈をつくり上げる，根拠をもとに推論する，関係づける，異なる視点を考慮する，核心を見抜いて結論を導く，疑問に思って質問する，複雑なものを解きほぐして深める，である。第2部で示される各ルーチンは，これらの思考をうながすツールである。たとえば，**思いつくこと・わからないこと・調べること**(Think-Puzzle-Explore) というルーチンは，まずトピックについて何を知っていると思うか考えさせる。それによって，既有知識との関連づけが図られる。次に，何を知りたいか見極めさせる。これで，わからないこと，不可解なことが明確になる。そして，わからないことをどうやって調べるか計画させる。このように，教師は子どもからどのような思考を引き出すかを意識して，次にそれに見合う思考ルーチンを選ばなければならない。

　まず思考を明確にすることで，そのルーチンを使ったときの子どもの反応を評価することができる。ルーチンはオープンエンド[2]で，特定の答えを引き出そうとするものではないが，ルーチンの実行中に形成的評価をしないということではない。形成的評価は行われる。たとえば，「根拠をもとにした推論」を求めているとする。子どもができていなければ，主張を根拠で支持するようにアドバイスする。あるいは，「比喩を使った関係づけ」のためのルーチンであれば，目に見えている関係を掘り下げてより微妙な関係に目を向けさせる。それぞれのルーチンは，何を考えるべきかを意識できるようにつくられている。ルーチンごとにいくつか項目を立てて説明してあるが，「目的」はそのルーチンが引き出す思考に光をあてている。「適切な内容」には，ルーチンがどんな授業や教科内容に役立つか書かれている。「評価」は，授業中や授業後継続して，何を見てどう対応すべきかという形成的評価のこつが示されている。どうやって思考を発展させるかにつ

---

[2] オープンエンドとは，答えが1つに決まらないこと。

いての示唆も提供されている。
　思考ルーチンは思考のツールなのだから，教師はもちろん子どもにも役に立つ。教師が子どもを引き込むのを助けるだけではなく，子ども自身が考えるのを助けるものである。ルーチンは，グループみんなで使えるし，個人でも使える。ルーチンは，確実に思考と学習を発展させる。たとえば，教師が「そう言うのはなぜ？」と聞くことはできる。一方，話したり，書いたり，ふり返ったりしているときに，根拠を意識させて「なぜこう思うのだろう？」と自問させることもできる。そうすると，自立して考える習慣が身についていく。

◆◆ 構造としての思考ルーチン ◆◆

　「思考の可視化」と「考える文化」の研究チームが開発して世界中で使われている思考ルーチンは，子どもの思考をサポートし構造化する。ルーチンのステップは，子どもを徐々に高次な思考に導き，さりげなくより洗練されたものに変える。たとえば，コンセプトマップをつくらせるときの**つくり出す・並べ替える・関連づける・詳細化する**の開発にあたっては，理解を示すコンセプトマップをつくるときにはどのような思考が必要かに注目した。まず，ブレインストーミングのようにアイデアを広げなければならないことがわかった。それから，コンセプトマップが図であるという特徴を活かすために，浮かんだアイデアをなんらかの形で並べ替える必要がある。この並べ替えは，多くの子どもにとっては初めてのステップだった。なぜなら，彼らは考えついた順に紙に書き出すことしか習っていなかったからである。その結果，重要な思考の手順が飛ばされていたのである。アイデアが重要性やトピックとの隔たりなどによって並べ替えられると，アイデアどうしが関連づけられ，図から意味が浮き上がってくる。

　つくり出す・並べ替える・関連づける・詳細化すると同じように，すべてのルーチンのステップは思考の流れに沿って1つ前の思考を発展させるようになっている。したがって，ステップを1つずつ完成させて次に進むことだけではなく，前のステップの思考の結果を次のステップで用いることがルーチンのねらいでもある。授業でルーチンを用いるには，このルーチンの連続性を活かしたい。子どもの反応を次のステップにつなげることを考えてみよう。あるステップで求める思考は次のステップの思考につなげる準備となる。たとえば，**見える・思う・ひっかかる**の「見える」は，「思う」で根拠をもとに解釈するための土台となっている。もし授業で細部にうまく気づかせることができなければ，根拠のないあてずっぽ

うの思考しか生まない。

　第2部では、ルーチンを構成する思考の流れを冒頭のボックスに箇条書きで示してある。したがって、どのようにルーチンを進めるかを学習者の視点からつかむことができる。書かれているのは、学習者の行動である。このステップを、子どもが参考にできるように掲示してもよい。あるいは、授業の流れにルーチンのステップを自然と組み込むようなやり方もある。思考の流れについては、「ステップ」で詳しく説明する。教師がどのようにルーチンを導入するか、教師のふるまいについて書いてある。「チップス」では、考慮すべきことがらや、ルーチンを使うときに気をつけなければならない事項について書いてある。

　思考ルーチンは、クラス全体あるいは小グループでの話し合いにも用いられる。子どもにとって価値のある話し合いをさせるために苦労することがよくある。2章で見たように、互いの発言を聞かなかったり、課題で縛りすぎたりすることで、話し合いはうまくいかなくなる。もし、子どもがワークシートを埋めるのが課題だととらえると、議論よりもワークシートに注意が向いてしまう。**関連・違和感・重要・変化**と、**つなげる・広げる・吟味する**は、読書や発表についての小グループでの話し合いに有効なルーチンだが、クラス全体の話し合いでも使うことができる。

◆◆ 行動パターンとしての思考ルーチン ◆◆

　どうしてプロジェクトゼロでは、この実践を「思考方略」とよばず「思考ルーチン」とよんでいるのか、聞かれることがある。それは、ただの言葉の表面的な問題ではない。思考ルーチンは、教室文化をつくる学級運営ルーチンを広げた概念として理解するとよい (Leinhardt, Weidman, & Hammond, 1987; Richhart, 2002; Ritchhart, Palmer, Church, & Tishman, 2006)。2章で見たように、効果的に教えるということは、ただ授業を設計して実施することではないということに気づかせてくれるという意味で、ルーチンは教育実践について考えるのに役に立つ。あらゆる授業には、文脈がある。ルーチンは、「何をすべきかがみんなに共有されている」行動を通して、その文脈をつくることに貢献する (Leinhardt & Steele, 2005; Yinger, 1979)。授業方略は常に用いられるものではないが、ルーチンは何度も使うことでいつでもあたりまえに行われるようになる。うまく考えることを教えられる教師は、子どもの思考をこのような形、すなわち何度も何度もくり返して用いる一連のルーチンを使って活性化する (Ritchhart, 2002)。ルー

チンは「みんなに共有されている行動」であり，それを子どもは徐々に1人でできるようになっていく。

　ルーチンという語には，日常的，習慣的，儀式的なものだという語感がある。しかし，思考ルーチンはただの行動を指示するパターンではない。教室のルーチンは，効率的に目標を達成させるようにつくられている。このやり方が本当に自分のものになると，ルーチン（すなわち行動のパターン）は，目標達成のための効果的なツール以上のものになる。使うに従ってツールの使い方は連続的に進化していき，決まったやり方から柔軟な使い方に変わっていく。ともに研究してきた教師たちは，学習をよい状態に保つために，継続してルーチンを用いるようになった。解説の「実践の概要」では，思考ルーチンを柔軟に用いて，子どもの思考と学習をゴールに導いたやり方が示されている。そこでは，教師がどうルーチンの使い方を徐々に発展させたかに光をあてており，ルーチンがその教室の行動パターンとなっていったようすを示している。「活用とバリエーション」では，独創的なルーチンの使い方についての例が示されている。

　思考ルーチンが日常的に使われてパターンの一部になるころには，子どもは，学習とはどういうことでどのように起こるのかわかっている。多くのルーチンで子どもたちが気づくのは，それが特定の答えを引き出すのではなく，トピックに関する考えを表すやり方だということだろう。このことは，学習には他の人のアイデアや考えを取り入れて練習するという面だけでなく，自分の考えを表して，そこから出発することも含まれるのだというメッセージを送ることになる。学習は，新しい考えを自分自身の考えに関連づけることである。もう1つ，多くのルーチンで重要な思考の手順は，学習の途上で疑問を感じたり質問をしたりすることである。単元を発問で始めることは多いが，それが学習を深める問いになっているかどうかにはあまり注意を払わないものだ。実際，学習とはだれかの問いに対する答えを見つけることで，見つかったところで学習が終わるという印象がある。しかし，ルーチンを使い続けることで，問いは学習を進めるだけではなく，学習の結果として問いが出てくることもあるということが，学習プロセスの中に埋め込まれるようになる。7章で，思考が可視化され学び方を学ぶような学級文化をつくるというアイデアについて述べる。

● どのように思考ルーチンを整理するか

　本書で示す 21 のルーチンを整理する方法はたくさんある。パーキンスらがカルペ・ヴィタムの助成を受けて実施した思考の可視化プロジェクトでは，最初 4 つの望むべき思考（理解，真実，構成，創造）を中心にルーチンを分類した。「よく見る」「推論する」「説明する」などの思考のタイプを中心に整理したこともあった。レベルや教科領域によって整理するのも有用である。成人がチームで学習したり問題解決したりするときに効果的なルーチンがあるが，その存在がまた違った類型をつくれることを示している。本書では，ルーチンを 3 つの大きなカテゴリーに分けようと思う。「考えの導入と展開のためのルーチン」「考えを総合・整理するためのルーチン」「考えを掘り下げるためのルーチン」である。これらのカテゴリーは，単元の異なる場面を反映している。

　何年も教師たちといっしょに仕事をする中で，1 回ごとに完結するようにルーチンを使うのも効果的だが，単元を通して学習を続けるとき，すなわち各時間の学習を連続もの●3 にするためにルーチンを用いると，より有効だということがわかった。単元の開発・計画に役に立つように，単元の導入部で使われるルーチン，中頃で使われるルーチン，学習をまとめるルーチンをそれぞれまとめたのである。4 章では，新しい考えを導いて展開するのに役立つ思考ルーチンについてまとめる。これらは，単元のはじめに子どもの興味を引き，探究の過程の入り口とするためによく用いられる。5 章では，情報を整理したり総合したりするのに役立つルーチンについて述べる。これらは，最初にトピックについて調べたことを読んで，討論し，新しい情報を意味づけるのによく用いられる。6 章では，さらに先に進んだところで，表面的だった理解を深め，問題や概念の複雑性について考えさせるためのルーチンについて述べる。各章で示すルーチンと，それに対応するおもな思考の流れの簡単な説明を表 3.1 に掲載した。

　第 2 部を読んで，授業で使えそうなルーチンを決めたら，トピックを導入する際のルーチンが，トピックを掘り下げたりまとめたりするのにもまた使えるということがわかるだろう。このように，授業に合わせて幅広く柔軟にルーチンを使ってもらいたいと思う。「活用とバリエーション」と「実践の概要」を記したのは，読者の考えを制限するのではなく，むしろ新しい可能性に向けて刺激したかった

●3　テレビ番組に喩えて，1 回ごとに話題が完結する番組ではなく，シリーズを通してストーリーが継続するようなものを「連続もの」とよんでいる。

表3.1 思考ルーチンのマトリックス

思考ルーチン	対象となる思考	概説
4章：考えの導入と展開のためのルーチン		
見える・思う・ひっかかる (See-Think-Wonder)	記述する，解釈する，疑問に思う	曖昧性や複雑性を持つ画像に向いている。
ズームイン（Zoom In）	記述する，推論する，解釈する	*見える・思う・ひっかかる*の一種で，画像の一部にだけ焦点をあてる。
思いつくこと・わからないこと・調べること (Think-Puzzle-Explore)	既有知識を活性化する，疑問を持つ，計画する	単元のはじめに個人やグループの探究学習を方向づける。 現時点での理解と誤解を認識させる。
チョークトーク（Chalk Talk）	既有知識や考えをあぶりだし，疑問を持つ	正解のない，紙面上での話し合い。確実に全員の考えが反映され，考える時間が与えられる。
3-2-1 ブリッジ (3-2-1 BRIDGE)	既有知識を活性化する，疑問を持つ，絞り込む，メタファーを使って関連づける	既有知識とは別の方向に子どもの意識を向ける。単元全体の流れに合わせて使う。
4つの方位（Compass Points）	意思決定する・計画を立てる，一人ひとりの考えを明確にする	提案や計画や決定について，グループで考え意見をつくる。
説明ゲーム (The Explanation Game)	部分を念入りに見て説明を考える	*見える・思う・ひっかかる*の一種で，部分を切り分け，各部分が何でどう全体と関係するのかを明らかにすることで全体を理解する。
5章：考えを総合・整理するためのルーチン		
見出し（Headlines）	要約する，核心をつかむ	核となる概念や顕著なものをすばやく要約する。
色・シンボル・画像 (Color, Symbol, Image)	メタファーを通して中心をつかむ	視覚的な関連をつくらせる，非言語的ルーチン。
コンセプトマップ：つくり出す・並べ替える・関連づける・詳細化する (Generate-Sort-Connect-Elaborate: Concept Maps)	既有知識を思い出して整理し，関連づける	考えが効果的に整理・表現されたコンセプトマップをつくるための思考の手順。
つなげる・広げる・吟味する (Connect-Extend-Challenge)	関連づける，新しい考えをはっきりさせる，質問する	本，講義，映画などあらゆる形式の新しい情報を扱うときの，基本的な総合化の手順。
関連・違和感・重要・変化 (The 4C's: Connections, Challenge, Concepts, Changes)	関連づける，重要な概念を明確化する，質問する，含意を検討する	複雑な文の要点をつかんで話し合うための，文章読解のルーチン。大部の文章や本を対象とする。
小実験室 (The Micro Lab Protocol)	注目する，分析する，ふり返る	他のルーチンと組み合わせることができ，ふり返りや討論をうながす。
前の考え，今の考え (I Used to think…, Now I think…)	ふり返る，メタ認知する	考えが時間を経てどう変わったか，ふり返らせる。

6章：考えを掘り下げるためのルーチン		
どうしてそう言えるの？ (What Makes You Say That)	根拠に基づいて推論する	子どもに根拠を持って主張させるように，子どもとのやりとりの中に組み込む発問。
視点の輪 (Circle of Viewpoints)	視点を定める	問題や課題を見る視点を定める。
なりきり（Step Inside）	視点を定める	理解を深めるために，特定の立場になりきって話したり書いたりする。
赤信号・黄信号 (Red Light, Yellow Light)	モニタリングする，偏見に気づく，質問する	推論に起こりえるまちがい，筆者の極論，疑問の余地を見極める。
主張・根拠・疑問 (Claim-Support-Question)	一般論や個人的見解を見極める，根拠に基づいて推論する，反論をつくる	文章の読解あるいは，数学・科学的思考法の基本構造として用いる。
綱引き（Tug-of War）	視点を定める，推論する，複雑性を認識する	議論や対立・ジレンマの両極を明らかにしたり，想定させたりする。
文・フレーズ・単語 (Sentence-Phrase-Word)	要約する，絞り込む	文章から，読者が重要で価値があると感じるものを引き出すための手順。テーマと含意についての議論に用いる。

からである。すべての学年，大学や博物館も含めたすべての教科の先生といっしょに研究する中で，われわれは教師やファシリテーターやリーダーが思いついた使い方に常に驚かされてきた。彼らは，さまざまな状況において，ルーチンを組み合わせて用いて，独自の方法で考えさせたり理解させたりする。ルーチンについて書くにあたって，われわれはよく子どもについて述べるが，しかしそのルーチンは成人を対象にして思考を可視化しようとするさまざまな状況でもうまくはたらく。どのような状況で使うにしても，初めてルーチンを使うときには，まず示されたとおりに使ってみて，子どもも教師もルーチンの各ステップに慣れ，それがどのように思考をうながすかを理解するのがよい。ひとたび教師がルーチンを，ただの活動としてではなく思考をうながす起爆剤として使うのに慣れたら，違う意図で使ったり応用したりしてほしい。

Chapter 4

考えの導入と展開のためのルーチン

ルーチン 1　見える・思う・ひっかかる（See-Think-Wonder）

画像やものを見る。
- 何が見えるか？
- 何が起こっていると思うか？
- 不思議に思うことは何か？

　これまでわれわれは，教室の内でも外でも，絵や前衛芸術が子どもの興味や思考をかき立てるのを見てきた。芸術作品だけでなくさまざまな対象を念入りに観察することが，多くの学習の基本的な要素になる。この力を引き出すために，**見える・思う・ひっかかる**は考え出された。このルーチンは，深い洞察や根拠のある解釈，根拠に基づく自説の形成，広がる好奇心の土台となるように，じっくり念入りに見て観察させるためにつくられた。

◆◆ 目的 ◆◆

　考えたり解釈したりする前には，念入りな観察が重要である。このルーチンはそのためのものである。まず，子どもは数分間，芸術作品や画像や物を静かに見る。「見える」のステップでは，解釈にそなえて，注意深く見て，よく観察し，気づきを確認する。最後の「ひっかかる」のステップでは，じっくり観察して得た

新しい情報について考え，情報を総合して疑問を持つ。「ひっかかる」によって，子どもが自分自身で調べて考えるべきことは何かがはっきりする。このルーチンは，その後の探究につながる課題を生み出すので，単元のはじめによく用いられる。

◆◆ 適切な内容 ◆◆

「画像や物」と書いたが，絵画，写真，制作物，ビデオクリップ，文章の一部，風刺画，図表，造形素材などほとんどすべてのものが観察や解釈，疑問の対象とできる。子どもの興味を引く，魅力的な素材を選ぶことが重要である。ルーチンの最初のステップは念入りに観察することが中心で，ルーチンをうまく進めるためには，ここで見る画像や物が子どもにとって意味のあるものでなければならない。多少あいまいなところがあり，子どもにとって新鮮で，いろいろな角度から説明でき，よく見なければわからない細かい部分を持っている画像や物が望ましい。それがあなた自身にとってもおもしろいかどうか，試してみるとよい。数分間見つめていると，新しいことに気づくことができるだろうか。あなたの好奇心をかき立てるだろうか。

◆◆ ステップ ◆◆

1. **設定** 可能な限り詳細に観察できるように，画像や物を提示する。全員で座って見られるように暗い教室でプロジェクターで提示したり，大きく印刷したものを見せたり，2人で見られるように何部かコピーして配るなどするとよい。言葉を発したり話し合ったりせずに，静かに注意深く観察する時間を2〜3分とる。

2. **見える** 気づいたことを話させる。この段階では，解釈したことではなく，見えたことだけを話すように強調する。実際に画像や物の中のものを指ししながら観察したことを話させるのがよい。「見えるもの」を報告させるときには，**思う・ペアになる・共有する**というルーチン[1]を使わせるのも1つの手である。

---

[1] **思う・ペアになる・共有する**は，この本に収められていないルーチン。問題，疑問，トピックなどについての考えを明確にする。次のステップで行われる。1. 自分の考えをはっきりさせる。／2. 考えを相手（グループ）に伝える。／3. 相手の考えを他の人やクラスのみんなに伝える。http://www.visiblethinkingpz.org/VisibleThinking_html_files/03_ThinkingRoutines/03d_UnderstandingRoutines/ThinkPairShare/ThinkPairShare_Routine.html

この場合，パートナーが気づいたのに自分は気づかなかったものは何かを発表することで，クラス全体での話し合いを始めることもできる。

3．**思う**　画像や物の中で，どんなことが起こっていると思うか尋ねる。画像や物に応じて尋ね方を変えるとよい。たとえば，「見えたこと気づいたことから，何を考えられた？」「観察したことについて，どんな解釈ができる？」などである。ここでのねらいは，この時点での仮の解釈をいろいろ出すことであり，何が表されているかを指摘することではない。「他にどんなことが起こっている？」などと聞いて，子どもたちに今までに出たものと異なる解釈をしたり付け足しをするようにうながす。子どもの答えに対して，「どこを見てそう言うの？」と聞き返すのも効果的である。これは，根拠を示すことをうながす。そのうち，よく考えて答えるようになり，あてずっぽうや根拠のない意見を言わないようになる。

4．**ひっかかる**　見えたものや考えたことから，何が言えそうか尋ねる。最初のうちは，「思う」と「ひっかかる」を区別するのはむずかしい。たとえば，「彼女は彼の本当の姉かしら？」というように，自分の解釈なのに正しいかどうかを問う形で「ひっかかる」ところで出してしまうことがある。また，「あの角にあるのはボートかしら」というように，はじめに思ったことが「ひっかかる」のところで出されることがある。これをごっちゃにさせないように，「ひっかかる」というのは，解釈をふまえて，画像や物が伝えている問題や概念についてのさまざまな疑問のことだと伝えるとよい。

5．**思考の共有**　このルーチンでは，次のステップに移る前に考えを共有させる。これによって，みんなで練った考えを次のステップの出発点にできる。そして，話し合いを通して，1人のときよりも考えが深くなる。各ステップで出た考えを書き残しておくことは必ずしも必要ではないが，とても役に立つ。このルーチンで，うまくトピックについての興味を引き出し，探究が起こるようであれば，疑問を書き出して教室に掲示し，いつでも新しい考えを付け加えさせるとよい。

◆◆ 活用とバリエーション ◆◆

画像や物によっては，**見える・思う・ひっかかる**の各ステップを1つずつ完結させる方がよいときもあれば，3つ同時にやる方がよいときもある。後者の場合でも，まず見つけたものが何かを話し，次に（観察した結果を解釈した）「考え」

を述べ，そのあとで不思議に思うことについて述べるようにさせる。たとえば，「この絵にはたくさん黒が使われています。それは，夜を意味していると思います。それが画家の気持ちを表しているかどうか知りたいです」というように。ビアリク校では，ジュン・カミネツカイ先生の1年生の子どもがコミュニケーションの単元で，**見える・思う・ひっかかる**を次のように使っている。ジュン先生は，ヒエログリフや洞窟画，古代硬貨に描かれたシンボルを教室に持ち込んだ。子どもたちはそれぞれを細かく観察して考えを述べ，たくさんの新しいなぞや疑問を生み出した。子どもが疑問に思うことを表現する機会をつくったことで，より深く調べることに道が開かれ，探究的な単元になった。

　やはりビアリク校の2年生の自己認識の単元で，ネリー・ギブソン先生は，一人ひとりの子どもに各自の顔写真を配り，**見える・思う・ひっかかる**をさせた。子どもは，この単元のテーマ「自分自身」に夢中になり，このルーチンをとてもじょうずにたどっていった。ネリー先生は「ひっかかる」で推測がたくさん出てくるとよいと思っていたが，子どもたちはその期待に応えた。「目の中に映っているものは何だろう？」「私の鼻は，両親やおじいちゃんおばあちゃんに似てるのかしら？」「どうして私のママとパパは焦げ茶色の髪なのに，私の髪は明るい茶色なんだろう？」「どのようにして話しているのかしら？」などである。

　ジア・フリーマン先生は，就学前クラスで，「お姫さま」についてのアイデアを広げるときに**見える・思う・ひっかかる**を使った。お姫さまについての商業的なステレオタイプや性別についてのステレオタイプを壊すためには，（多くは従来のイメージとは異なる）いろいろなお姫さまの絵を見て話し合うのが有効だった。4歳の子どもが，40分以上も1つの絵を見て話し合うことができたのである。

　見える・思う・ひっかかるのバリエーションとして，教師が授業を観察するために用いることがある。ビアリク校の研修グループでは，「全員が取り組んでいた」とか「子どもたちは課題からはずれていた」というように，お互いの授業を観て気づいたことについて，解釈を避けるようにしながらリストアップしている。**見える・思う・ひっかかる**を授業で使った経験から，判断や解釈を排除して，純粋に観察することの重要性に気づいたからである。事後研修会で観察したことについて話し合うとき，気づいたことを披露してどんな解釈が可能かいくつか出し，それについての疑問を出し合う。このルーチンに従って構造的に話し合うことで，その授業の感想だけを述べるのに比べて，授業の複雑性を理解しようとする話し合いになり，尊敬の念に満ちて的の絞れた話し合いになる。その結果，授業者も

敬意を感じ，授業について言い訳するのではなく理解してもらおうとするようになる。

◆◆ 評価 ◆◆

「見える」では，表面的な特徴にとどまらないでより深い部分に迫るために，細かい部分に気づく力が改善されるかどうかを見る。「思う」では，「何を見てそう言うの？」とうながされたときに，解釈の根拠を示せるかどうかに注意を払う。観察で得た根拠に基づいて話しているのか，たんに思い込みに基づいて主張しているだけなのかを見極めるのが大事である。「ひっかかる」のステップでは，知識を問う質問ではなく，広く大胆な疑問を出せているかどうかを見よう。子どもがそのような疑問を出せるようになるまでには，少し時間がかかるだろう。また，オープンエンドな問いに慣れていなければ，不思議に思うというのはどういうことかを示すモデルが必要かもしれない。子どもの質問は，トピックをどれくらい理解しているかを示す。トピックの中心に近づいていればいるほど，理解が進んでいるのである。

アムステルダムの国際学校のリザ・フェルケルク先生の5年生のクラスを見ると，子どもが自主的にどれくらい高いレベルで**見える・思う・ひっかかる**に取り組めるかがわかる。リザ先生は，子どもを3人ずつのグループに分けて，ロッド・ブラウンの絵をじっくり見させてから，ジュリアス・レスターがその絵につけた文章を読ませた[2]。子どもたちは，リザ先生のクラスだけでなく前の学年でも，このルーチンを長く使ってきた。したがって，じっくり絵を見て描かれている事実について説明をすることに慣れていたのである。

◆◆ チップス ◆◆

十分な時間を与えて，細部に気づかせるようにじっくり見せるようにする。すぐに「思う」に移って解釈させたくなるが，「見える」は，何が描かれているかをすべての子どもが気づくことに意味があり，それが解釈を生み出す土台となることに注意する。ここで，教師が何かを付け加えることを恐れる必要はないが，学ぶ仲間としての助言でありたい。たとえば，「最初に見たときには気がつかな

---

[2] ロッド・ブラウンはオーストラリア生まれの画家。ジュリアス・レスターは米国生まれの作家。該当の書は『あなたがもし奴隷だったら』片山しのぶ訳，あすなろ書房。

ったんだけど…」というように言う。たとえそうしても,子どもは最初は観察でなく解釈をしようとしてしまいがちである。それをまちがいだとして切り捨てないようにする。そうではなく,どこを見ているのかを示させたり,何を見てそのように言っているのかを尋ねたりしてみよう。

ついそうしたくなるが,このルーチンをワークシートにして空欄を埋めさせるようにしてはいけない。ワークシートを使うと,子どもは,全部を埋めることを面倒に感じて短くしか書かないし,気づきも生まれない。このルーチンは,他の人のアイデアを聞いてそれに基づいて自分のアイデアをつくるところに,本当のよさがある。子どもにより多く発言させるためには,ワークシートではなく**思う・ペアになる・共有する**ルーチンを使うのがよい。

実践の概要

高等学校の歴史の教師レズリー・ライダー先生はいつも,ものごとを可視化して分析することをとても重要なスキルだと感じてきた。しかし,メルボルン郊外のメソジスト女子校の10年生を受け持ったとき,映像が蔓延するこの時代においてさえ,そのスキルが子どもの身についていないことに気づいた。風刺マンガや歴史的芸術のシンボリックで抽象的なイメージを,解釈できなかったのである。しかし,別の問題も感じていた。「絵画でも,マンガでも,図や写真でも,何が重要かを見抜けないという問題があるんです。詳細に見ることもできないし,表されているものの中で何が重要かを見極めることもできないし…この2つが問題だわ」とレズリー先生は言う。そこで,自分のクラスを使って,**見える・思う・ひっかかる**が子どもの映像分析力を改善するかどうか試してみることにした。とはいえ,彼女自身は,教員研修の中でこのルーチンを経験し,同僚の授業参観の折に「**見える・思う・ひっかかる**はあまりに簡単に使えてしまうため,子どもが深く考えたりふり返ったりするようにはならないのではないか」と書いていた。

まず,レズリー先生はこれまでに教えてきた単元を見直した。中世において女性がどう表現されていたかに焦点をあてた単元では,これまで,PowerPointの既製のワークブックで映し出したいろいろな資料や映像を使って,大筋を理

解させたり見方を教えたりして分析に迫らせる授業をていねいにやってきた。そして，中世後期のタペストリーを批評するのが山場であった。しかしレズリー先生は，「**見える・思う・ひっかかる**を使うにはそのやり方とは逆にしなきゃと思って，単元の最初に，中世初期の芸術家の絵画にこのルーチンを使うことにしたわ。それから，最後のタペストリーの批評に進む前に，その歴史的文脈を調べることにしたわ」と言う。

　レズリー先生は，「聖アントニウスの誘惑[3]」の白黒画像を最初の教材に選んだ（図 4.1）。この画像をみんなに見えるようにスクリーンに映して，何が見えるか，この絵の細部が何を意味するかについてどう考えるか，そして最後に不思議に思うことや質問をリストアップさせた。はじめ，子どもが活動したり書いたりするのに一所懸命になるのを見てわくわくしたものの，発表になると急にそれはしぼむことになった。「見える」のリストには細部についてのものはなく，たくさんの解釈が含まれていたのだ。レズリー先生は，「見える」によって特徴をとらえられると思ってはだめで，細部やあいまいな部分に目を向けさせると同時に，見ることと解釈することを区別させなければならなかったのだと気づいた。

　このことから，レズリー先生は次の授業をつくり直した。「それぞれのステ

図 4.1　聖アントニウスの誘惑
（ロンドン Sir John Soane Museam 所蔵）

---

[3] 聖アントニウスは西暦 251 年にエジプトに生まれたとされる。裕福な家に育ったアントニウスだが，20 歳のころ，財産をすべて分け与えて苦行の道に入る。そこに悪魔が現れて，財産や欲望，楽しみなどのさまざまな誘惑によって苦行をやめさせようとする。それらを祈りによって退けられた悪魔は次に女性になって現れて執拗に誘惑する。

ップで要求されることがよりはっきりわかったので,『見える』の欄には,可能な限り解釈を避けて実際に見えるものだけを記録するようにさせたわ」と言う。彼女は,次のステップに進む前に,発表する時間をとった。これによって全員が他の人の意見から考えを広げて,次のステップに進むことができた。

　「見える」を発表するときに,とてもおもしろいことが起こった。子どもたちは,ワイン,聖書,女性の服,何種類かの木,丘の坂道,杖,ベルがぶら下がっている塔,くしゃくしゃの頭髪などの細部を,いろいろあげ始めた。1人が「彼女の服の下にある,このおかしな棒は何だろう？　鳥の脚みたいだ」と言った。他の子どもがすぐに応えて,「ああ,それ気がついたけど,書くのはバカだと思った」と言った。別の子が,「それは気づかなかったな。それは何？」と続けたころから,残りみんなも興味を引かれてそこを見始めた。そこで,レズリー先生は手をあげさせた。約3分の1が「棒」と書いた。3分の1はそれに気づいたが,重要じゃないと思って書かなかった。残りはそれに気づかなかった。レズリー先生は,自分も絵をかなり長く見ていたけど,その脚には気づかなかったと話した。

　「棒」をじっくり観察することは,絵の中に見えたものを解釈する「思う」ステップにうまくつながった。子どもたちは「棒」は何を意味するかを考え始めた。ある子がみんなの考えを飛躍させることを言った。「あれは,女性じゃなくて,悪魔の脚なんだよ」。このアイデアにのっかって,他の子どもがその根拠を指摘し始めた。「服を見てよ。すそが巻き上がってる。きっと悪魔のしっぽなんだと思う」。別の子が「それに賛成。どうしてドレスのすそがあんなふうになっているか不思議だったんだ。何か違うと思ったけど,それがどうしてかはわからなかった」。もちろん,子どもは,この大きな跳躍を背景知識なしにできたわけではない。子どもたちは,これが宗教画であることを知っていたし,多くが,聖アントニウスはともかく,誘惑のエピソードについてはよく知っていた。

　この経験で,レズリー先生は「見える」がいかにむずかしいかを認識した。授業の後のふり返りで,「理解したり解釈したりできないものはあえて見なかったり,あるいは無視したりするということかもしれないわ。つまり,常日頃持つ考えや信念,価値と結びつかないものは見えないのよ」と話した。レズリー先生は,この考えを掘り下げて,次の授業で「見える」と「思う」の違いについて尋ねた。とくに,見るとき,考えるときに頭の中で何が起こっているか

に絞った。ある子が，「考えているとき，知っていることどうしを関連づけているんだ」と言った。この発言をきっかけに，ものを見ることが信念によってどれだけ影響を受けるか，まったく判断しないで念入りに見るというのはいかにむずかしいかということについての話し合いが始まった。そして，どうして多くの子どもが「棒」を見逃してしまったのか，どうしてつい解釈が混じってしまうのかなど，メタ認知や思考についてどう考えるかということについて話し合いが深まっていった。

レズリー先生は，これらの経験を「考えることと見ることについての疑問：メタ認知を超えて」（Tyder, 2010, p. 5）という文章に記している。

> その後何年か，10年生，11年生の歴史の時間にいろいろなトピックで**見える・思う・ひっかかる**を使い続けました。扱った画像はいつも「聖アントニウスの誘惑」と同じような複雑性を持っていたわけではなかったけれど，いつも「見える」ことと「思う」ことの違いについての話し合いに持っていくことはできました。…徐々に，状況に応じた展開ができるようになっていきましたが，それは，**見える・思う・ひっかかる**のルーチンで，頭の中でどのように思考がはたらいていくかについてはっきりわかったからだと思います。「見える」では，解釈したり評価したりしたくなる気持ちを抑えて，念入りに見て細部にこだわること，「思う」では，すでに知っていることどうしの関係を見つけること，「ひっかかる」では，ふだんだと関連づけたりしない絵の細部がいろいろな可能性を持っていることや，さらに，異なる時間や文化では重要な意味を持つかもしれないという可能性に心を開くことが必要なのです。だから「ひっかかる」は，歴史を広く調べることにつながるのだと思います。一方で，過度な解釈についても，意識する必要があると思います。細部のすべてに意味がこめられているとは限りません。たんに美しいからという理由からそこにある場合もあるのです。別の資料や歴史的文脈をしっかり調べることで，大事なことと無関係なことを切り分けることができるのではないでしょうか。絵によっては，「棒」はただの「棒」だということになるかもしれません。

ルーチン 2 ズームイン (Zoom In)

画像の一部だけを提示して，念入りに見る
- 何が見えるか，何に気づくか？
- 見たものについてどんな仮説や解釈を立てられるか？

見せる範囲を広げて
- 新しく見えるようになったものは何か？
- 仮説や解釈はどのように変わったか？ 新しい情報は，疑問を解消したか，それまでのアイデアを変えたか？
- 新しく疑問に思ったことは何か？
- 画像全部を見せるまで範囲を広げて質問することをくり返す。
- この画像について，まだ残っている疑問は何か？

このルーチンは，ヴァージニア州フェアファックスの中学校教師，マーク・ペレラ先生がつくった。それを，北ヴァージニア議員図書館にある教師のための一次情報学習センターのロンダ・ボニーが改良した。ロンダは，一次情報を使って歴史を学ばせることが大事だと考えていて，「収穫しよう！（Crop It!）」という名前のプロジェクトで，一次情報のデジタル化に取り組んでいた。そこで使われたルーチン，**ズームイン**を紹介しよう。**見える・思う・ひっかかる**と同じく，このルーチンはじっくり見て，解釈することに焦点をあてる。違いは，時間をかけて画像を少しずつ見せていくことである。歴史だけでなくどの分野でも，何かを見たときの解釈はその時知り得る情報によって制限されるということが，このルーチンの下敷きになっている。

◆◆ 目的 ◆◆

このルーチンでは，画像の一部をじっくり観察して仮説を立てる。新しく情報が示されると，再びじっくり観察して，新しい情報をもとに最初の解釈を見直す。限られた情報しか得られないので，子どもは自分がその時点でできる限りの解釈

をしたのだということと，それは新しい情報を知ると変わるものだということを知っている。一時的な仮説を立てることで，自分の考えを変えてもいいのだということだけでなく，それまでと矛盾する新しい情報を得たときには，柔軟に考えを変えることが重要だということを学ぶ。

　一度に画像の一部しか見せないことで，対象との取り組み方が全体を見るときとは違ってくる。一つひとつの細部の意味を考えて，その時点までに考えてきた意味との整合性を考えなければならなくなる。

◆◆ 適切な内容 ◆◆

　このルーチンを使うときは，見せる部分を少しずつ広げていって，最後に全体を見せるルーチンだということを念頭に置いておこう。つまり，前に見せた部分でわかったことを，新しく見た部分に活かすということである。いつも，「画像の中に，異なる話について描かれている部分はないだろうか。部分のそれぞれは，全体と同じくらいおもしろいか？」と自問してみよう。全体ではたくさんの人がいろいろなことをしている絵でも，最初に見せるのは，1人だけというようなことになるだろう。前衛的絵画，地質の写真，データ，グラフや図，詩の一部を選んでもかまわない。しかし，**ズームイン**がただのゲームにならないようにするには，見せる部分が主題と関係が深く，子どもを学習のトピックに引っ張っていくようなものでなければならない。

　画像を選んだら，徐々に広げる各部からどのような情報が伝わるかを検討する。新しい部分を見せるときには，それまでに見せた部分の意味に新しい意味を付け加えるようにしなければならないし，そのつど新しく考え直させるようにしなければならない。見せる部分を広げるときには，はっとするものがあったり，解釈しなおさなければならなくなるものが含まれているようにしたい。**ズームイン**は，プレゼンテーションソフトを使ってもできる。各部分をスライドにして，部分を大きく見せたり，マスク（覆い）をめくるようにしたりすることができる。

◆◆ ステップ ◆◆

1. **設定**　選んだ画像の一部を見せて，観察する時間を設定し，注意深く見るように言う。まずは観察から始めて，その後，見えたものをもとに仮説や解釈を話させるのがよい。これは，個別でも，小グループでも，クラス全体でも可能である。

2．**見せる**　画像のマスクを少しはずして，新しく見えたものは何か問い，それがそれまでの仮説や解釈にどんな影響を与えたか考えるように言う。ものによっては，もっと絞り込んだ質問をしてもよい。「この２人の関係についてどう思う？」「ここまで読んだことからどんな感じを持つ？」「次の情報が何か，予想できるかな？」というように。ここで，疑問を出させてもかまわない。

3．**くり返し**　マスクをはずして解釈させるプロセスを全体を見せるまでくり返し，まだ残っている疑問を出させる。解釈の違いを披露しあい，マスクをはずすに従って考えがどのように変わったか，ふり返らせる。

4．**考えの発表**　一連の流れについて話し合い，どのように解釈が変わっていったかをふり返らせる。次のような質問をする。見える部分が増えることで，考えにどのような影響があったか？　どの部分で，とくにたくさんのことがわかり，大きく考えが変わったか？　どこが，はっきりわからなかったか？　もし見ていく順番が違ったら，どんな影響があったと思うか？

◆◆ **活用とバリエーション** ◆◆

　国語の読み[4]の教師，トニー（アンソニー・ケーベル）先生は，文章にたっぷり浸らせる授業をやってきた。ビアリク校の６年生を担当するトニー先生は，リー・クンシンの自伝『小さな村の小さなダンサー（原題：Mao's Last Dancer）』についての単元で，リーが北京駅に着いた場面にアン・スパッドビラスがつけた挿し絵を使って，**ズームイン**を行った。小説の流れや背景について，より深く理解させることができると考えたのである。トニー先生は最初に，背景を隠して子どもが１人で立っている部分だけを見せて，その子の立場に立つように言った。さらに「何を感じる？　何が見える？　どんな匂いがする？　何が聞こえる？　何か気がついたことは？」と尋ねた。子どもたちは，一人ひとり感じたことを書きとめた。隠していた部分をめくるたびに，新しく感じたことをどんどん付け足すのをうながすため，同じ質問がくり返された。

　ポール・ヴェルマン先生は，ビアリク校の４年生に，オーストラリアの先住民の言葉の多様性について学ばせようとしていた。そして，オーストラリアの地図を何度も見せて，そのたびに新しい情報を付け加えていくことで疑問を育てていこうとした。ポール先生のやり方は，**ズームイン**の本来の方法ではなく，情報を

●4　国語が，言語表現，読み（リーディング），書き（ライティング）などに分かれている国は少なくない。

少しずつ付け足して重層化していくものであった。最初は国境線だけだった地図が，同じ言語を話す地域ごとに区分けされていくに従って，子どもたちは好奇心を持ってのめりこみ，疑問を持つことができた。新しい情報がそれまでの考えをゆさぶるたびに，子どもは地図が何を意味しているか推論しようとしていた。すべての情報を最初に示さないことによって，子どもは徐々に仮説を組み立てていくように仕向けられ，不思議な思いと興奮が生み出された。この経験をふり返って，限られた情報によっても簡単に仮説を立てることはできるが，その仮説は変わる可能性があるのだと，このクラスの子どもが書き残している。

◆◆ 評価 ◆◆

仮説を立てているときに，細部まで注意を払っているかどうかを見よう。また，仮説や仮定が見たこと気づいたことをもとにしているかどうかを見よう。子どもは，新しい情報をそれまでのものと統合して，新しい仮説を立てたり仮説を修正したりしているか，それともはじめのものを変えたがっていないのかを見よう。他の人の考えを取り入れているか，自分の考えだけにこだわってしまうのかを見よう。全体の流れを通して，どのように，なぜ思考が変わっていくのかに気づけるかどうかを見よう。

◆◆ チップス ◆◆

ズームインではめくる回数は決まっていないので，あらかじめ流れに沿って自分で何が見えるか，どんな情報がどれだけ得られるかを自問しながらリハーサルをしよう。子どもの思考をゆさぶることができるだろうか？ 柔軟に考える力を育てるのがねらいなので，知っていたこととは違う何かを発見して考えが変わった経験を思い出すようにうながそう。次の実践の概要のように，インタラクティブ・ホワイトボードを使って画像を見せるのもよい。

実践の概要

ケイトリン・フェイマン先生はビアリク校の数学教員で，子どもといっしょにいくつかの思考ルーチンを使ってきた。何人かは，トニー先生の国語や社会

図4.2 エッシャーの「昼と夜」(M. C. Escher Company-Holland)

　科学の授業で**ズームイン**を使っていたので，ケイトリンも触発されたのである。そして，それを算数で使うとどうなるか疑問を持った。
　5年生の算数のねらいの1つは，算数についての大きなとらえを身につけさせて，算数がまわりのどこにでもあることに気づかせることであった。彼女は，エッシャーの「昼と夜」(図4.2)を使うことにした。活発な話し合いを生みそうだったからである。ケイトリン先生は，話し合いがどんなふうになるのかわくわくしていた。「絵の全体のイメージは魅力的だわ。だけど，この中に隠れている数学的関係に気づくかしら，一度にちょっとずつしか見せないのは制限しすぎじゃないかしら？」。
　最初にめくる部分には，一羽の鳥が飛んでいるように見えるところだけを選んだ。比較的あいまいでないはっきりした部分から**ズームイン**に入ることで，数学的関係に気づいてほしかったからである。子どもにはトニー先生と**ズームイン**をしたときの経験を思い出させ，数分間念入りに絵を見て，見つけたり気づいたりしたことを書き出すように言うと同時に，これは算数の授業だということを頭の隅に置いておくように言った。
　子どもはすぐ，鳥と長方形に気づいた。ケイトリンは，それがまだ最初の考えなので状況によって変わってかまわないということを思い出させながら，そのイメージが何を表しているかを尋ねた。するとたちどころに，「わなにかかった鳥」「長方形はいちばんよくある籠の形だ」「籠の中の鳥だと思う」などの言葉が飛び交った。ここでジョシュアが方向を変えた。「これは，並びの端っこじゃないかな。並んだ鳥で，かけ算が出てくるんじゃないかな」。するとマ

ーンが，形とつなげた。「鳥よ。形に目をつけなきゃ。そして，どのように形が組み合わさっているのか見なければならないのよ。なぜって，鳥の頭は円で，くちばしは三角だもの…これは青い長方形…それに楕円形が身体の中にある…それに違った種類の三角形もあるわ…」。

ケイトリン先生は，見せる箇所を広げるたびに，何が見えるようになったか，考えや解釈がどう変わったか，新しく見えたことでどんなふうに仮説が変わったり，新しい疑問が生まれたりしたか尋ねた。その都度，話し合いは活発になり，子どもの発言も変わっていった。はじめは「鳥が海の上を飛んでいるみたい。だって鳥が飛んでいるし，隅っこに何か陸のようなものが見えるから」というようなものだったのが，それが「列になってるというよりピラミッド[5]みたいだ。ピラミッドの2つの頂点が，真ん中に来ている」というような数学の用語を使ったものに変わったのである。

見せる部分を3回目に大きくしたとき，行・列，垂直・水平，斜めの並びについての話し合いになり，そして因数に話が及んだ。「何かの数字の積を全部知りたかったら，因数がわかればいいんだよ…1，2，4，8とか。8の列の1行目と1の列の8行目の積は同じ。2の列の4行目と4の列の2行目は同じになるよ」。これらの発言は，数学的な概念を導入して発展させる機会となった。

「子どもはとてもたくさんの数学的関係を見つけたわ！　私は，本当に彼らの洞察力に驚いたわ」とケイトリン先生は述べている。「話し合いは，対称，変形，方向，三角数，合同，反射，平面，立体の形などに発展したわ。子どもが自分で経験したことや理解していることを関連づけるのはとてもおもしろかったわ。だからやめたくはなかったの」とケイトリン先生は言ったが，絵全体に広げる前に，授業時間が終わってしまったのでやめなければならなかった。

次の日は，続きから始めた。彼女は，前日に観察したことを思い出させて，もっと考えを発展させようとした。「こっち側の図形は，白い鳥になっていくけど，こっち側の図形は黒い鳥に変わっていくわね。鳥が滑り込んでいくこの方向について，何て言えばいいのかしら。数学的に言うとどうなるのでしょう？」。

話し合いは，垂直，水平，裏返し，変形へと続き，ケイトリン先生は，子どもがまだ名前は知らない新しい数学的概念に気づいていることに気づいた。そ

---

[5] ピラミッドは角錐を意味する数学用語。

して,「これまでに話してきたことは,数学では平面充填●6っていうの。図形をきっちり隙間なく並べることをそういうのよ。どんな形の図形があるかしら?」と介入した。

　絵の全体を見せて話し合いをしてから,ケイトリン先生は,「もしこの絵を描いた画家だったら,この作品にどんなタイトルをつけたかしら。算数のレンズを通してこの絵を調べたことを思い出して,表題にはその視点を入れなきゃね」と最後の質問をした。子どもの答えは,「対称の線の中の昼と夜」「対称な鳥の目」「対称な変形」「時間の経過」「３Ｄの鳥」「対称と行列のわな」などであった。

　ズームインの話し合いには,２校時かけた。授業のふり返りでケイトリン先生は,隠れた意味深な情報に子どもが強い興味を持ったことについて,次のように述べている。「まちがいを恐れず,仮説を立てて,思いついたことを言ってみるのを楽しんでいたわ。だけど,根拠を見つける必要があるということを忘れてはいなかったわ」。ケイトリン先生に質問をしてみた。中でも「１つの部分にどれだけ長く時間をかけるのか?」という質問は重要である。ケイトリン先生は,この質問に自分ですでに答えを出していたようだ。「ねらっている水準の思考に達するまで,どれだけでも…。だけど,活動が停滞して,次の画像を見るより前に,飽きたり怒ったりするほど引き延ばしてはだめ」と。

●6　空間充填(テッセレーション)とは,空間を隙間なく図形で埋め尽くす操作のこと。アルハンブラ宮殿の壁は,いくつかの幾何学模様のタイルを規則正しく並べてより大きな模様の繰り返しをつくっている。エッシャーはここを訪れて影響を受けたといわれている。

ルーチン 3　思いつくこと・わからないこと・調べること (Think-Puzzle-Explore)

主題やトピックを提示し，それについて検討させる。
- そのトピックについて，何を知っていると思うか？
- そのトピックについて，何を知りたいか，何がわからないか？
- そのトピックについてどうやって調べたらよいと思うか？

KWL[7]は最もよく用いられているルーチンの1つだが，これはそれを発展させたものである。ただし，知識を目標にするのではなく，探究や学習のプロセスを対象とする。KWLでは，子どもは「このトピックについて何を知っていますか？」「何を知りたいですか？」「学習が終わった時点で何を学びましたか？」と問われる。しかし，何を知っているかを聞いたり，そのリストをつくらせたりするときに陥りやすい罠がある。まちがった情報を引き出したり，何も知らないと言わせてしまったりするのである。**思いつくこと・わからないこと・調べること**では，「何を知っていると思う？」と聞くのだが，それは子どもの考えはさらに深めることができるととらえ，また知識は暫定的で増やすことができるものだととらえているからである。「何を知りたいか」という問いは，知識を集めることを目標にするのではなく，探究することによってより多くのことを考えてほしいということを意味している。だから，「調べること」では，課題をどのように調べるかに注意を向けさせる。

◆◆ 目的 ◆◆

このルーチンは，知っていることを思い出させ，好奇心を引き出し，1人あるいはグループで調べる計画を立てさせるのに使う。**思いつくこと・わからないこと・調べること**によって，子どもが今トピックについて何を理解しているかわか

---

[7] オグル（Ogle, 1986）が考案したもので，学習対象について，「知っていること（What I know）」「知りたいこと（What I want to know）」「学んだこと（What I learned）」を書き込む表。[Ogle, D. M. (1986). K-W-L: A Teaching Model That Develops Active Reading of Expository Text. *The Reading Teacher, 39*(6), 564-570.]

るので，その後の授業のあり方や進め方を変えることができる。したがって，発展的な探究学習の準備のために使われ，単元のはじめに実施されることが多い。しかし，単元の途中で再度用いて，知りたいことを決め直し，調べ方を考えさせるような使い方もできる。

また，このルーチンの最初のステップを単元の最後に使って，どれだけ理解が進んだかを実感させたり，その時点で何を知っていると思うかふり返らせるのにもとても役に立つ。また，「わからないこと」のステップをくり返し行うことで，学習はずっと継続するプロセスで，時間をたくさんかけて学習しても，まだ理解しきれないものがあるという意識を持たせることになる。

◆◆ 適切な内容 ◆◆

ルーチンの特徴から見れば，トピックに関する探究課題は通常，答えがはっきりしたものになりがちである。しかし，複雑でいろいろなものを含むトピックをうまく選ぶことで，「わからないこと」は簡単に答えが出せるようなものではなく，さまざまな解釈ができるようなものになる。題材は，核となる概念，ある種の数学的問題，その日の新聞記事など，子どもが関心を持ててもっと深く理解させる価値があるものなら何でもよい。

◆◆ ステップ ◆◆

1. **設定**　このルーチンはこれから何を探究するかを決めるためのものなので，しばしば単元のはじめに行われる。それを，なんらかの形式で記録しておく。小グループでやらせてもよいし，教師がホワイトボードに整理しながら進めてもよい。付箋紙を用いて，アイデアを出し合うのもよい。

2. **○○について，何を思いつくか尋ねる**　この発問をしたあと，時間を与えてこれまでの経験をふり返らせて，思いついたことを表させる。口頭でもメモ書きでもかまわない。互いのアイデアから何か思い出すことはよくある。みんなで考えを伝え合うことが，新しいアイデアを生み出すということを念頭に置いておこう。

3. **何が知りたいか，どんな疑問を持つか尋ねる**　「もっと調べたり勉強したいと思うことは何だろう？」「何か疑問に思うことはないだろうか？」「このトピックについて，関心を持ったことはないだろうか？」というような質問をして，トピックについての疑問を出すようにしむける。口頭でやっていても付箋紙を

Chapter 4
考えの導入と展開のためのルーチン

使っていても，疑問に思ったことや知りたいことを明確にさせる。

4．**わからないことの調べ方について尋ねる**　子どもに「わからないこと」のリストから1つを選ばせる。2つ3つ，課題として示してもよい。その後，わからないことについて，どうすればそれを調べられるか聞く。「だれに聞けばいいと思いますか？」「どこに行けばもっと情報を得られるでしょうか？」「検索語を決めるにはどうすればいいでしょうか？」「情報を集めるだけじゃなくて，自分なりに調べたと言えるにはどうすればいいのでしょうか？」「どの情報源にあたればよいと思いますか？」「自分が知りたいことを調べる方法はどうすれば見つけられるでしょう？」などである。

5．**考えの発表**　このルーチンをみんなでやっていると，たくさんの考えが発表される。小グループでやるなら，それぞれの結果について，たとえば「わからないこと」などに絞って発表させる。あるいは，まずみんなの「わからないこと」を発表させて，同じようなテーマや強い関連のあるものどうしをグループにしてもよい。その後，ペアか小グループになって，取り組んだらおもしろそうなものを選ぶ。そして，何に決めたかを発表させる。

◆◆ **活用とバリエーション** ◆◆

ビアリク校の1年生担当，キャサリン・ジョージョウ先生は，図工担当のヘレン・オバーマン先生といっしょに，水についての単元でこのルーチンの「思いつくこと」と「わからないこと」だけを使った。水についての作品を見せて，水の使い方を考えさせようとしたのである。ビクトリア州立美術館に行って，絵画，スケッチ，彫刻を鑑賞するのだが，その前に作品の写真を見せてこのルーチンを使って話し合いをした。キャサリン先生とヘレン先生は，写真を見せては「これについて何を思いつきますか？」「何かわからないことはありませんか？」「何か疑問はありませんか？」と尋ねた。また，見学のときに各グループに付き添う保護者にこのルーチンを教えて，子どもがどんな意見を言ったかを知らせ，それについて見学しながら話し合うことを勧めた。美術館では，子どもにはこれから観る作品の写真を貼った用紙が配られた。写真にはルーチンで出てきた疑問が添えられており，見学中にそれについて調べるようになっていた。子どもたちはルーチンには慣れていたので，自分たちの考えや疑問について熱心に話し合うことができた。

ビアリク校5年生担当のカレン・グラン先生は，リーダーシップについて子ど

もがどう考えているのかを知りたいと思った。彼女は，リーダーシップがただの学習トピックではなく，単元が終わったあともずっと考え続けなければならないものだということをしっかり理解させたかった。彼女は，子どもが今リーダーシップについて何を知っていると思っているか，何をわからないと思ったか，どうしたらそれをずっと学び続けることができるか考えさせるために**思いつくこと・わからないこと・調べること**を選んだ。

◆◆ 評価 ◆◆

ルーチンの最初のステップ「思いつくこと」では，意見をよく聞き，読み，記録することで，子どもがトピックについて持っている誤概念に気づくことができる。理解を深めたいと思ったら，それらを明らかにしておかなければならない。2番目のステップ「わからないこと」では，子どもが何に関心を持ちもっと知りたいと思っているのかがわかる。子どもが探究すべき課題を持っているかどうか，情報を集めることだけをめざしているのではなく，トピックについての幅広い好奇心を持っているかどうかを見る。情報を集めようとするのをやめさせるということではなく，理解を深めることに資する広範で挑戦的な課題となっているかどうかという意味である。「調べること」では，計画通りに探究を進める力を持っているかどうかがわかる。

◆◆ チップス ◆◆

思いつくこと・わからないこと・調べることは，KWLの焼き直しのようではある。両者はとてもよく似たねらいを持っているからだ。しかし，教師の使う言葉で，子どもの思考は変わる。ほんのささいな違いでも，子どもの反応は大きく違う。「○○について何を知っていますか？」と聞かれると，それについて自信のない子どもは発言できなくなってしまう。一方，「○○について何を思いつきますか？」と聞かれると，全員がそれについて懸命に考え，できるだけたくさん知っていることを出そうと思う。知っている確信がなくても言ってもよいと思う。同様に，わからないことや疑問についての話し合いによって，より自由な質問が出てきたり，関心が高まったりする。

ルーチンに慣れるに従って，使い方は柔軟になる。ルーチンの一部だけを使うのはめずらしくない。たとえば，新しいニュースを見聞きしたとき，「○○について何を思いつきますか？」と尋ねるだけで，話し合いがとても充実する。ある

いは，模造紙を掲示して，学習中にトピックについてわからないことや疑問を書き込ませることで，探究を深めることができるし，興味・関心を高めることもできる。

　「調べること」のステップがうまくできないという教師がいる。その理由の1つは，これまでに子どもに学習の計画を立てさせたり自分で探究させたりしたことがなく，このステップで子どもに何を求めればよいのかわからないことだろう。計画するスキルを育てるには，クラスみんなで意見を言い合いながら探究の計画を立てさせることから始めるのがよい。それが，計画立案のしかたを可視化してモデルを示すことになる。「調べること」での子どもの意見が，ただ「インターネットで見つける」だけなら，もっと考えさせる方がよい。「どんな情報源が信頼できるかな？」「どんなキーワードを使ったらいいかな？」「書かれていることの真偽をどうやって確かめたらいいかな？」「他にそのことを尋ねる人はいないかな？」などと問うてみよう。子どもの思考を掘り下げるためには，「本やインターネットに信頼できそうな情報がなくて自分たちで調べるには，どうすればよいと思う？」というように聞くのがいいだろう。

実践の概要

　ピアリク校の2年生担当キラン・パンサル先生は，「時間」についての単元の最初に「時間について何を思いつくかしら？」と聞くことにした。キラン先生は，次のように言う。「このルーチンを使って，知っていることを思い出させて時間の概念についての関心を引き出そうとしたんです。子どもたちみんなが，自分の考えを出すことができるので，自信に裏付けられた関心を持たせることができると思いました」。

　そして，どのようにこのルーチンを進めたか説明した。「子どもを4～5人のグループにして，大きな紙と鉛筆を渡しました。そして紙の『思いつくこと』のところに，時間についての自分たちの考えをどんなものでもいいから書くように言いました。それから，クラス全体で考えを出し合いました。次に，もし時間についてわからないことや疑問があれば，何でも付箋紙に書いて『わからないこと』の欄に貼るように言いました。そして，みんなの疑問を取り上

表4.1　2年生の時間についての考えと知りたいこと

時間について何を思いつきますか？	時間についてわからないことは何ですか？
お昼と夜。午前と午後。時間は時計を見たらわかる。1日は24時間。時間は時間割でもある。太陽が上がるのが午前。月が出るのが夜。	だれが時間を動かしているの？ どうやって時間はつくられるの？
デジタルとアナログがある。寝る時間，ランチタイム，朝食の時間がある。昼と夜。日没。秒と分。	時間をもどることはできるの？ 時間がなかったらどうするの？ 最初の時計がつくられたのはいつ？
時間は早くすぎたり，遅くすぎたりする。だれも時間がどこでつくられるか知らない。時間が止まったら，どんな小さなものも動けない。	どうして時間のことを「時間」と言うの？ アナログって何？
デジタルの時間がある。秒がある。お昼と夕暮れがある。時間と分がある。	木が育つまでどれだけかかるの？ 時計はどうやって時報をならす時を知るの？
1日は24時間。就寝時間，昼間，遊ぶ時間。ちょうどの時刻がある。	どうして時間はそんなにたいせつなの？ 長針短針はどうやって動くの？
時間が経てば木が育つ。ディナータイムっていう言葉がある。	だれが「時間」という言葉を考えたの？
時間について考えるとき，どうやって育ったか，かけ算すること，あきること，待つこと，就寝時間，コンピュータ，おもちゃ（赤ちゃんのときのおもちゃにあきて新しいおもちゃを手に入れたこと），学校に行く時間，時間とデジタル，日の出と日の入り，歴史，を思いつく。	数字と時間と時計について知りたい。 時間について何も知らないと思う。 だれが腕時計をつくったの？ 時間がなかったら何が起こるの？

げていきながら，個人やグループでそれを調べられるかみんなで話し合ったわ」。このときの子どもの発言を，表4.1に示す。

　子どもの「時間」についての考えや疑問は，内容や理解の深さ，正確さにおいて，実にさまざまだった。あがってきたものの中には，時計が動く仕掛け，時間を測るいろいろな方法，時間の役割や重要性についての哲学的な問題につながりそうなもの，時間の性質についての根本的な疑問などが混じっていた。それは，時間についての基礎的な知識や，時刻の読み方についてのスキルや質問をはるかに超えていた。それを見て，キラン先生は，教えようと思っていたことを変えることにした。

　州の規準だと，この単元は時刻を読むことが目標になるが，キラン先生の授業は時間についての歴史，必要性，重要性などについても扱うことになった。その結果，この単元を通して，たくさんの深い話し合いができた。キラン先生は，子どもを関心別のグループに分けて，みんなであげたトピックについて調

べさせた。あるグループは、時計の仕組みを調べ、別のグループはタイムマシーンを設計した。子どもは、秒、分、時間、時刻の言い方など基本的事項についてまだ学習中だったのに、時間についての理解を深めながらたくさんの経験をしていたのである。

キラン先生は、**思いつくこと・わからないこと・調べること**が単元展開に何をもたらしたかふり返って「これまで時間の単元では、事前テストに比べて事後テストでよい点がとれることをめざしてやっていました。だから評価の観点は、子どもがカリキュラムにある目標をどれだけ達成したかだけだったのです。でも、このルーチンを知ってからは、子どもがどれだけ概念を理解しているかと、その概念についてどうやってより深く理解するようになっていくかに興味を持つようになりました」と言う。

彼女は、子どもの単元への取り組み方もかつてとは違うことに気づいた。「学習上問題を持っていた何人かの子どもが、自分の考えを表すのを楽しんでいるのにびっくりしたわ。これまでの受動的な学習態度とは大違い。子どもは、考えたり調べたりして学習しているあいだ中、熱心に取り組みますよ。思考を可視化することで、子どもは自分の学習をたどることができるようになるわ。考える道筋には、人の話をよく聞いて、やりとりする経験が詰まっているわ。そこには考えて発表し、質問し、ちょっとがんばってみたり、お互いの考えを認め合ったりする機会があふれているの」。

ルーチン4 チョークトーク（Chalk Talk）

模造紙に書かれたトピックや疑問を読む。
- 書かれている概念，疑問，問題について考えるとき，どんな考えが浮かぶか？
- 他の人の発言とどんなつながりをつけられるか？
- 他の人の発言・コメントを考慮して書かれている概念について考えるとき，どんな疑問が浮かぶか？

　教師は，すべての子どもの声を取り上げて学習に参加させたいと思う。しかし，全員にその時間を十分とるのは困難である。**チョークトーク**は，この難問を乗り越えるためにフォックスファイア基金のヒルトン・スミスによって開発された。それは，考えを順序に関係なく広げていく方法である。このルーチンで行われるのは，紙の上で無言で交わされる「会話」である。プロトコル[8]として紹介されることもある**チョークトーク**は，思考を可視化するのに有用なツールである。その進め方は単純ではあるが，思考ルーチンが重視する，意見を述べること，関連づけること，疑問を持つことに焦点を定めている。

◆◆ 目的 ◆◆

　このルーチンでは，キーワードとそれに対する他の人の考えに対して，無言で意見や疑問，気づいた問題を紙に書いていく。子どもたちが，さまざまな視点から考えたりコメントをつけたりできると思われるときにこの「無言の会話」を実施することによって，人にじゃまされることなく考えを突き詰める時間となる。このルーチンでは，考えを次々に読んで，浮かんだ考えを言葉にして，みんなが書き出したことをじっくり見渡していく自由さを大事にする。これは，みんなで協同的に考えを出し合ったり質問し合ったりして考えを展開させることでみんなの理解が深まるという考えを，そのまま手順化したものである。正解はないし，

---

[8] 全国学校改革団体（National School Reform Faculty）では，学校改革や授業改善につながる具体的な手順や方法をプロトコルとよび，webサイトで約100のプロトコルを紹介している。

探究的であるため子どもにうまく受け入れられる。一人ひとりのコメントは無記名なので、だれでも自由に考えを書けるという利点もある。

◆◆ 適切な内容 ◆◆

チョークトークでは、トピックに関する短い言葉やフレーズを中心語にするのがよい。それを問いの形にすると、豊かな話し合いややりとりが起こることが多い。単語やフレーズを示すだけだと、子どもはそれについて知っていることを書くだけだが、問いについて書かせると、より深く検討したり考えたりしなければならなくなるのである。中心語にする問いには、いろいろな見方ができ、さまざまな意見が生まれるようなものを設定する。たとえば、「復讐と和解の関係とは何だろうか？」「今ここで実際に起こっていることを本当に知るにはどうすればいいのか？」「クローン技術は認められるべきか？」などである。物議をかもしているトピックや問題、疑問を敬遠する必要はない。**チョークトーク**では、言葉を発して行うやりとりではむずかしい、気軽で静かな話し合いが可能になる。他に中心語に向いているのは、トピックに関する重要な概念や、それまでの話し合いで出てきた疑問、文章の重要な部分の引用などである。人数の多い授業なら、問いを複数用意してもよい。

チョークトークは、ふり返りにも使える。その場合、問題やトピックや学習場面についてどのようにふり返らせるか考える。たとえば、「この単元でいちばん驚いたことは何か？」「このトピックでいちばんむずかしかったことは何か？」「自分のどんな所を伸ばしたいと思うか？」「このトピックを勉強したことでどんなスキルを身につけたとみんなに伝えたいか？」「何かを理解したということはどのようにしたらわかるのか？」などである。

◆◆ ステップ ◆◆

1. **設定**　模造紙に中心語を書いて、教室の壁際に並べた複数の机に置く。マーカーを机の上に置くか、あるいは1人ずつ持たせる。机から机への移動を、グループ単位でするか、各自に任せるかを決める。グループで移動する場合、最初の移動までの時間を決める。
2. **中心語からの展開**　中心語について考えて、意見や疑問を書き込んでいく。他の人の書き込みに対する意見や疑問を付け加えることもうながす。
3. **ローテーション**　別の模造紙に移って、中心語や書き込みを読んでコメント

を付け加える時間をとる。グループでやっているなら，この時間を，1つの模造紙あたり5分程度にするとよい。時間が来ると，いっせいに次の模造紙に移動して，書かれていることを静かに読んで，自分たちの意見や疑問を書き加えさせる。このローテーションによって，やりとりが停滞せず，次々に新しい考えが吹き込まれていく。

4. **ファシリテート** どんなことを書けばいいのか，示す必要があるかもしれない。たとえば，書かれていることどうしを関連づけよう，他の人の考えをふくらませよう，他の人が書いたものについての意見を書こう，もっと詳しく知りたいことを書こうなどである。教師自身も参加して，どのように意見や質問を書くか，新しい考えや疑問を書き入れるか手本を示すこともできる。場所移動の時間が近づいたら，あとどれだけ時間があるか告げるようにする。

5. **考えの共有** グループで実施しているなら，最初の場所にもどって，他のグループからのコメントを読むようにさせる。複数の中心語について**チョークトーク**をしたのなら，それぞれについて見る時間を十分にみておく。グループで，どんなことが新しく生まれたかを考えさせる。どこに同じ問題や書き込みがあったか？　どんな質問に驚いたか？　**チョークトーク**を通じて，グループの考えがどんなふうに深まったか，その過程について報告させる。

◆◆ 活用とバリエーション ◆◆

ミシガン州フランケンムースにあるリスト小学校の体育教師ジル・ウォルチェック先生は，2年生のボウリングの授業で，**チョークトーク**によるふり返りを行った。ジル先生は，4人グループでボウリングができるように体育館にコーナーをつくった。子どもは，投げる人，ピンを立てる人，ボールを返す人，そして，最後の1人は**チョークトーク**に書き込む人である。役割は，全員がすべての役割を担当し終わるまで順番に替わっていく。その後，別のコーナーに移動する。それぞれのコーナーの中心語は違っている。ジル先生がふり返りのために用意したのは，次の中心語である。「ボールを投げる前に何が起こりますか？」「ボウリングのどの役割が得意ですか？」「自分の投球のどこを変えようとしていますか？」「どうやってねらいを定めますか？」。

ビアリク校の7年生の英語担当のジョシー・シンガー先生は，ユーモアについての授業を，クラス全体での話し合いから始めた。彼女は，その話し合いの中から，重要な問いを選んでメモした。「何もおもしろいと思わない人は，ユーモア

考えの導入と展開のためのルーチン

の感覚を持っているのだろうか？」「ジェンダー，国籍，容姿，障碍をジョークにすることは許されるだろうか？」「ユーモアのセンスは学習できるのだろうか？」「どうしてユーモアは重要なのだろうか？」などである。子どもたちは小グループをつくって，グループで1つの問いについて**チョークトーク**を実施した。

ミシガン州のセント・チャールズ小学校のリーランド・ジェニングス先生は，2年生の授業で**チョークトーク**を行った。単元は植物についての学習で，子どもたちはルーチンの名前をペンシルトークと変えた。リーランド先生は，**チョークトーク**やその他のルーチンを1年間通して使うことで，考えを発表したり話し合ったりするときに，子どもがルーチンで学んだ思考を表す言葉を正確に使うようになっていったと言う。

◆◆ 評価 ◆◆

チョークトークの中心語への書き込みについては，どれくらいテーマを広げたり深めたりできたかを見る。核となる概念と関係したものか，あまり関連しないかも視点になる。自分なりの考えを書くことができているのか，深く考えないで他の人のものをまねているだけかということも見てみよう。質問は，トピックの本質に迫るようなものか，それともそれとは無関係なものだろうか。他の人の書き込みにどのようにこたえているだろうか。他の人の考えや疑問をもとに理解を深められているだろうか，あるいはみんなの考えをまとめるのに困っていないだろうか。

多様な書き込みがなかったりその数が少なかったりしたら，中心語が考えさせるのに向いていなかった可能性がある。中心語が限定的すぎたのかもしれない。みんなでアイデアを練りあげていくのではなく，知っていることをただ書き出すだけのものになっていた可能性もある。

◆◆ チップス ◆◆

チョークトークでは，各自のペンを使わせてもよいし，いろいろな色のマーカーを机に置いておき，ローテーションしながら違った色を使わせてだれが書いたかわからなくすることもできる。各人の思考の流れを押さえる必要があるときや，だれがどのように発言したのかを追いかけたいのであれば，一人ひとり違った色のマーカーで，**チョークトーク**の間ずっと同じ色を使うようにさせる。

チョークトークは，机のまわりに座って実施したり，黒板の前に立って実施し

たりできる（だからこの名前がついた）。しかし，もう少し自由な感じにして，机を順番に回るようにしてもよい。こうやって動くことで，同じ所にじっと座ったり立ちっぱなしでいるときに起きるおしゃべりや貧乏揺すりが減る。また，書き込みを読んでそこからしばらく離れることで，読んだことについて考える時間ができ，もう一度その書き込みにもどってくるまでに，それにどうこたえるかを考える時間ができる。

チョークトークでは，時間がとても重要である。教師は，子どもが飽きずに読んで考えて書き込める適当な時間を設定して，時間経過に気をつけなければならない。大人なら，最初の書き込みに5分，そして場所を変えて他のグループの発言を読んで書き込むのに5分で十分できる。しかし学年の下の子どもは，読んだり書いたりするのに，もう少し時間がかかるだろう。

チョークトークの紙は，次の週まで子どもの目に見えるところに掲示しておくとよい。自分たちの考えをふり返ったり，場合によっては書き加えたりさせるためである。実際，**チョークトーク**のラウンドを1回だけやって，別のラウンドは別の時間にやるのもよい。これによって，複雑なトピックや概念について，より深く考える時間が保証される。

■■■■■■■■■■■■■■■■■■■■■■■■■■■■■■■■

実践の概要

　ピアリク校のコリーネ・カプラン先生は，4年生の宇宙をテーマにした探究学習の導入に，1960年代の宇宙ロケット打ち上げのDVDを見せた。その後，このドキュメンタリーで「何がいちばん心に残ったか」を尋ねた。熱心な話し合いが行われて，子どもには，次の3つの点が最も魅力的にうつったことがわかった。①猿が最初に宇宙に送られたこと，②宇宙開発レースで国家間の競争があったこと，③宇宙開発に費やされたお金，である。

　これらのトピックはより深く追究する価値があると，コリーネ先生には思えた。そこで，さらに時間をとって考えさせ理解を深めることにした。先生は，「このルーチンは，話し合いで出てきた核となる概念に取り組んで，考える機会を与えてくれるわ」と言う。このルーチンが無言で行われるので集中して考えることができることと，他の人の考えを読んで検討することになることが重

要であった。また，子どもは身体を動かすのが大事だと考え，紙に書かれたさまざまな質問を次々に見ていくこのルーチンの流れに魅力を感じている。

　コリーネ先生は，**チョークトーク**で使う模造紙の中心に何を書くか，じっくり考えた。自分でも，宇宙開発に使われた総予算について，とても強い個人的見解を持っていることをわかっていた。そして，「うっかり偏見が紛れ込まないようにしなければ」と決心した。そこで，同学年の教員とこの問題について話し合った。同僚の忠告に従って，彼女は，一般的な問いの形式「○○について思ったこと，考えたこと，質問，疑問」を用いることにした。そして，○○のところに次の3つを付け加えた。①宇宙飛行士を送る前に動物を送ること，②政府が多額の資金をつぎ込むこと，③宇宙開発競争，である。

　これらの問いを模造紙に書いて，子どもが模造紙を囲んで手軽に読んだり書いたりできるように机に置いた。子どもたちは，3つの机をまわって問いについて考え何かを書き込むこととされた。机には，各色のマーカーが置かれた。

　コリーネ先生は，**チョークトーク**に10～15分かかると予想していたが，時間を延長するかどうか判断するために，子どもが課題に取り組むようすを観察した。すると，彼らは書きたいことをたくさん持っており，また他の子どもの書き込みを読んだりそれにこたえたりすることをとても楽しんでいたのである。そこで，1時間近く続けることになった。その時間中，子どもは静かに机を見てまわり，3つの問いについて考え，コメントを書き，関連を見つけ，賛否を表していった。みんな懸命に取り組み，おしゃべりや離脱行動などはまったくみられなかった。「彼らがこんな手強い問いにあんなに楽しそうに取り組んでいるのにはびっくりしたわ」とコリーネ先生は述べている。

　チョークトークが終わってから，クラスみんなで用紙に書かれている考えをじっくり読んだ（図4.3と図4.4）。これによって，新たな話し合いが生まれ，みんなに共通する関心や考えが明らかになっていった。「**チョークトーク**は，一人ひとりに平等な時間を与えると思うの。いつもは，いろいろな理由で発言しない子どもにとって，しゃべらないけれど豊かなやりとりに参加するチャンスとなるのよ。このルーチンのそういう所が気に入っているわ」と，コリーネ先生は述べている。

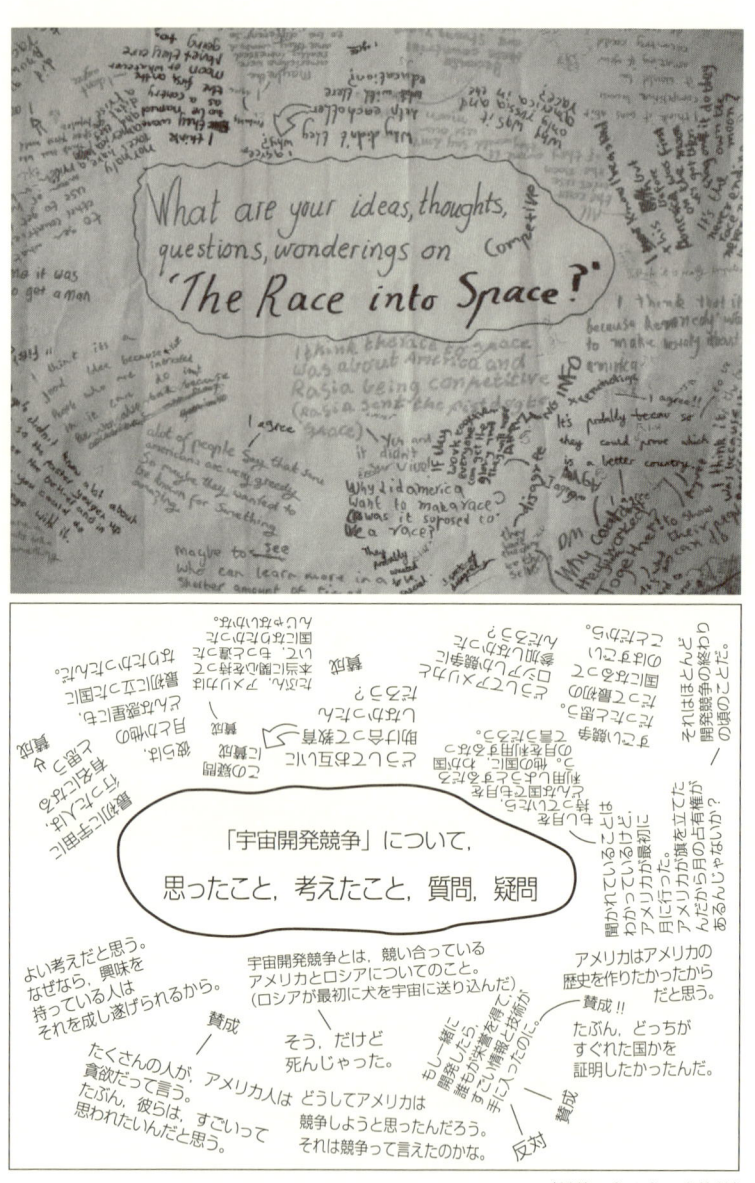

図4.3　宇宙開発競争についての4年生のチョークトーク

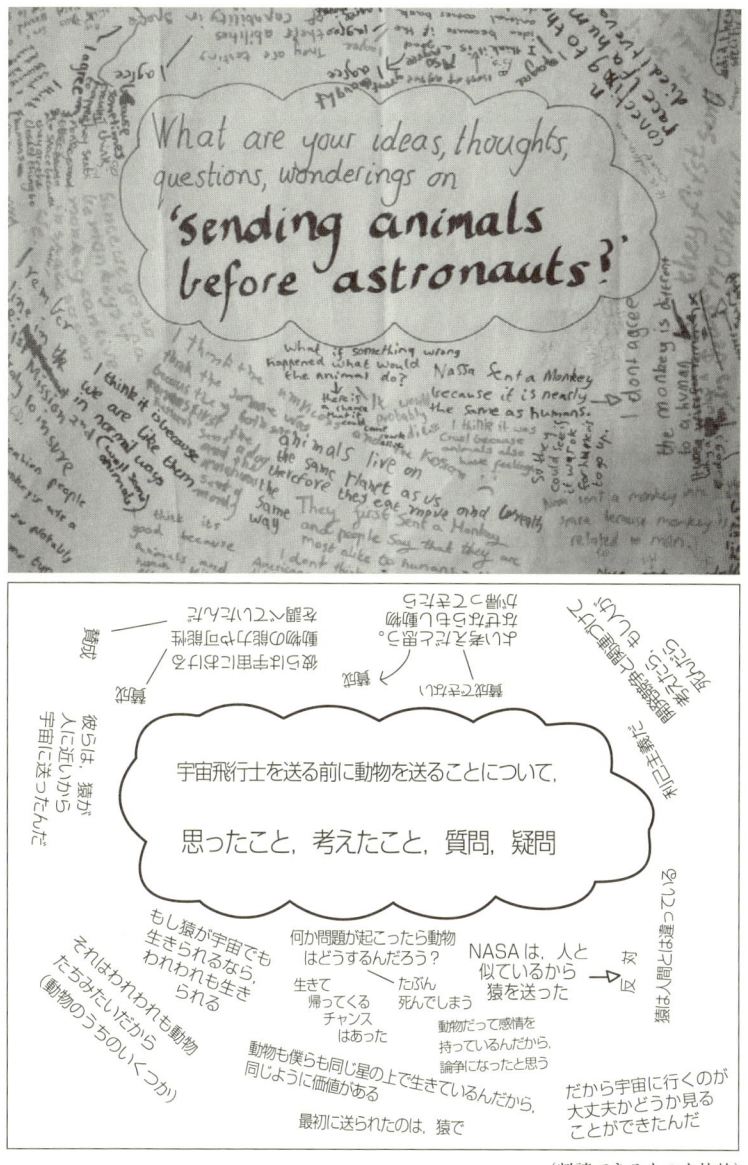

Chapter 4　77

考えの導入と展開のためのルーチン

（判読できるものを抜粋）

図 4.4　宇宙飛行士を送る前に動物を送ることについての 4 年生のチョークトーク

ルーチン5 3-2-1 ブリッジ (3-2-1 Bridge)

鍵となる概念やトピックについての思考をうながす。次のことを区別する。

○最初の意見
　3つの単語
　2つの質問
　1つの比喩

○新しい意見
　3つの単語
　2つの質問
　1つの比喩

　　○つなげる
　新しい意見が，最初の意見とどうつな
　がっているか，どう変わってきたか

新しいトピックに入ったとき，子どもに何を知っているか思い出させようとするのはよくある。このルーチンは，まさにそのためにつくったが，その目的は子どもの既有知識を明らかにすることだけではない。このルーチンは，トピックにつながる単語，質問，関連事項に焦点を絞る。ブリッジをかけるステップは，子どもがすでに知っていることや前から持っていた疑問，これまでに理解していたことを，新しい概念と結びつけるようにつくられている。これによって，子どもは自分自身をさらに理解するようになるのである。

◆◆ 目的 ◆◆

3-2-1 ブリッジの最初のステップは，学習が始まる前からすでに持っている知識を活性化させることにつきる。単語を3つ思い出させるのは，基本概念を気軽に思い起こさせるためである。次に2つの質問をつくることで，少し考えが進む。最後に，比喩を1つつくることで，そのトピックや問題をどのように理解し位置づけているかを見ることができる。

最初の意見がまとまると，それはいったん脇に置いて教師が学習を進める。この学習活動は，短い教材を読んだりビデオを見ることでもよいし，もう少し大がかりな1週間続くような実験や探究活動などでもよい。単元の中で，トピックに

ついての考えが深まったり新しい考えが芽ばえたりしているところで，2回目の「*3-2-1 ブリッジ*」を行う。そのねらいは，進んだ時点でのトピックについての考えや理解を評価することによって，さらに新しい考えを生み出すことである。

このルーチンの最終ステップである「ブリッジ」の目的は，子どもに自分の理解の変化や向上に気づかせ確認させることである。ここでは，メタ認知能力，すなわち，ふり返って自分の考えや学習成果を確かめる能力が育成される。最初の意見を（時には2人組みで）ふり返って，それが現在のものとどう違っているかを比べるのである。

◆◆ 適切な内容 ◆◆

このルーチンは，すべての子どもが対象となるトピックや概念についてなんらかの知識を持っていなければ使えない。この条件にあてはまる単元はたくさんある。惑星，生息環境，ジャズ，代数，保護管理区，地図，浸食，おとぎばなしなどである。もしトピックについてまったく知らなかったりわからなかったりする子どもがいれば，そのトピックは使えない。

最初の「3-2-1」のあと，何を教えるかがこのルーチンの効果を決める。トピックが広く展開できて，これまでとは違った新しい方向の思考をうながすようなものを考えたい。「分数」の単元でこのルーチンを使うことを考えてみよう。授業が，それまでの知識とスキルを復習するだけなら，ルーチンの意味はない。それでは，子どもの分数についての考えが刷新できないからである。もしその授業が，新しいアイデアを生まないのなら，ほとんど効果はない。刺激的で，新しい情報を与えたり，異なる視点を与えたり，子どもの思考をゆさぶるような授業が，理解を広げ，深めるのである。

◆◆ ステップ ◆◆

1. **設定** 子どもの意見を記録させる方法を決める。あとで最初の考えに立ち返る必要があるため，この記録はなくさないようにする。ノートに書かせたり，配布したプリントに記録させて集めればよい。トピックや概念を提示するときには，できるだけシンプルに子どもにわかりやすく示すのがよい。
2. **3つの単語をあげる** トピックについて考えたときに，真っ先に心に浮かんだ3つの単語を書くように言う。これはテストではないと伝えて，あまり深く考えないように注意する。子どもが何をトピックから連想するのかだけに注目

するようにする。
3．2つの質問をあげる　トピックについて心に浮かんだ質問を2つあげさせる。ここでも，あまり考えすぎずに，ぱっと頭に浮かんだことでよいということを確認する。子どもには，最初に心に浮かんだ考えを知りたいということを伝えるようにする。
4．比喩を1つあげる　トピックについての比喩（隠喩でも直喩でもかまわない）を1つつくらせる。直喩と隠喩の違いについて，説明する必要があるだろう。たとえば，直喩は「惑星は〜である」という形，隠喩は「惑星は〜みたいなものである」という形のたとえだと説明する。その際，なるべく簡単な例を示すのがよい。子どもには，比喩をつくるというのは，たとえるものとたとえられるものが共通に持っている大きな特徴をとらえて，両者をつなげればよいのだと教えておく。
5．授業を行う　ビデオ，文書，画像，お話，実験などを使って新しい情報を提供する。それにあてる時間数の制限はない。子どもの思考が，最初の表面的な理解から深まるのに必要な時間，というのがその基準である。
6．2回目の「3-2-1」を実施する　ステップ2〜4をくり返す。ただし2回目は，ステップ5の授業で扱った単語，疑問，比喩を選ばせる。
7．思考の共有：ブリッジをかける（つながりをつける）　2人組になって，1回目と2回目の「3-2-1」でそれぞれが出した意見を見せ合う。そしてトピックについての考えが1回目からどれだけ変わったかについて，気づいたことを話し合う。最初に考えたことには正解や不正解はなくて，ただの出発点だったのだということをくり返し言うようにしよう。クラス全体やグループで実施している場合，みんなでどんな新しい考えを生み出したか，みんなの最初の考えがどう変わったのかをはっきりさせる。いずれの場合も，大きく変わったことに注目させる。もっとよい比喩があるか話し合わせるのがよい場合もある。

◆◆　活用とバリエーション　◆◆

　ビアリク校のトニー先生は，3-2-1 ブリッジを6年生の読書の時間にいつも使っている。まず，本の題だけを見て1回目の「3-2-1」を行う。1回目の質問はとても一般的なもので，「この本はミステリーかな？」というような疑問の形で表されることが多い。比喩は，「この本は〜に似た内容だと思う」など，本来の比喩よりも，ずっと単純な関係や比較をもとにしたものになる傾向がある。その後，

続く章を読むたびに「3-2-1」を実施する。子どもは，新しい章で知ったことをもとに，どのような新しい関係を見つけたか話し合う。また，その段階で，その小説についてどのように理解しているか話し合う。

　ビアリク校のユダヤ教担当のジャニス・キンダ先生は，宗教祭について教えるむずかしさに毎年悩んでいた。子どもはやる気を持てなくて「またやるのか…」と思っているのだと，彼女は感じていた。そこで，まず **3-2-1 ブリッジ** を診断テストとして使って，子どもが宗教祭について何を理解しているか，それまでに何を習ってきたかを調べた。そして，ただ子どもにとって未知だというだけでなく，子どもの思考を新しい方向に導く，おもしろくてやりがいのある内容を探した。**3-2-1 ブリッジ** を使うことで，ジャニス先生はそのトピックについて，どんな新しい発見をさせてやれるか考えることになったのである。そしてそうすることで，子どもの関心や好奇心が刷新されることがわかった。その結果，2回目の「3-2-1」では，意見・質問・比喩に表れる子どもの思考や話し合いの深さが大きく変わった。ジャニス先生はまた，子どもの比喩からは，この特別な宗教祭について，その歴史や伝統はさておき，宗教祭とは何か，宗教祭の意義は何かという本質をどのように理解しているのかを見て取れることがわかったのである。

◆◆ 評価 ◆◆

　単元の最初に，1回目の「3-2-1」を実施することで，簡単な事前評価ができる。子どもが，トピックについてどんな知識を持っているかがわかるのである。それがわかると，彼らがすでに知っていることをくり返さないで，既有知識に何を積み上げればいいかがわかる。ある中学校の教師が，職業教育についての授業でこのルーチンを使ったときのことである。驚いたことに，単元のはじめなのに，子どもの質問と比喩はすでに期待以上であった。この授業のために準備した内容には，少しも目新しいことが入っていないことがわかったのである。その結果，このコースの内容を考え直すことに決めた。

　1回目の「3-2-1」を事前評価に用いるときに注意したいことがある。1回目の意見は，心の浅いところにあるものを即座に表出させることが大事なので，単語や質問がうまく出なかったり表面的だったりしても，つっこみすぎない方がよい。比喩については，少し時間をかけてじっくり考えさせたい。そうすれば，理解している部分としていない部分が明らかになることが多い。ブリュッセル国際学校のアリソン・フリッチャー先生は，5年生に消化器官を教えるときの子ども

の1回目の比喩が，小径，道路，川などのように，短絡的なことに気がついた。3週間授業をしたあと，それが腕時計，工場，夏休みなどに変わっていた。これらの新しい比喩は，より機能に着目した当を得たものだと言えよう。授業を経た後に再度「3-2-1」を行うことで，トピックについての考えに新しく学んだ情報が統合・総合されているかどうかを知ることができる。

このルーチンを単元の最後で使うと，興味・関心をさらに高めることができる。子どもは，トピックについてよく理解できたと感じることになるし，どんなトピックでも初めて知ることや驚くことを秘めているのだということがわかるのである。2回ないしは3回ルーチンをくり返したあとの質問について，それが興味・関心や熱意を表しているか，学習を進めるものになっているか，トピックについての理解を深めるようなものになっているかを見るようにする。

◆◆ チップス ◆◆

比喩については，隠喩でも直喩でもかまわないと述べたが，アナロジーでも問題はない[9]。しかし，学年や学習経験に応じて，アナロジーとは何かを教えておく必要があるだろう。比喩やアナロジーとは何かを教えるには，たくさんの例やモデルを示すのが有効である。比喩をつくるときの関連づけを重視して，「トピックと自分の知っていることとを関連づけたり比較したりしたことを1つ書きなさい」と指導してきた教師もいる。

「3-2-1」のあとで教える内容の選択は，このルーチンの効果を決める。したがって，「子どもをどうやって，新しい方向に導くのか」を自問してみるのがよい。教える内容にはトピックについてのおもしろい見方や新しい発見があって，子どもたちをびっくりさせるようなものだろうか。内容の選択について，同僚に相談することも考えよう。そして，よく知っているトピックであっても，新しくてお

---

[9] 直喩，隠喩，アナロジーの違いについては以下のとおりである。
　□直喩（simile）：2つの異なるものの類比に基づいて新しい意味をつくり出す比喩。「～のようだ」「～のごとし」のようにはっきり比喩であることを示す。「歌声がビロードのようだ」というような修辞表現。
　□隠喩（metaphor）：2つのものの類比をもとにして，一方がもう一方を意味づける役割を持たせる比喩。「～のようだ」「～のごとし」のように比喩であることを明示しない。「ビロードの肌」というような修辞表現。
　□アナロジー（analogy）：関係の類似性を，明示する。見かけよりも論理的な点に注目し，2つのものの関係が別の2つのものの関係と類似していることを示す。「犬と子犬の関係は，猫と子猫の関係と同じである」というような修辞表現。

もしろい材料がないかいっしょに探すようにしよう。

　「ブリッジ」で行われる意見の変化についての話し合いは，このルーチンの鍵となるステップである。それは，メタ認知の機会となる。メタ認知をうながすために，2人組みあるいは小グループで話し合わせるのがよい。灯台下暗しで自分では見逃していることに，他の人が気づくことがある。また，1回目の単語には，名詞が出てくることが多い。トピックに関連する「もの」を連想しようとするからである。しかし，内容豊かな授業を経ることで，発想が膨らんで動詞や形容詞が増えてくる。

実践の概要

　ピアリク校の3年生担当のアンドレア・ミラー先生のクラスで，都市について学習していたときのことである。彼女は，メルボルンの文化の多様性に気づかせたかったので，現在だけでなく過去においても，移民が都市形成に大きな役割を果たしたということを意識させようとした。そこで，『メルボルンの人々（原題：The people of Melbourne）』という書籍をこの単元の主要教材とした。授業ではまず，メルボルンの地勢や歴史についていろいろ話し合った。そして，メルボルンに住む人々について，3つの単語，2つの質問，1つの比喩を考えさせた。そこで出た多くの意見が，オーストラリアに移民してきた両親や祖父母についてのことであった。

　この時マスコミでは，小舟でオーストラリアにたどりついた難民についてレポートをしていた。たくさんの人々が，酷い状況でオーストラリア北部の海岸線に漂着したのである。アンドレア先生は，メルボルンの住人についての理解を深める絶好の機会だと考えて，このむずかしい問題について扱うことにした。

　そこでまず，アフガニスタンの難民キャンプについて読ませることにした。すぐに多くの子どもが，新しいニュースの報道をつなげて難民についてたくさんの質問をした。アンドレア先生は，同僚のニッキー・ドレピッチ先生に授業で話をしてもらった。ニッキー先生は，住まいを探す人々を一時的に収容するセンターで毎週ボランティアをしていて，難民の置かれた状況に強い同情を抱いていた。ニッキー先生は，収容センターで見聞きしたさまざまな人々につい

て語った。それに引きつけられて、子どもはこんな質問をした。「もし先生がオーストラリアにいる難民だったら、絶対難民でいたいとは思わないですか？」「収容センターはホテルみたいな感じですか？」「収容センターで生まれた赤ちゃんは、オーストラリアの市民権をもらえるんですか？」「収容センターが刑務所みたいだっていうことだけど、何も悪いことをしていない人が入るのに、どうして監獄みたいなのですか？」。

話し合いは数週間続いて、子どもはその間、難民についての新聞の切り抜きを持って来たり、親や祖父母も、家族の歴史やメルボルンへの移民の時のようすを子どもに話してくれたりした。こうして、単元を通して、収容センターにいる難民の家族についての興味は持続したのである。

アンドレア先生は、もう一度、メルボルンの住人について、3つの単語、2つの質問、1つの比喩を書かせた。今回の子どもの意見、とくに比喩からは、子どもたちが難民の複雑な問題をどのようにとらえているかが見て取れた。

- 難民は、狐から逃げてジャンプしているウサギのようなもの。
- 難民は、塀の上の猫から逃げている鳥のようなもの。
- 難民は、風のようなもの。
- 難民は、鳥のようなもの。
- 難民は、寂しいと思う。難民は、ものほしそうなイヌのようなもの。
- 大統領と裕福さの関係は、難民と貧困の関係と同じだ。
- 難民は、家がなくさまよえる人。
- 難民は、安全を求めて家を離れる。
- 難民は、生命を守るために家を捨てる。

アンドレア先生は、子どもが見せた理解の深さに驚かされた。そして、このルーチンが、この大きな問題をはっきりとらえて整理するのを助けたことに感銘を受けた。子どもの洞察と共感がはっきり顕れていたのである。このルーチンは、子どもが自分の考えをまとめるための強力な枠組みとなった。そしてまた、それまでのメルボルンについての授業で用いた方法についてアンドレア先生に考えさせ、ルーチンによってどれだけ違った経験が生まれるか、子どもにトピックを深く掘り下げさせることがどれだけ大事か、実感させたのである。

ルーチン 6　4つの方位（Compass Points）

> 概念，疑問，提案について検討する。
> 　E（東）＝わくわく感（Excitement）　その概念や提案のどこが魅力的か。よいところはどこか。
> 　W（西）＝不安感（Worries）　その概念や提案のどこに不安を感じるか。問題点はどこか。
> 　N（北）＝必要感（Needs）　その概念や提案について，もっと知らなければならないことや発見しなければならないことは何か。
> 　S（南）＝立場・手順・提言（Stance, Steps, or Suggestions）　その概念や提案について，現時点でどう考えるのか。その概念や提案の評価に基づくと次の段階は何か。現時点でどのような見通しを持てるか。

　このルーチンは，意思決定するときのプロセスをもとにしてつくられた。新しい企画，方針，提案などについて何かを決めるときには，プラスとマイナスの面をよく検討して，さらに調べなければならないことを明確にする必要がある。ただの賛成事項・反対事項のリストとは違って，このルーチンでは，意思決定をする人あるいはグループに，その提案のどこが魅力的か，始めるにあたって不安に思うことは何かを明確にさせる。そして，さらに考えを進めるためには何を知る必要があるかはっきりさせる。「わくわく感（東：E＝Excitement）」「不安感（西：W＝Worries）」「必要感（北：N＝Needs）」の3つが決まると，「立場・手順・提言（南：S＝Stance, Steps, or Suggestions）」に焦点を絞る。このルーチンは，意思決定の結果だけでなく，一人ひとりが意思を決定するプロセスを大事にするのがねらいである。このルーチンは意思決定や提案を評価する際などに有効だが，他にも多くの用途がある。それらを見てみよう。

◆◆　目的　◆◆

　*4つの方位*は，考えや提案についてグループで多角的に検討するときに使える。

みんなでさまざまな視点から問題について調べたり，どのような方面の情報が必要かを明確にすることで，早まって判断してしまうことを避けられる。人は何かに熱狂的になっているとき，考えることが自然と影響を受ける。わくわく感を感じることだけに目を奪われがちになるのである。このルーチンは，何か不安に感じることはないかを同時に検討させることで，わくわく感にゆさぶりをかける。次のステップは「行動喚起」で，何を知る必要があるか検討し意思決定のためには何をしたらいいのか提案させる。

「何を知る必要があるか」を明確にすることは，このルーチンでいちばんむずかしいステップである。それには，すでに知っていることは何かふり返り，それについて分析し，どこにギャップがあるかを見つけ，そのギャップを埋めるための質問を検討するという思考が必要となる。「立場・手順・提言」を考えさせる前にグループに時間を与えて，最初の3つの方位（東西北）でどんな意見が出たかをふり返らせるのがよい。

◆◆ 適切な内容 ◆◆

4つの方位は，トピック，概念，提案が矛盾や相反する見方を含んでいる場合に有用である。あるいは，あまりに自分の見方に固執するあまり，ものごとを整理することができず，広い見地から検討するのがむずかしいようなときに役に立つ。**4つの方位**のねらいは，問題について議論することではなく（議論のためには別のルーチンがある），提案について検討することなので，何が問題で何を検討すべきかがはっきりするように，考える立場が明確になっている必要がある。たとえば，「制服の廃止」「遠足の計画」「個人研究プロジェクト」というようにである。

◆◆ ステップ ◆◆

1. **導入** 問題，行事，提案などをしっかり定義して，子どもに示す。新しい提案であれば，そのトピックについてある程度理解するまで，質問の時間をとる。4枚の大きな模造紙を教室の壁に掲示して，それぞれに4つ方位を割り当てて記録用紙にする。それぞれの模造紙に，東西南北の字を書く。あるいは，提案をホワイトボードに書き，方位をそのまわりに書いてもよい。付箋紙を子どもに配って，考えを書かせる。

2. **わくわく感について書く**　「この考えや提案のどこにわくわくしますか？

どんなよいことがありますか？」と尋ねる。時間をとって考えを書き，東（E）のところに貼る。子どものこだわりがあまりに強いようなら，問いを「他の人は何にわくわくするでしょう？」としてみる。
3．**不安感について書く**　「何に不安を感じますか？」「何が気にかかっていますか？」「どんな問題点がありますか？」などと尋ねる。書き終えたら，考えを貼らせる。
4．**必要感について書く**　「問題をより深く理解したり，行事の準備をしっかりしたりするためには，何を知らなければならないでしょう，もっと情報を得るにはどうしたらいいでしょう？」と尋ねる。
5．**立場・手順・提言について尋ねる**　問題や行事に応じて，子どもに一定の立場から考えさせ，今後の手順を決め，状況を改善するための提言をさせる。
6．**考えの共有**　子どもに，他のメンバーのコメントを読ませる。これは，ステップごとおよびいちばん最後に行う。子どもが全員のわくわく感や不安感をしっかり把握すると，必要感がより確かなものになる。そして，わくわく感，不安感，必要感をしっかり把握すると，立場・手順・提言がより確かなものになる。それぞれのステップで書き出されたことがらについて，コメントさせるようにする。同じ意見はどれとどれだろう。改善のための提言には少し時間をとる。そして，少なくともいくつかの提言については実行計画を考えさせる。

◆◆ **活用とバリエーション** ◆◆

　上に示したステップは，一斉授業で各グループの思考を可視化し，相互に参照し合うための流れである。しかし，個別にこのルーチンを使うこともできる。自分自身の意見をもとにして考え，他の子どもと話し合うのである。ビアリク校のシャロン・ベレンホルツ先生のやり方はこれである。彼女は，10年生の単元，スタインベックの『二十日鼠と人間』についてのふり返りに**4つの方位**を用いた。シャロン先生は，心に残っている箇所を選んで，1人でこのルーチンをやらせた。提言のステップでは，同じ主人公について，オリジナルとは別の筋書きを書かせた。

　スー・アイザックス先生は，**4つの方位**を使うことで，成人をテーマにした話し合いをうまく進めた。ビアリク校の6年生の「母・娘の週末[10]」で，スー先生

●10　母と娘がいっしょにキャンプなどの活動をする行事。

は，母親たちと面談し，次いで娘たちと面談した。そこで**4つの方位**を用いて，それぞれ，「娘さんが大人になったとき…」「あなたか成人したとき…」という書き出しで始まる意見を書いてもらった。意見は実にさまざまで，多くの関心や期待が込められていた。そして，不安感にどう対処するか，わくわく感をどうやって最大限実現するかについての話し合いが行われ，さらに何を知るべきかという必要感と，提言についての話し合いへとつながっていった。

4つの方位は，職員会議で新しいプログラムの導入を検討するときなどにも有効である。教員全員が意思を決定する前に，建設的な意見を述べる機会を得ることが重要だからである。

◆◆ 評価 ◆◆

4つの方位では，ステップを移るたびに違った視点から問題について検討する機会を得る。子どもたちは直感的な意見や自分の立場を越えて，考えを深めることができているだろうか。それぞれのステップで多様な意見を生み出すことができているだろうか，それとも1つだけしか思いつかないのだろうか。「必要感」のステップで，子どものようすを見ると，持っている情報をしっかり分析できるか，そしてそれをもとにして，自分自身やグループの理解を深めるために他に必要な情報が何かを見つけ出せるかどうかがわかる。

実践の概要

入学したては，子どもにとっても親にとっても重要な時である。ビアリク校で就学前クラス（5歳児）を受け持つナタリー・クルースカ先生とキャサリン・ジョージョウ先生，エミリー・ミンター先生は，子どもを新しい環境に慣れさせ，親にも安心を与えるための計画をいっしょに立てた。その際，子どもと親がどんな興味・関心を持っているのか知るために，**4つの方位**を使った。ナタリー先生は，このルーチンを用いた理由について説明している。「私は，このルーチンで，入学時に子ども一人ひとりが持つ考えや関心に光をあてて，彼らを理解しサポートするために役に立つと思ったわ。それに，子ども…それから親も不安に思っていることを具体的に出してもらうのに役に立つと思った

考えの導入と展開のためのルーチン

の。そして，親の考えや関心をしっかり把握してサポートする方法を検討する出発点にもなると感じたわ」。

　彼女たちは，どうすればまだ文字も書けない幼い子どもの思考を記録できるか話し合い，入学時にわくわくすること，不安なことなどについての絵を描かせることに決めた。ナタリー先生は，まず方位磁石とは何かを教えることから始めた。それからフラフープを持ち出して，それを方位磁石に見立てた。その後のルーチンの進め方についての説明である。「まずみんなで東の方を向いて，新しい学年でわくわくすることは何か話し合いました。子どもたちは紙に絵を描き終わると説明しに来て，教師はそれを背景に書き入れました。できたものは，方位磁石に見立てたフラフープの東のところに置きました。それから，別の日に，北についてやりました。最初に東の考えをおさらいしてから，北に移りました。次に不安感を西に，最後に提言を南に置いてこの授業を終えました」。

　3つのクラスの子どもたちは，このルーチンに夢中になった。そして，各人の意見だけでなく，話し合いがとても豊かなものになった（図4.5～4.8）。意見には，予言的なもの（読み書きの必要性，新しい友だちができる期待感など）があったり，放課後に親が迎えに来てくれないかもとか，兄姉がどこにいるのかわからないなどの不安があったりする。子どもが親のお迎えに不安を持

積み木でビルを作ることと，友だちといっしょに遊ぶことにわくわくする。

図4.5　子どものわくわく感

図4.6 子どもの不安感

I'm not worried about anything. 何も心配なことはない。

図4.7 子どもの必要感

I need to know how to read and write more. もっとちゃんと読んだり書いたりすることが必要。

っていることを知ったので，放課後の動きについて親に知らせてあることと，いつでも連絡がつくということを，子どもたちに話すことにした。親は学校と先生の電話番号を知っているし，もしだれかが遅れそうになったらすぐに連絡が来るのだと伝えたのである。また，「わくわく感」で出されたことを，学校生活の中心にすえるようにした。

「子どもがこんなにちゃんと考えているのは本当に驚きでした」と，ナタリー先生は同僚に話した。「ある子が，他の子が自分よりよくできることを不安

考えの導入と展開のためのルーチン

I need more quiet time. 　　　　静かな時間をもっと
　　　　　　　　　　　　　　　　増やさなければ

図 4.8　子どもの提言

に思っていて、それをとても気にしているというのは衝撃的でした。それがわかって話し合えたのは、とてもよかったと思います。子どもたちは、本当に心を開いて、心おきなく自分の考えを教えてくれました。だれの意見かを言わずにふり返ったので、びくびくすることなくみんなの意見を聞いて話し合う機会が持てました」。そして、提言についての印象も話している。「子どもが、提言を考える南のステップで、それまでに他の子どもがあげた不安感や必要感について、しっかり考えているのを見てびっくりしました。就学前クラスに入ったばかりで、しかも初めていっしょのクラスになったのに、こんな仲間どうしの支え合いができるとは信じられません」。

　就学前クラスの全員が、このルーチンのすべてのステップを終えてから、子どもの書いたものを3人で見て、選んでプレゼンテーション資料にした。選択にあたっては、すべての子どもの意見が活かされるように、幅広く子どもの考えを取り上げて見せるように努めた。このプレゼンテーションは、子どもだけでなく、親に見せるためのものでもあった。

　保護者懇談会では、親にも **4つの方位** をやってもらうことにした。ナタリー先生は、「ルーチンのやり方を簡単に説明して、親にそれぞれのステップで考えを出してもらうように頼みました。どなたも意見を付箋紙に書いて、それを子どもの考えの上に付け足してくれました」と述べている。付箋紙を使って匿名で実施したので、すべての親が自由に心配事や提言を書いてくれた。このルーチンを使うことで、懇談会が数人の熱心な親の意見だけで進んでしまうのを防ぐことができた。最後に子どもの絵をつないでつくったスライドを見て、親

はさらに考えを付け足した。

　親は，とても熱心にこれに参加しており，付箋紙を見ると親が何を知りたかったか明瞭にわかるうえ，心配事も明らかになった。多くの関心事や必要感は，子どもが幸せでいるか，友だちはできたか，というような社会性や感情の安定に向けられていた。また，学校では何が起こるのか，この時期の読書をどのように手助けしたらいいのかという疑問や，子どもが入学して自立することをとても期待していることなどが書かれていた。

　ナタリー先生は，このルーチンが子どもと親の考えを引き出して，学級のコミュニティをつくる軸にできると期待した。彼女は子どもたちに「不安なことや心配事があっても，1人じゃないんだということをわからせて，提言を通して，みんなでお互いに助け合えるんだということを気づかせたかったの」と言う。そして，これは実にうまくいったのである。

　ナタリー先生はこのルーチンを何年か継続してやってみて，学んだことについて述べている。「これはとっても価値のあるツールで，あとになってからもふり返りとして使えるわ。去年受け持った子どもたちに対して，2年生になる時の気持ちについてこのルーチンをやってみたの。その後，入学した時のルーチンのスライドを見せたんです。子どもの発言を聞いたとき，2年も前のことをふり返らせることができるなんて驚きでした。信じられないほど豊かな内容で，2年生に進学する緊張をほぐすことができました。もし，就学前の心配事についてどうしてそんなことが心配だったんだろうって笑えたら，同じことが2年生になった時にも起こって，不安に思う理由なんてどこにもないということがわかるでしょう。親にとっても，このルーチンを使うことで，子どもの学習について（学校ではどんなふうにやっているかを示す例として）理解してもらう機会となるわ。また，親どうしが何を考えているかや何を心配しているか知ることで，不安が小さくなるように思うわ。それに，保護者会の緊張をほぐすのにも役立ったわ」。

ルーチン 7 説明ゲーム（The Explanation Game）

理解しようとする対象をしっかり見る。
- 概念化する：対象の特徴や様相に応じて概念化する（命名する）。
- 説明する：それは何だと考えられるか？　それにはどんな役割やはたらきがありそうか？　なぜそれはそこにあるのか？
- 根拠づける：どうしてそのように言うのか？　どうしてそれがそんなふうになっているのか？
- 別の可能性を探す：他に何だと考えられるか？　どうしてそう言えるのか？

　対象がどのような要素から成り立っているか，それぞれは何をするものか，どのようにはたらくか，役割は何か，目的は何かなどを認識することによって理解が深まることは多い。この思考ルーチンは，対象となるものや出来事について，その特徴や詳細事項を詳しく見て，なぜそれがそのような形で存在するのか，さまざまな角度から説明させるものである。その意味で，このルーチンは対象を脱構築[11]したり，要素を知ることによって全体を理解するためのものであると言える。

◆◆ 目的 ◆◆

　見える・思う・ひっかかると同じく，このルーチンには念入りに見ることと，説明すること，解釈することが含まれている。**見える・思う・ひっかかる**では，よく知らないものやあいまいなイメージを念入りに見て解釈することによって，理解を深める。しかし，**説明ゲーム**では，見る対象についてすでに知っている。しかし，その動きやはたらき，仕組みについては完全には理解していない。そこでこのルーチンを使うときは，全体ではなく，まず部分に目を向ける。たとえば，

---

[11] 対象を構成する要素を解体して，必要な要素だけを取り出して再び意味を建設的に組み立てること。

すでにものとしては知っている顕微鏡について，各部分を対象にして「説明ゲーム」をすることで理解が深まる。また，数学の図形の特徴について，それで何が起こるのか，それをどんなときに活かせるかを確かめるような使い方もできる。

このように*説明ゲーム*では，それがそれである理由について説明し，それはなぜ何のためにそのようにはたらくのかを理解することが求められる。このルーチンが理解を深める力を持つのは，それが部分に目を向けさせて，部分と全体について考え得るつながりや説明を生み出させ，さらには別の角度からのつながりや説明までもつくり出させることによる。

◆◆ 適切な内容 ◆◆

*説明ゲーム*が使えるのは，対象がいろいろな要素や特徴を持ち，それらについて詳しい説明をすることに意味があり，根拠を示しながら解釈したり推論したりすることが必要となるような内容である。科学的な現象，歴史的事項，地形図，数学のモデルなどは，念入りに見ることによって，なぜそれがそうなっているのかについて説明させる対象にできる。

*見える・思う・ひっかかる*と同様，対象に対して自分で*説明ゲーム*をしてみるのがよい。画像や物に含まれる独特な要素や特徴，あいまいな部分や特徴は何かを考えてみる。それがそこにある意味やその役割を，合理的に説明できるだろうか。それを理解して説明することは，全体を理解するのに役立つだろうか。

◆◆ ステップ ◆◆

1. **設定** 理解させたい対象に，子どもの注意を向ける。対象がすぐに何かわからないときには，それが何かを尋ねるのではなく，対象をできるだけ念入りに見て，いろいろな特徴が相互にどう関連しているのかに考えをめぐらせるように言う。
2. **概念化する** 2人組みで，対象のいろいろな特徴について気づいたことを話し合う。ここで大事なのは，注目した部分をすべて記録することである。付箋紙を使うとよいだろう。2人組みであるいは小グループでやることで，1人では見つけられなかった特徴に気づかせることができる。
3. **説明する** 気づいた特徴をリストアップし終わったら，その特徴について説明するように言う。このルーチンが，*説明ゲーム*という名前のもとになっていることを強調しよう。説明することそのものに注意を向けて，目標はできるだ

けたくさんの説明を考えることだということを意識させるのがよい。考えた説明は，記録させる。
4．**根拠づける**　説明の根拠について考えさせる。このステップは，説明の根拠を求めるもので，ある特徴をそのように説明することができると考えるのはどの部分からか，はっきり述べることを求める。
5．**別の可能性を探す**　このステップでは，最初に考えた説明とは異なった説明を考えさせる。最初に考えた説明で短絡的に結論づけないで，対象の特徴となぜそれがそうなっているのかということの関係から注意をそらさないようにする。いろいろな説明が出てきたら，「どうしてそう言えるのか」質問し合う。

◆◆ 活用とバリエーション ◆◆

　アムステルダム国際学校の幼稚園の教師，デビー・オハラ先生は，**説明ゲーム**を何年も使ってきた。たとえば，芸術家が人にメッセージを伝える方法について学習させるときに，芸術作品を対象にして**説明ゲーム**を実施したりする。最近では，郵便グッズがいっぱい入ったミステリーボックスを準備し，小グループになって1つずつ箱からグッズを取り出して，それが何なのかをあてさせた。全部箱から取り出されてお盆の上に並べられると，それらがどんな関係にあるのかを考えさせた。デビー先生の意図は，それぞれのグッズをじっくり観察させることだけでなく，それらをよく見て，相互にどんな関係にあるのかを考えさせることである。

　チューリッヒ国際学校の4年生は，古代文明の単元の一部で**説明ゲーム**を使った。この地域には発掘現場がたくさんあり，その多くがローマ時代のものである。先生たちはこれを学習に取り入れたかった。その際，考古学は単純作業ではなく，発掘品一つひとつについて，さらには文明について，つじつまのあった説明をつくり上げる作業なのだということをわからせたかった。そこで，現場に見学に行く前に，地域の博物館からいくつかのレプリカを借りてきて，考古学者のように考えさせるために**説明ゲーム**を行ったのである。

◆◆ 評価 ◆◆

　対象について正確に説明できたかではなく，その質に注目してやりたい。要素間のはっきり見える関連だけに着目して表層的な説明に終わっているのか，深く掘り下げて複雑な関係をさまざまに検討して説明できているのかを見る。説明が

不十分だったり，粗っぽかったり，一般化しすぎたりしているのか，それとも，さまざまなものと関連づけられ，詳しくていねいにわかりやすく説明されているのか。重要な特徴やテーマや要素をはずさず説明できているのか，あるいは，あまり重要でないことや関連性のないことがらしかあげていないのか。いろいろな説明について，どれがいちばんもっともらしい根拠を持っているかを吟味することも大事である。それによって，説明するというのは，正しい答えをあてることではなく，考えを支持する根拠を示すことだということをわからせることができる。

◆◆ チップス ◆◆

説明ゲームでよく起こるのは，対象が何かをあてようとすることである。これを避けるのが重要である。そのために，対象の特徴を念入りに見ることに集中させて，要素どうしがどう関係していて，それがそのようになっているのは何のためかを説明させることが大事になる。対象が何かへのこだわりが強いときには，根拠を探すことを強調して意識を変えさせるとよい。その際，「何を見てそう言うの？」というように尋ねる。そして，子どもに「もしそれが思ったようなものでなかったら，いったい何だと思いますか？」とゆさぶる。目標は，重要な特徴を取り上げて説明をつくり出そうとする姿勢を持たせ続けることである。

このルーチンのステップ（概念化する・説明する・根拠づける・別の可能性を探す）は明解なのに，よくごっちゃになる。それがだめなわけではないが，授業でのやりとりや文章化する段においては，それぞれが切り分けられていることが重要である。説明に根拠がなかったり，別の角度からの考えが示されなかったりすると，**説明ゲーム**が「あてっこゲーム」になってしまう。これでは，推論や仮説を生み出すというルーチンのねらいを達成できない。

実践の概要

ミッチェル・グレゴリー先生（匿名希望のため仮名）は，中等学校に新しく入学する６年生の始業日の活動として**説明ゲーム**を行った。それが向こう１年間の学習の土台をつくることになることを期待したからである。彼は，**説明ゲ**

ームはただの学習活動ではなく，6年生に育成したい思考パターンそのものだととらえていた。同時に，**説明ゲーム**を使うことで，地理的なものの見方に迫る授業を6年担当の教師全員ができるとも考えた。地理は，6年を担当するすべての教師が受け持つ教科で，共通の学習内容を扱う。彼は，**説明ゲーム**は，対象を念入りに見て根拠に基づいて説明することによって地理的な関係を理解するという，1年間通して求められる力のもとになると考えた。さらに，このルーチンによって，粘り強く話し合ったり，調べたり，議論したり，考えをふり返ったりする力の基礎が培えるとも考えた。「担当教員みんなで授業計画を練るとき，どんな頭のはたらきが社会科的事象を見る基礎となるのか考えるところが山場だった」とミッチェル先生は回想する。「育てたい思考に焦点を絞ると，使うべき思考ルーチンを決めるのがずっと簡単になった」という。

　ミッチェル先生たち6年担当教師は，地理の学習は世界のいろいろな場所についての事実を覚えることだけではなく，どのように自然と人間がかかわりあって世界を形作っているかを認識したり説明したりすることでもあると考えた。さらに，地理学者に求められる思考は何かを考えることで，他に期待することについて連想が膨らんだ。表面的に見たりそれを掘り下げたりすること，どうしてそれがそのような形でそこにあるのかについての説明や仮説をつくり出すこと，証拠をもとに主張したり推論したりすること，より深く探究するために証拠に疑問を持つことである。その結果，ミッチェル先生は，1年を始めるには**説明ゲーム**が最もふさわしいと考えたのである。

　授業設計にあたって，まずミッチェル先生たちは，さまざまな人々，場所，環境を活写した写真を雑誌やインターネットで探し出した。そして，見出しをはずして映像を拡大し，教室のまわりに掲示して番号をつけた。始業日に，6年生に上がった子どもたちがやってきて席に着いた。教師たちから歓迎の言葉があったあと，ミッチェル先生は「最初にゲームをしたい人」と問いかけた。「はい，はい！」とすぐにみんなの手があがった。担当教師のリーダーであったミッチェル先生は，始める前にゲームについて少し説明が必要だと告げてこう尋ねた。「今日は説明ゲームというゲームをするけど，このゲームはどんなゲームだと思うかな？」。すると，ある子がためらいがちに，「いろんなものを説明するの？」と聞いた。ミッチェル先生は「とってもうれしいな。われわれ社会の先生には，音楽のように響くね。君たちは地理学者のように，すごい説明ができると思うよ！」と返した。

ミッチェル先生は、「教室のまわりには、この夏集めたいろいろな写真が貼ってあるんだ。かっこいいのも、おもしろいのも、不気味なのも、ちょっとこわいのもある。2人組みになって写真を全部見てほしい。1人で見るより2人で見る方がいいだろう」と続けた。子どもたちが取りかかったのを見ると、「見終わって2人でいろいろなことを話し合ったら、社会科ノートを取り出して、メモを書くように」と言った。

　ミッチェル先生は、説明ゲームの手順を説明した。「地理学者がするように、気づいたことを記録するように。見たものの特徴を一言で表す名前をつけるんだ。そして、それを説明しよう。それはどこか、何か、そしてそう考えた理由は何かについてだね。どうしてその説明をしたのかを書くんだ。他に何か気づいたことがあって、それで別の説明を思いついたら、それも書いておくように」。そして、いつでも見られるようにホワイトボードに4つのステップを書いた。初日には、ワークシートを準備しなかった。子どもたちが、気づきや考えをどう自分なりに整理するのか、観察する機会にしようと思ったのだ。先生たちはそれを、どんな整理のしかたが指導に役立つのかを知るために使うことができた。

　子どもたちは、2人組みになって教室のまわりの写真を見始めた。ミッチェル先生は、手助けが必要なペアはないかチェックしながら教室を回った。そして、子どもの声に耳を傾けるようにした。これは、後に全教師が大事だと思うようになったことである。「自分の仕事は子どもに指示を与えて、見回りながら子どもが何をしているかを見ることだと思っていたんだけど、どんどん子どもの話を聞くことが大事だということがわかってきた。そうしていると、子どもが何を考えているかがよくわかるんだ」とミッチェル先生はふり返った。「子どもが**説明ゲーム**のやり方を理解するとすぐ、子どもの中に入って話を聞いていても大丈夫だと思ったね。まだ進級したその日だというのに、子どもたちの考えには圧倒されたな！」と言う。図4.9は、初めて**説明ゲーム**をやったときの子どものノートである。

　45分後、ミッチェル先生は、みんなを座らせて話し合いを始めた。彼は、話し合いでも**説明ゲーム**の手順を使った。「みんな、いいことをたくさん話していたようだ。それは、いいことをたくさん考えていたっていうことだね」とミッチェル先生は担当の教師を代表して言った。「だれか口火を切って、いちばん心に残った写真について話してくれないかな。それは何か、いつどこのこと

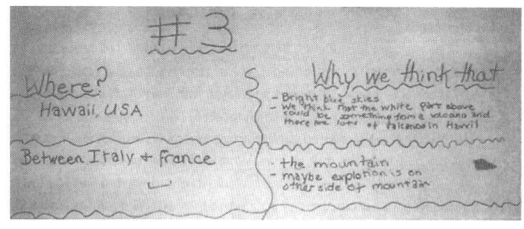

考えの導入と展開のためのルーチン

場所	どうしてそう思ったか
アメリカ，ハワイ	- 青く明るい空 - 上にある白いものは火山から出たものだと思う。ハワイには火山がたくさんある。
イタリアかフランス	- 山 - 山の反対側では噴火が起こっていると思う。

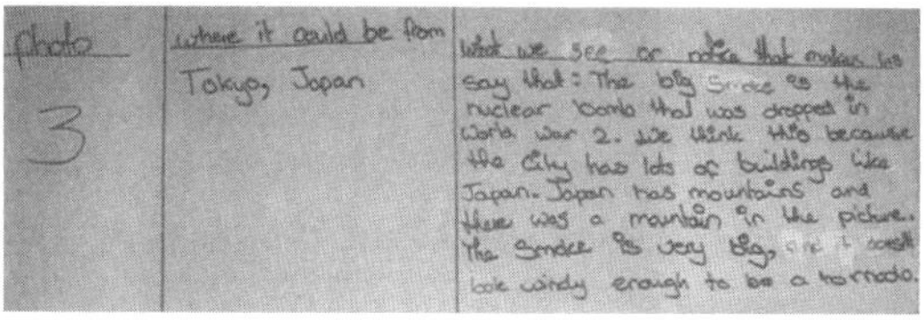

場所	どうしてそう思ったか
日本，東京	大きな煙の塊は第二次世界大戦で落とされた原子爆弾の雲。東京にはたくさんのビルがあるから日本っぽい。日本には山脈があって，写真にも山が写っている。煙はとても大きいけど，竜巻が起こるほど風が吹いているようには見えない。

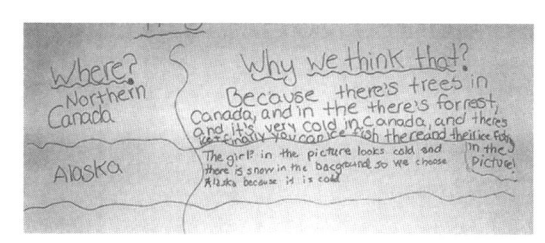

場所	どうしてそう思ったか
北カナダ	カナダにはたくさん木があって，写真には森が写っている。カナダは寒くて，写真に氷が写っている。氷穴釣りができる。アイスフィッシュがいるし，氷穴釣りをしている人も写っている。
アラスカ	写っている女の子が寒そう。後ろには雪が見える。寒そうだからアラスカだと思った。

図 4.9　6 年生の説明ゲームの記録

だと思うか，どうしてそう言えるのかも」。

　最初の子どもが，自分たちの考えについて話した。すぐに他の子どもが手をあげて，同じ写真がいつどこの写真で何を撮ったものかについて，自分たちの説明を発表した。ミッチェル先生は，それぞれのペアの考えを真剣に聞いて，ホワイトボードに書いていった。他の子どもには，先生たちがその考えを書き終わるまで静かにしているように言った。

　2番目の子どもの考えは最初の子どもの説明からつながっていったものだ，と別の教師が記録している。ある子どもが「それはアラスカだ」という判断だけを発表したときは，ミッチェル先生はルーチンの用語を使って，やさしくその子の考えを引き出した。「アラスカだって言ったけど，どこを見て，何に気づいてそう言ったのかな？」。それが説明されると，「さあ，説明を聞けたぞ。同じ写真について，見たり気づいたりしたことをもとに別の説明ができる子はいないかな」と広げていった。

　6年生の考えは実に豊かで，ミッチェル先生はそれを記録することによって，その後1年を通じて使ってほしい考え方をしっかり伝えられると考えた。「**説明ゲーム**で，学年開きがうまくいった」とミッチェル先生はふり返る。「この活動は…写真を見ることじゃなくて，ルーチンの問いに答えていく活動のことだけど，いろいろな単元で立ちもどる出発点になったんだ。何を見て何に気づくか？　それは何だと思うか？　どうしてそう言えるのか？　他に何に見えるのか？　どうしてそう言えるのか？…だね。**説明ゲーム**は，1度だけの行事ではなくなったんだ。何度も何度もくり返して使う，思考のプロセスになったんだよ」。

Chapter 5

考えを総合・整理するためのルーチン

ルーチン 8 　見出し（Headlines）

学習事項に関して核となる考えや重要なテーマについて考える。
- トピックや問題において重要な所，意味を感じる所をとらえて，それを一言で伝える見出しを書く。

　このルーチンは，ハーバードのプロジェクトゼロのミーティングのときに自然に生まれた。何か話し合ったりまとめたりするときにはいつも，わかりやすく簡潔な意見を参加者全員から聞きたいものだ。そこで，司会者は全員に，話し合いのトピックについての各自の考えや印象，大事だと思うことを表す見出しをつくるように言った。このルーチンでは，各自の考えをすばやくまとめて，他のメンバーに一目でわかるように示す。それを授業にあてはめたものである。

◆◆ 目的 ◆◆

　見出しは，学習の状況や活動の中から重要な部分を見つけ出して，それを要約させるルーチンである。授業では，何が重要かなど考えないでひたすら継続することがよい活動もある。しかし，何が中心かをつかませなければ，核となる概念や根本的な原理について理解できないものもある。木を見て森を見ずである。学習内容の中心を理解していなければ，その後学ぶことを関連づけるのはむずかし

くなる。

　見出しの形でその時点での気づきや考えをまとめさせることによって，何かを理解するためには核となる概念を把握することが不可欠だということが伝わる。グループで見出しを考えると，そのトピックを複数の角度から見ることになり，考えるときに何を重視するのかについて豊かなイメージを持てる。

◆◆ 適切な内容 ◆◆

　見出しをつくるには，学んだ情報を総合しなければならない。そのため，このルーチンは学習の流れの中で使う。さまざまな面を持つトピックの中心は何なのかを，子どもにとらえさせるためである。6種類の単純機械[1]のそれぞれについて，定義となるような見出しを書かせるだけでは，物理の本質にかかわる概念をつかませることはできない。てこ，滑車，くさびなどについてのキャッチコピーを並べるだけに終わる。核心をつかむことではなく，リストをつくることをねらいとしてしまうのである。しかし，単純機械（とくにその長所）について新しくわかったことと，それが一般的な装置のどこに使われているのかについての見出しをつけるように言うと，ずっと深いものになる。そして**見出し**ルーチンが，物理の根本を把握する機会となる。**見出し**ルーチンはまた，遠足，読書，映画会などの単発の学習活動のあとでも利用できる。この場合，見出しはその体験がどのような意義があったのかを明らかにするのを後押ししてくれる。何を大事だと思っているかを知ることは，その後の授業の流れを計画する役に立つ。

◆◆ ステップ ◆◆

1. **設定**　学習活動のあと，学習事項の中心概念は何だと思うか尋ねる。
2. **見出しを書く**　「トピックや問題の，重要で覚えておくべき中心概念をとらえて，見出しを書こう」と言う。個別にやるか，グループでやるかは，教師のねらいによる。
3. **考えの共有**　見出しを書けたら，まわりと見せ合う。見出しを共有することだけがねらいではなく，他の人に説明することで，その見出しを選んだ背景や理由を話させることもねらっている。このステップは，いちばんよい見出しを選ぶ競争ではない。さまざまな見方や微妙な違いについての話ができる雰囲気

---

[1] 複雑な機械の要素となる単純な構造の機械のこと。てこ，輪軸，滑車，斜面，くさび，螺旋ポンプがそれにあたる。

をつくるようにする。
4．**共有を広げる**　ペアや小グループで見出しを発表してその背景について話し終わったら，クラス全体に広げる。そして，出てきた見出しに共通するテーマや要素を見つけさせる。

◆◆ 活用とバリエーション ◆◆

　タスマニアのブライトン小学校のジュリー・ミッチェル先生が，遊び場のとりあいについて考えさせるのに*見出し*を使ったのは成功だった。ジュリー先生は，*見出し*で必要となる「統合する考え方」が，けんかをしている子どもたちに役立ったと感じた。けんかが起こったら，子どもはよく教師のところに走ってきてなんとかしてもらおうとしたり，告げ口をしたり，起こったことについてくどくど話そうとする。それをやめさせて見出しをつくらせることによって，6年生の子どもたちにけんかの原因について考えさせたのである。このプロセスで子どもたちは頭を冷まし，何を怒っていたのかふり返ることになった。ジュリー先生たちは，人の話を聞いてそれを統合することによって緊張が和らいで，教師が判決を下すような事態にはいたらないということを見つけたのである。子どもがこのプロセスに慣れてくると，ジュリー先生は他の子どもの視点に立って見出しを考える活動を導入した。それによって衝突がさらに緩和されて，自分たちどうしで問題を解決することができるようになった。

　ミシガン州トラバース市のイースト中学校の教師クレア・タグラウアー先生は，8年生の国語（言語技術）で，本のテーマについて考えさせるときに，*見出し*をアレンジして使ってみた。ベン・マイケルセンの『スピリットベアにふれた島（原題：Touching Spirit Bear）』を読んだあと，mp3プレイヤーに入れておいた曲の中から，この小説にぴったりなものを選ばせた。そして，どうしてそれを選んだのか説明させた。これによって，この本の主題から目をそらさせずに，内容の全体に基づいて考えることができた。選曲が，気づくべき中心概念を説明する見出しの役割を果たしたのである。みんなが，『スピリットベアにふれた島』につけた曲を聴くのは，単元を締めくくる印象深いやり方となった。

　アムステルダム国際学校のエリ・コンデ先生は，*見出し*を「お話の題」と名づけて，3歳児と4歳児の就学前クラスで用いた。週末に何をしたかお話をする時間での活用である。全員が週末の活動について話し終わったあと，エリ先生は「カーラのお話にどんな題をつけたらいい？」と尋ねた。1つ案が出ると，もっ

と考えさせるために「他にはない？」と続けた。このようにして，彼女は子どもにお話を要約するというのはどういうことかを教えていった。

◆◆ 評価 ◆◆

それぞれの子どもの見出しだけでなく，その背景でどんなことを推論しているかにも注意する。見出しがなければ見過ごしがちなことに気づいたか？ グループ全員が注目すべき問題を表す見出しをつけられたか？ 見出しは，重要な要素に焦点を絞って出来事を統合したり要約したものになっているか。見出しはトピックについてのどのような理解を表しているか。

もちろん，たった1つの見出しが，複雑なトピックの微妙なところまで表せるわけではない。したがって核となる概念が子どもたちに響いたかどうかを知るには，全員の見出しを見ることが大事である。そうすると，次に取り組むべき課題や疑問が明らかになる。

◆◆ チップス ◆◆

見出しは，とても単純である。しかし，トピックの特徴をとらえさせることと，ただ目を引くスローガンや題を思いつくことは違う。目を引く表面的なフレーズをつくり出させるのが，このルーチンのねらいではないということを念頭に置いておきたい。

たとえば，「指数関数的増加について調べよう」のような見出しは，「指数のパターンは予測できるかできないか？」というような見出しほど内容を正確に表していない。前者はたんに学習していることを書いているだけだが，後者は数の変化や増加についてわかってきたことをうまく表している（図5.1）。もし，見出しが内容を表さず，ただ目を引くこざかしいものなら教師は遠慮なく指摘して，学習事項の中で最も重要な概念は何だと思うか，掘り下げる必要がある。

見出しでは要約が行われる。したがって，子どもがなぜその見出しを選んだのかを知るのに「見出しを決める前に浮かんだ語句は何？」と聞くのが有効なときがある。見出しそのものからは，それが明白でない場合である。また，見出しでどんなことを言いたかったのか，はじめから説明させるようにしておくのもおもしろい。

Chapter 5

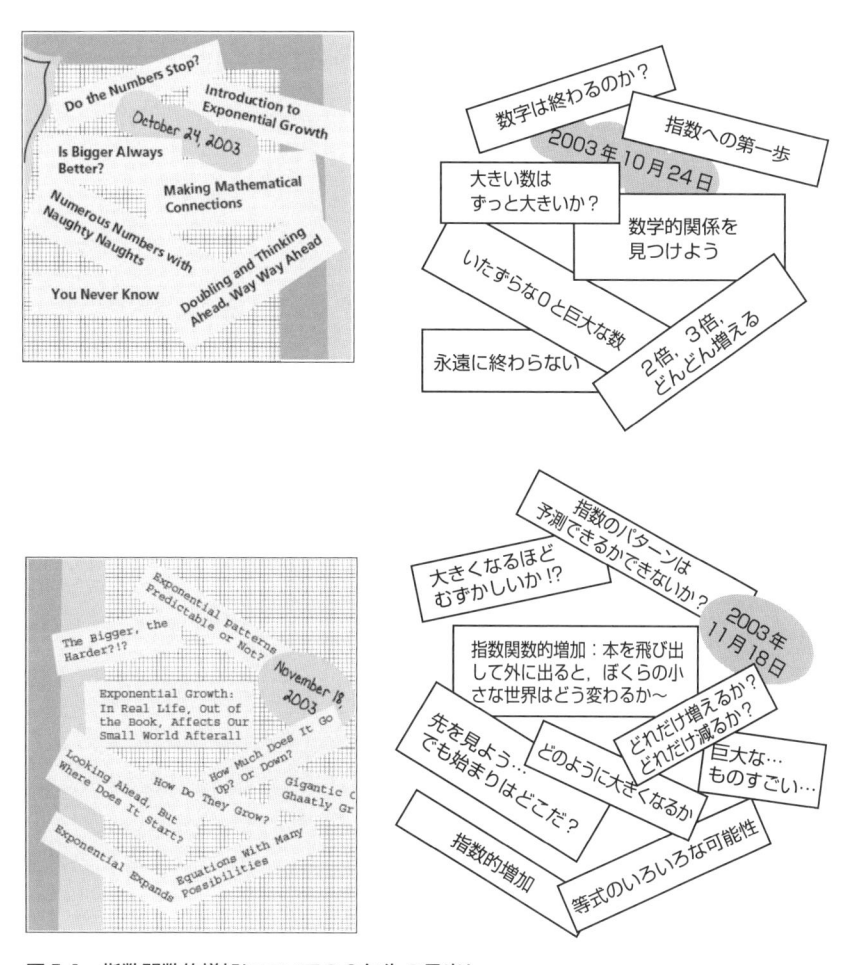

考えを総合・整理するためのルーチン

105

図5.1 指数関数的増加についての8年生の見出し

実践の概要

　ミシガン州のトラバース市立学校の5年生担当，ケリー・タフツ先生が初めて**見出し**ルーチンを使ったのは，算数である。それで，子どもの心に何が浮かんでいるか知ろうと思ったのである。分数について調べさせたあと，「今日勉強したことについての見出しをつくってごらん」と言った。その時出てきた見

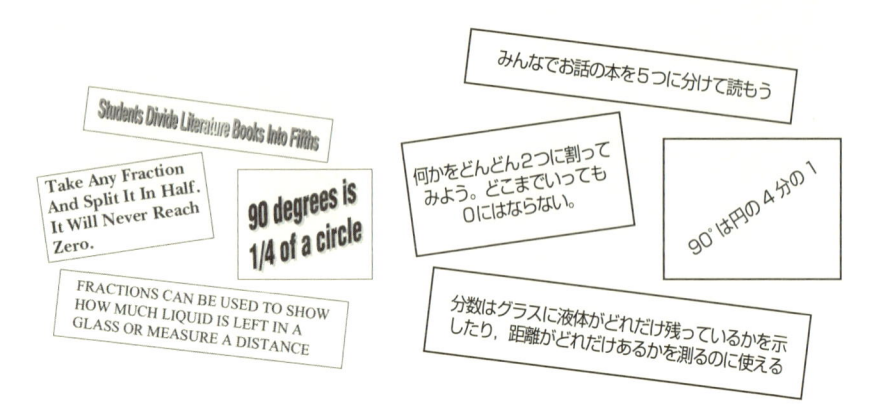

Part 2 思考ルーチンによる思考の可視化

図5.2 5年生と6年生の分数についての見出し

出しには単純で事実だけを述べたものもあったが，いくつかは深い理解を示していたことに，ケリー先生は感心した（図5.2）。

見出しに慣れてきたケリー先生は，見出しについてふり返らせることで，もっと深い内容を引き出そうと思った。子どもの見出しはよくできているが，その背景を「解釈」する必要があると感じていたのである。ケリー先生は，子どもたちがどのように算数の既習の法則や考えを，新しい領域にあてはめているのかはっきりわからなかったのである。そこで，学習内容についての見出しをつくるだけではなく，用紙の裏側に「付け足し」を少しだけ書かせるようにした。これが骨の折れる作業にならないようにしたかったし，見出しの背景に何かが少し書かれているだけで，子どもが何を考えているのかがわかると思ったからである。また，説明を付け足すことによって，何人かの子どもはそれまではあいまいだった自分の考えをはっきりさせることができることもわかった。

見出しが授業でよく使われるようになったころ，ケリー先生は使い方を変えることにした。はじめは，個別に見出しを書かせていたが，後にはペアになって，学習の内容についていくつかの見出しをいっしょにつくるようにさせたのである。ペア学習では，考えを伝え合ったり議論したりする子どもの力が発揮された。彼女が子どもに伝えたかったのは，考えを伝え合って練り合う学習はとても強力だということだった。

中心に迫る見出しがいくつかできたところで，ケリー先生は，いちばんよいものを選んでみんなに見えるように貼っていくように言った。それぞれのペアは，どの見出しがいちばんよいか話し合った。その際，どれを残してどれを落

とすか決める理由がおもしろかった。「ペアでの話し合いは，彼らが何を理解していて，何をとくに大事だと見ているかをつかむのにとてもよかったわ」とケリー先生は言う。ペアはそれぞれ見出しを１つ選んで先生に渡し，クラスの掲示板に貼ってもらった。ケリー先生は，グループの思考を可視化して共有し，別のクラスの子どもにもわかるようにしたかったのである。

　ケリー先生は，とらえさせたい重要な考えに子どもがいたっているかどうかを，*見出し*によってつかむことができるとわかった。そして，子どもの思考を意識することで，その後の授業をどのように進めるかを考えやすくなると感じた。「子どものつくった今日の見出しを見ると，明日の授業を決められるの」とケリー先生は言う。彼女はまた，子どもの見出しには誤概念や過度の一般化が混じっていることもわかった。教室では何を言ってもよい雰囲気をつくるようにしてきたので，それをすぐに正すのではなく，質問を重ねてどのように考えているのかを明らかにすることに自信があった。

　ケリー先生の算数の授業では，子どもはいつも手で操作する活動に取り組んでいる。そのような授業に思考ルーチンを取り入れることで，ただ活動をさせておくときよりも学んでいることがらについてより注意を向けられるようになった。つまずきがちな子どもたちでさえ，何かしら特徴をとらえて見出しをつくることができるのである。また，見出しをつくって何日もたっているのに，子どもたちが自分の考えを述べるときにはそれを見ながら言っていることに気づいた。学習の流れをふり返りやすくなっていたのである。このように子どもたちは，見出しを通じてみんなで考えを深めていくことに慣れていった。

　５年生，６年生の両方で思考を可視化する授業に取り組んだあと，ケリー先生は子どもたちが進級したあとどうしているか知りたくなった。そこで，１年後に彼らと話す機会をつくって，新しいクラスでどのように考える方法を使っているか尋ねてみた。先生のメモには，何人かの子どもが*見出し*にふれていたとある。教師が使うように言わなくても，しばしば使われていたのである。たとえば，ある子は州テストのときにむずかしい問題に出くわすと，問題を把握して解きやすくするために「この問題の見出しは何だろう…？」と自問していると述べた。別の子は，サッカーコーチが新しい戦略やスキルについて説明しているのを聞くとき，いつもその指示の核心は何かをイメージしようとして「見出しは何だろう？」と考えていると述べた。もし何かわからないときには，コーチにする質問をはっきりさせるために心の中で見出しをつくるという。

ルーチン 9　色・シンボル・画像（Color, Symbol, Image）

読んだり見たり聞いたりしたことの核となる概念や重要なテーマについて考える。
- 概念の中心を表す色を選ぶ。
- 概念の中心を表すシンボルを決める。
- 概念の中心をとらえる絵を描く。

色・シンボル・画像（Color, Symbol, Image）は，書いたり話したりすることにあまり重点を置かずに子どもの思考を見えるようにしたいという願いから生まれた。新しい言語を学ぶことが多いインターナショナルスクールでは，このようなルーチンの必要性は理解されやすい。また，幼い子どもを担当する教師たちは，子どもたちの言語力が育っていないために考えを適切に表現できないと感じている。色，シンボル，画像を用いるというのは，子どもの自然な創造性と伝える気持ちに火をつける。同時に，それは子どもにいろいろなものを関連づけさせ，比喩を用いて考えさせることをうながす。

◆◆ 目的 ◆◆

このルーチンは，読んだもの，見たもの，聞いたもののエッセンスをはっきりさせて要約するものである。その際，色，シンボル，画像でそれを表し，言葉は使わない。したがって，何を取り出すかを選ぶときに，比喩を用いることになる。われわれが何かを理解しようとするとき，新しいものと既知のものの類似点をつなげて考えるが，そこでは比喩が主要な役割を果たす。わかりやすく言うと，比喩はものとものとの関係である。「これは〜だ。なぜなら…」「この考えから〜を思い出したり〜について考えたりする。なぜなら…」というようなことである。

色・シンボル・画像は，子どもの理解を深め，比喩的な思考を向上させるのに有効である。しかし，隠喩や直喩のような形式的な単語を教える必要はない。両者の違いについては，もっと成長したときに話し合えばよい。何を関連づけるかは子どもによって違っているので，説明を聞かなければわからない。ある概念に対して，可能性や未知を表すという理由で黒を選ぶ子どもがいるとする。同じ概

念について，空の広がりや自由，可能性を表すという理由で，青を選ぶ子どもがいても不思議はない。

◆◆ 適切な内容 ◆◆

多様な意味を持ち，さまざまな解釈が可能な内容を選ぶ。複雑なもの，あいまいなもの，微妙な部分を持つものなどは避ける必要はない。むしろ，解釈したり議論したりする余地がなければならない。内容は，エッセイ，本の章，一篇の詩，演説，ラジオドラマ，短編映画など，何でもよい。しかし，長すぎたり，対立するアイデアが多数含まれているものは適さない。したがって，本全体よりも章1つだけ，場合によっては1節だけの方が望ましい。解釈させたいものを選べばよいが，解釈から内容についての理解がわかるようなものを考えたい。

◆◆ ステップ ◆◆

1. **設定** 子どもが本の一節を読んだり，スピーチを聞いたり，ビデオを見たりしたあと，その中心となるアイデアについて考えさせ，おもしろい，重要だ，なるほどと思ったことをメモさせる。1人でもできるが，このルーチンが初めての場合，みんなが考えたいろいろなアイデアをリストにしてもよい。
2. **色を選ぶ** 対象としたものの中心となる概念に対して，どんな色が思い浮かぶか考えさせる。原則，色は1つだけにする。その色を記録し，年齢的に可能であれば，その色を選んだ理由を書かせる。
3. **シンボルを決める** 中心となる概念を表すシンボルを1つ選ばせる。シンボルは，何かの象徴である。たとえば，鳩は平和の象徴で，イコール記号は等価の象徴である。コンピュータでは，さまざまなアイコンがいろいろなプログラムや機能を象徴している。選んだシンボルを記録させ，年齢的に可能であれば，説明と理由を書かせる。
4. **絵を描く** 中心となる概念を代表するイメージを決めさせる。絵を描かせる他に写真を選ばせてもかまわない。描かせる場合，中心となるアイデアが描かれてさえいれば，絵のうまさは気にする必要はない。絵は記録し，年齢的に可能であれば，説明と理由を書かせる。
5. **考えの共有** ペアやグループで，選んだ色とその理由について話し合う。その色が，みんなで理解しようとしている対象とどう関連しているのだろう。その色は，対象の中心となる概念とどのようにつながっているのだろう。ペアあ

るいはグループの全員が，**色・シンボル・画像**の説明をし終わるまで，このプロセスをくり返す。

◆◆ 活用とバリエーション ◆◆

ビアリク校の2年生担当，エマ・ファーマン先生は，**色・シンボル・画像**を使って年度当初にこれからの1年間について考えさせた。まず，2年生になることが彼らにとってどういう意味を持つか尋ね，2年生を表す色を選ばせた。それから，1年生でも3年生でもなく「2年生」になるということにふさわしいシンボルを選ばせた。これからの1年間は何が特別かを考えさせたのだ。そして，最後に，2年生であることへの期待を表す絵を描かせた。

タスマニアのホバートで，5年生担当のジョアン先生は，**色・シンボル・画像**を使って新しいチャプターブック●2にのぞんだ。ただし，色にだけ焦点をあてるように変えた。行に一人ひとりの名前，12の列に本の各章を割り当てた表をつくった。章を読むたびに，この表が回されて，自分のセルにその章にふさわしいと思う色を塗るというわけである。表ができると，クラスで話し合いをし，一人ひとりなぜその色を選んだのか説明させた。その結果，それぞれの章の特徴や，それぞれの子どもの個性を表したパッチワークができ上がった。

ミシガン州のチェサニング・ユニオン高校では，メリッサ・レノン先生が2年生の化学で**色・シンボル・画像**を用いた。子どもたちはこのルーチンを使って，化学量論の核心をとらえようとした。化学量論は，化学反応における反応物と生成物の量的関係を表す化学学習事項の一翼である。メリッサ先生は，この関係を教えるのに多くの時間を費やしてきた。そして，より広く概念をとらえさせるために**色・シンボル・画像**を使ったのである。

◆◆ 評価 ◆◆

色，シンボル，画像を選ぶところでは，対象の本質をとらえる能力を見るようにする。何を選ぶかでわかる場合もあるが，どうして選んだのか説明させるとよりはっきりする。どうしてその色を選んだのか？　どうしてその絵を描いたのか？　それが対象の核となる概念とどのようにつながっているのか？　子どもにもっと考えさせるためにも，選ばれた比喩をよく見るようにしよう。はじめのう

●2　チャプターブックは，絵本から本格的な本に進む途中にいる，10歳前後の子ども向け読み物。内容を把握しやすい適度な長さの章にわかれており，情景説明などが詳しく書かれている。

ち子どもは，黒を悲しみ，太陽を幸せを表すものとして選んだり，話の筋をそのまま絵にしたような絵を描きがちだ。そのような短絡的な比喩を越えたもの，より深いレベルの理解を示すものを期待し，また求めるようにしよう。実践の概要で述べるネイサン先生の例は，参考になる。

◆◆ チップス ◆◆

　このルーチンは，色とシンボルと画像を決めるのだが，その順序は決まっていない。内容によって，あるいは子どもによっては，画像から入るのが簡単な場合もあれば，シンボルがすぐ頭に浮かぶ子どももいる。このルーチンのポイントは，比喩的な思考をうながして関連づけをさせ，本質を抽出することにあるのだから，絵を描くことにこだわりすぎてはいけない。幼い子どもは楽しんで絵を描くが，それにこだわりすぎると，思考から注意がそれることになる。年齢の高い子どもたちは，絵を描くよりも言葉で表すのを好む傾向がある。コンピュータのカラーパレットを使って色を塗ったり，「シンボルの挿入」を使ったり，「グーグル画像」検索で絵を見つけたりして，このルーチンを効果的に進めることもできる。

実践の概要

　メルボルンのウェズリー校で7年生の国語を担当するネイサン・アームストロング先生らは，初めて使う思考ルーチンを**色・シンボル・画像**に決めた。題材は『アンネの日記』である。この本を授業で紹介したあと，残りを読むのを休日の宿題にした。そして，しっかり読ませて次の授業で実りある話し合いができるように，**色・シンボル・画像**を使うことにしたのだった。彼は，「アンネの日記」から5箇所選んで，このルーチンをやることを宿題にした。

　課題は，コンピュータのテンプレートになっていた。そこには，3つのボックスが並んでいて，それぞれのボックスには「色」「シンボル」「画像」と書かれていた。子どもはインターネットで画像を探し，「シンボルの挿入」機能でシンボルを配置し，「色塗り」機能でボックスの色を塗った。各ボックスの下には，その選択についての説明を書いた（図5.3）。

　子どもが登校すると，教室は5つの**色・シンボル・画像**のギャラリーになっ

色	シンボル	画像
アンネは自分とペーターの未来がどうなるのかわからない。黒板のような黒は、これからやってくるだろうさまざまな未来の可能性を表している。	この部分で、アンネはペーターのところに行きたい気持ちを抑えられるかどうか疑っている。彼女は、2人の間の沈黙が破れるまで待たなくてはならない。そのあとは、2人は自分の気持ちに正直にふるまえるのだ。	この部分で、アンネは彼女とペーターが見た目ほどには違わないと述べている。このリンゴもいっしょで、見た目は違うけど、味は似ている。

図5.3 アレキサンドラの『アンネの日記』の色・シンボル・画像ルーチン

た。各自の宿題を、話の流れに沿って教室の前の壁に貼っていったのである。宿題ではどの出来事を選んでもよかったので、1つの出来事に複数の**色・シンボル・画像**がつくられていた。話し合いはすぐに活発になり、文章の解釈はいろんなふうにできること、色やシンボルや画像の選択のしかたもさまざまであることが話題になった。

　ネイサン先生が**色・シンボル・画像**を用いたのは、この本をより深く理解してほしかったからである。子どもが選んだ色、シンボル、画像とその説明を見ると、それがうまくいったと感じられた。また、それは子どもの理解の状態をよく示すものでもあった。ネイサン先生は、子どもの作品には、優れた比喩があることに気づいた。そこで、どのような比喩が優れているか、話し合いをすることにした。すると子どもたちは、道が旅を表したり木が成長を示すというような短絡的であまりおもしろくない比喩もあれば、水滴が分離と統合を表す（水滴は一つひとつばらばらだが、他の水滴といっしょにもなることができる）というような複雑な比喩もあることに気づいたのである。

　比喩の複雑さや洗練の度合いについて話し合ったことをもとにして、ネイサン先生は子どもの比喩的思考をもっと深めることにした。ネイサン先生は、『アンネの日記』の続きについて何枚か絵を描き、どの絵が文章に合っている

か考えさせた。「これらの絵は，読んできた本の**色・シンボル・画像**としてぴったりくるかな？」子どもたちは話し合いながら，ネイサン先生の描いた絵と文章の対応を考え，文章の特徴と画像の特徴をつなげて豊かな比喩をつくることができるようになっていった。

　色・シンボル・画像を使って比喩について深く考えることになったこの最初の経験から，ネイサン先生は，子どもの比喩の評価尺度をつくった。この「比喩レベル」は，1（低い）～10（高い）で評価するものである。子どもは，自己評価と相互評価にこの尺度を使いながら，1年間**色・シンボル・画像**ルーチンを使い続けた。その間，ネイサン先生は，必要に応じてルーチンを改良し，子どもの思考を刺激し続けた。グループに分かれて**色・シンボル・画像**を実施し，色，シンボル，画像の選択について他のメンバーと話し合わせることもあった。自分が選んだ絵に，もとの文章から1文抜き出して対応づけるようなこともした。こうして，子どもたちはテーマや核となる概念を指摘できるようになっていった。

ルーチン10 コンセプトマップ：つくり出す・並べ替える・関連づける・詳細化する（Generate-Sort-Connect-Elaborate: Concept Maps）

トピック，概念，問題を選んで，どう理解したかを図に表す。

- 対象となるトピックや問題について考えたときに最初に頭に浮かぶことや考えのリストをつくる。
- それぞれの考えが中心的なものか，周辺的なものかによって並べ替える。中心的な考えは紙の中央に，周辺的なものは，周囲に配置する。
- 共通性のある考えどうしを線で結ぶ。線の上に，短い文で関連を説明する。
- 任意の最初の考えに，追加，拡張，詳細化する新しい考えを加え，詳細化する。

何年も，世界中の子どもが書いた何千ものコンセプトマップを見てきた。それで気づいたのは，どんなトピックについても，子どもたちはさほどじょうずにコンセプトマップは書けないのだということである。そして，自分の考えを整理したり，人がどう概念を理解しているか表したりするコンセプトマップを描くには，どのような思考が必要か考えることになった。**つくり出す・並べ替える・関連づける・詳細化する**は，その結果として生まれた。

◆◆ 目的 ◆◆

コンセプトマップは，学習者がトピックについて持っている絡み合ったメンタルモデル[3]を，解きほぐしてくれる。コンセプトマップによって，トピックに関する知識が活性化され，知識と知識の意味的なつながりが表される。子どもは，コンセプトマップを描くことによって，考えを整理でき，概念が互いにどう関連しているかを理解することができるという。これは，考えを他者に示すだけでな

---

[3] 人がものごとや情報についてみずからつくり上げた理解や理解のための整理枠組み。同じ「犬」という語を聞いても，頭の中でイメージされる犬は人によって異なる。犬とはこういうものだというメンタルモデルが異なっているからである。登場人物の多い物語を読んでいるときに，人間関係についてのメンタルモデルがうまくできていなければ，筋がこんがらがってくる。

く，考えや理解を強固なものにすることにもつながる。もちろん，教育者や研究者たちは，コンセプトマップをこの目的で用いてきた。しかし，コンセプトマップが本当にメンタルモデルや概念的理解を表すようにするためには，思考を制限するのではなく，より多くのよりよい思考を活性化するようにコンセプトマップを階層的に描くとよい。

◆◆ 適切な内容 ◆◆

　このルーチンが使えるトピックや概念は，民主主義，生物の生息地，効果的なプレゼンテーション，幾何学など実にさまざまである。これらのトピックは，多くの下位概念やさらに下位の要素を持つため，さまざまなとらえ方ができる。このような包括的な概念やゴールが提示されると，子どもはそれに対していろいろ考えをめぐらせることができる。概念の中心はどこにあるかを決める話し合いをすることで，子どもは自分たちの理解の深さや広さを知る。自由，権力，電気などの概念やアイデア，あるいは化学実験の計画，アニメの制作過程，ディベートの準備などの手順は，みなこのルーチンに向いている。このルーチンは，単元のはじめに単元のトピックについて何を知っているかを明らかにして話し合いを活発にしたり，単元の終わりにどのようにそのアイデアを理解しているか評価するために用いられる。しばしば子どもたちは，単元末にコンセプトマップを描くと復習になり，テストやレポートの準備になると言う。

◆◆ ステップ ◆◆

1. **設定**　子どもがコンセプトマップについて知っているかどうかチェックする。知らなければ，コンセプトマップはトピックについてどのように考えているかを表す方法だということを説明する。もし子どもがすでによく知っていれば，それを手順に沿って描くと言うだけですぐに活動に入れる。
2. **つくり出す**　子どもにトピックと関連する語句や概念やトピックの状態などのリストをつくるように言う。それは，トピックによっては，「トピックがおもにどんな状態をとるか，下位項目のリストをつくるように」とか「このゴールや課題に関連するさまざまな部分，プロセス，あるいはニーズのリストをつくるように」というように意味が変わる。この段階は，最初の考えを出す段階である。あとからいつでも付け加えはできるので，この段階では5〜6の項目リストさえあればいい。

3. **並べ替える** 出てきたアイデアを，どれくらい中心的かあるいは周辺的かによって並べ替える。中心に近い項目は（紙の）中央に，周辺的な項目は外側に配置する。この段階は，ペアや小グループで行ってもよい。そうすることで，しばしば，優先順位についての豊かな話し合いが生まれる。
4. **関連づける** 項目どうしを線で結んでつなぎ，その関連についての説明を線の上に書く。ある項目が別の項目を導き出すものであったり，2つの項目が等価でつながっていたりする。
5. **詳細化する** 中心に近い項目をいくつか選んで下位項目をつくって細分化し，コンセプトマップを詳細化させる。
6. **考えを共有する** ペアか小グループになって，コンセプトマップを見せ合う。コンセプトマップを描くときにどんなことを考慮したか，置く位置や関連についての議論や疑問がいつ起こったかについて，話し合わせる。

◆◆ 活用とバリエーション ◆◆

並べ替えるときには，重要度によらない分類も可能である。たとえば，最初に思い浮かぶ項目，それに関連する項目，さらに分岐の先の項目というような並べ方や，すべてに共通する項目，いくつかにしか共通しない項目というようにグループ化してもよい。同心円を使って，輪の内側に置くか外側に置くかを考えた子どももいた。

ミシガン州のブルームフィールドヒルにあるウェイ小学校の3年生の少人数で行う図形の学習で，ジェニ・ロッシ先生はこのルーチンを使って何を学んだかを評価した。まず，みんなで学習した事項を全部リストにさせた。事項を出し終わると，ジェニ先生は付箋紙にそれを書き出させた。そして，中心的かどうかではなく，共通な点を持っているかどうかに注目して並べ替えるように指示した。これによってジェニ先生は，子どもが何を重要だと思っているか把握した。たとえば，図形の形で仲間分けするときに，子どもたちは「対称軸」について話しながら，辺の数と同時に線対称にも目がいっていた。付箋紙に書くと，仲間分けを必要に応じて柔軟にやり直せる。ジェニ先生は，子どもたちに，仲間どうしにどのようなつながりがあるか説明させ，それをつないだ線の上に記入した。子どもたちに，さらにそれを「詳細化する」ために，角錐と角柱について学び，それをコンセプトマップに付け足すことを告げた。

ビアリク校の9年生の歴史の授業でシャローン・ブラム先生は，**つくり出す・**

並べ替える・関連づける・詳細化するを試験勉強で使わせることにした。最初に全員を教室から出して，一度に2人か3人しか入ってはいけないということにした。最初のグループが入ってくると，ホワイトボードの中央に「中世のユダヤ人の生活」と書いてあり，その周囲に関連する重要な事項が配置されていた。そして，それらから思いつくことを1つ書き込ませた。続いて入るグループも，知っていることの名称を書いたり，思いつくテーマや概念や項目を付け足していった。いくつかのグループがすむと指示が変わり，あとのグループは，何が書かれているかを読んで，書かれている出来事や概念や項目を線でつなぐように言われた。全員が終わるとさらに，項目や関係を付け足したり，詳しくしたりしていった。シャローン先生は，でき上がったコンセプトマップをながめさせ，抜けているものはないか，項目の位置について異存があるものはないか尋ねた。そして，疑問に思ったことをあげるように言われたとき，おもしろい話し合いが起こった。「どうして，幸せより悲劇や惨事を大きいことだと考えるんだろう？」とある子どもが言った。というのも，悲劇的な出来事がすべて中心付近に集まっていたからである。このコメントから，子どもたちは，歴史上の変節点が悲劇であることが多いのはなぜか，議論し始めた。そして，人間の本性は，ネガティブなことは大げさにとらえて，ポジティブなことはあたりまえだと思ってしまうものなのだということになった。

◆◆ 評価 ◆◆

つくり出す・並べ替える・関連づける・詳細化するでつくったコンセプトマップは，子どもが何を知っているか，どのようにその知識を全体との関係で見ているかについての評価情報を豊富に含んでいる。書き込まれた項目とその位置について見てみよう。子どもたちは，鍵となる考えと些末な考えを区別できているか？　最も重要な項目がどれかわかっているか？　詳細化された項目は，理解が深まったことを意味しているか。どのようにつながりをとらえたか。短絡的なつながりよりも，項目間の深いつながりを見つけられているかを評価しよう。もしトピックがよく知っているものなら，**つくり出す・並べ替える・関連づける・詳細化する**は非公式な事前診断として実施できる。そして単元の終了時に，子どもの考えがどのように向上したかを見るために利用できる。

◆◆ チップス ◆◆

よいコンセプトマップができるかどうかは，よい項目のリストを生み出せるかどうかにかかっている。そのようにするためには，子どもにまず個別にリストをつくらせ，そのあとでペアや小グループで話し合わせる。そして「並べ替える」リストをすり合わせる。「つくり出す」はステップの一部だが，もちろんいつ新しい項目を付け加えてもよい。実践する際には，大きな紙を与えるのがよい。紙が大きいと，どこに配置するかに注意することになり，またもっとたくさんの可能性を考えるようになる。そして，紙が十分に大きくて書き込みやすいと，つながりを書き込んだり，項目を詳細化したりしやすくなる。

実践の概要

ピアリク校 12 年生の英語を受け持つラヴィ（ラヴィンダー・グレヴァル）先生のクラスで使う小説は，ティム・オブライエンの『失踪（原題：In the Lake of the Woods）』である。この本の主人公はジョン・ウェイドといって，精神的破綻を来しているベトナム戦争の退役軍人である。この複雑な本で，子どもたちは，登場人物の性格を分析する力を磨く。この力は，州の認定試験でテストされるものである。

本を読んで話し合ったあと，ラヴィ先生は子どもにジョン・ウェイドの心が壊れた理由を分析させた。いきなり分析的な作文を書かせようとするのではなく，**つくり出す・並べ替える・関連づける・詳細化する**を用いて考えを構造化させながら分析にとりかからせた。彼女はまた，このルーチンには自分の考えの再検討を迫る活発な話し合いを生み出す力があると考えた。「子どもに異なる視点から見させて，つながりをつくらせ，まちがいをおそれず結論を出す自由を与えるようにしたかったのです。それに，教師主導ではなくて，子どもが話し合いの主人公になるようにしたかったんです」とラヴィ先生は言う。

そのクラスで**つくり出す・並べ替える・関連づける・詳細化する**を使うのは初めてだったので，指示を明確に出すようにした。「1 人で，いくつかの項目を出してね。ジョン・ウェイドに影響を与えた要因を全部考えて，そのリストをつくっていきましょう」と言って時間を与え，次の指示を出した。「最も重

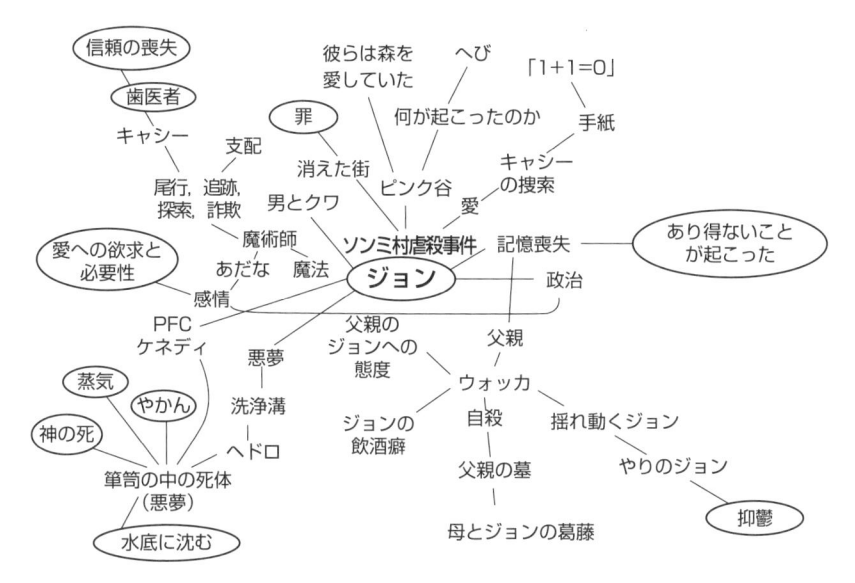

考えを総合・整理するためのルーチン

図5.4　ジョン・ウェイドの性格についてのつくり出す・並べ替える・関連づける・詳細化するルーチンによるコンセプトマップの例

要だと思うものを真ん中に置いて，大事だと思う順番に配置して，いちばん外に些末なものを置くようにして」。ラヴィ先生はそれから，互いに影響し合ったり補完し合ったりするものどうしを線で結ぶように指示した。最後に，理解したことをよりよく説明するように，詳しく書き足すように言った（図5.4にジョン・ウェイドの性格についての**つくり出す・並べ替える・関連づける・詳細化する**によるコンセプトマップの例を掲載した）。

　個別のコンセプトマップを完成させたあと，小グループになって，同じステップをたどりながらみんなで1つのコンセプトマップをつくった。「『並べ替える』のステップでは，何かの項目をどこかに置こうとすると，みんなの同意を得なければならなかったのです。これは，一人ひとりの場所へのこだわりが強いとき，熱い議論を生みました。私はまさに，この議論を見たかったのです」とラヴィ先生はコメントした。

　子どもがグループで活動するのを観察して，ラヴィ先生は話の内容に強い印象を持った。「各自のコンセプトマップからグループのものをつくり上げているときに起こった議論は，それぞれの要因の重要性についての議論を生み，考えをさらに明確にすることにつながりました。『並べ替える』のステップは，

最も話し合いが白熱した効果的なステップになりました。『関連づける』のステップでも，たくさんの新しい考えが出てきたので，子どもたち自身が自分たちで見つけ出したことの多さに驚いていました」。

最も激しい議論は，ウェイドをそうさせたのはベトナム戦争の経験か，それとも子どものころの父親の虐待かという問題であった。父親の虐待がなかったら，そして自尊感情がつぶされていなかったら，ベトナム戦争のトラウマに抗えるだけ強く育っていただろうか。ソンミ村虐殺事件を体験しながらそれがトラウマにならない人なんていないんじゃないだろうかという子どもたちがいて，議論が白熱したのである。

子どもの理解をふり返って，ラヴィ先生は「最後の分析では，すべての要因に意味があって，それらについてのウェイドの反応は一貫しており，それはもう子どものときにでき上がっていたのだということになりました。これは，まさしく，私が彼らに理解してほしかったことなのです。私は，ウェイドを，戦争のダメージを負った老兵とか，父親に虐待された子どもとしてだけ見てほしくはなかったのです。そして，まさに彼らはそう考えたのです！　最後に，もし状況が同じならすべての人がそうなる可能性があるという結論にいたったとき，私は彼らがこの問題の核心を理解したと知りました」。

90分の授業の最後に子どもたちは，「ジョン・ウェイドは化け物か，それとも彼の唯一の過ちが人間であるということなのか」を論じる作文を書くように言われた。この作文は翌日行われた。このルーチンと話し合いが作文に明らかに反映されていた。「本当にさまざまな要因について考えたので，人はいろいろな経験の結果その人となるのだということを理解していて，化け物だと非難するような子はいなかったのです。すべての人には欠点があって，その欠点は経験の結果なのだということを，理解し始めているに違いありません」。

子どもたちが初めてこのルーチンを使ったときのことをふり返って，ラヴィ先生はこう書いている。「子どもは，話し合いにのめり込んで，どうしてそう考えたのか知ろうとお互いに聞き合っていました。それを通して，自分とは違った見方を知ることができました。それでも，自分の見方も大事にしていたのです。驚いたのは，他者の見方の根拠を知っても自信を捨てないでいられるようなこの理にかなった話し合いのやり方でした。このルーチンの階層的な手順が気に入っています。そして子どもたちが，コンセプトマップを，自分たちが考えるプロセス（つくり出す，並べ替える，関連づける，詳細化する）を反映

させたものだと見ていることもね」。

　ルーチンをさまざまに使うことについてラヴィ先生は、「思考ルーチンによって、子どもにさせたい『思考』を頭に置いて計画することができるようになります。そして、頭が整理できます。さらに子どもたちが、指図されなくても、対象を言語的に分析する方法としてこの『手続き』を使うことをうながすのです。彼らは、自立して考えることができるようになってきていて、今では自分の『脳』に『関連づけろ』とか『並べ替えろ』などの適切な『信号』を送ったり、『どうしてそう言えるの？』と自問しながら考えの根拠を探ったりしています」。

ルーチン 11 つなげる・広げる・吟味する
(Connect-Extend-Challenge)

読んだり見たり聞いたりしたことについて考えて，自問する。
- 提示されているアイデアや情報は，もともと知っていたこととどう関連づけられるか。
- 発展させたり広げたりして考えるのに役立つ，どんな新しいアイデアが浮かんだか。
- 提示されているアイデアや情報に対して，どのような異議や疑問が心に浮かんだか。

　教授・学習の問題に取り組む中で，（とくに学校において）共通するつまずきは，情報を与えられているのにそれを使ってどう頭をはたらかせればよいか明示されていないことにある，ということにわれわれのチームは気づいた。聞くだけでは，学習につながらない。人は受け身的に情報を得ても，そのままでは将来使えるようにはなっていない。受動的に聞くことと，積極的に聞くことをはっきり区別するために，新しいルーチンが生まれた。**つなげる・広げる・吟味する**である。新しい情報を積極的に処理するということは，考えを広げるのに役立つ情報を見分けて既知のこととつなげ，それが思考をどのように変えるか，前提がどのように問い直されるかを見通すことである。

◆◆ 目的 ◆◆

　学校ではおおむね，情報は断片的にしか与えられない。これは，重要なことがらをばらばらなものとして見る原因になる。**つなげる・広げる・吟味する**のルーチンは，事項どうしをつなげて，どの疑問により注意を払うべきかを意識させるものである。このルーチンは，対象となるトピックに関して「新しい学習経験によって呼び起こされた」考えを可視化する。

　このルーチンでは，読んだり見たり聞いたりしたことによって，自分の考えがどのように広がったかふり返りながら，新しく出会った事項を既有のものとつなげさせる。つなげることと広げることの両方を強調することによって，概念や考えは動的なもので，常に深め成長させていくべきものであること，学習の大部分

は取り入れた情報を処理することなのだという強いメッセージが与えられる。そして，つなげたり広げたりしたあとに，問題や概念に関してとくに重要だと思える異議や疑念をはっきりさせることを求められる。トピックに含まれる見え難くこんがらがった問題に気づいてそれを言い表すことによって，子どもたちは深い理解のもとになる重要な概念をより意識するようになる。

◆◆ 適切な内容 ◆◆

このルーチンは，子どもが情報を積極的に処理するようにつくられている。したがって，さまざまな情報を取り扱う授業のあとで，まとめをするようなときに用いられるのが望ましい。授業の最後，読書のあとなどでもよいし，単元の終了後でもよい。われわれも，1週間続きの研修会のあとのふり返りにこれをよく使う。このルーチンでは関連づけることを求めるため，さまざまな内容で使える。今学んでいることと，それまでに学んだり知っていたりしたこととのつながりを見つけることができるかどうか，まず自分自身で検討してみる。さらに，新しい情報は，子どもが理解できるものか，異議や疑問が浮かんでくるか自問してみる。

◆◆ ステップ ◆◆

1. **設定** 話を聞く，文章を読む，ビデオを見る，展覧会の見学に行くなどの情報にあふれた活動に参加する前に，この新しい学習経験がすでに知っていることとどのように関連するかを心にとめておくように言う。そして新しい情報がどのように自分の考えを変えるか，聞いたり読んだり見たり経験したりしたことによって，どんな新しい異議や疑問が浮かんでくるか考えさせる。
2. **つなげる** 活動のあとで，体験したことがそれまでに学んだ考えとどうつながるか書かせる。「今聞いた考えや情報は，もともと考えていたことや知っていたこととどう結びつくかな？」と尋ねよう。グループでの話し合いの前に，十分時間を与えて1人で関連について書き出させるのが重要である。
3. **広げる** 新しい学習経験によって，自分の考えがどう広がったか，また深まったか明確にさせる。「自分の考えがどんなふうに広がったかな。考えが新しい方向に向いたり，深くなったりしたかな」と尋ねる。これは，再び個別に書かせる。
4. **吟味する** 最後に，トピックに対しておかしいと思うことを考えさせる。「新しいことがらや情報に関して，おかしいと思ったり，あれっと思ったこと

は何かな？」と問おう。ここで疑問や問題が出てくるかもしれない。
5. **考えの共有** **つなげる・広げる・吟味する**に従って個別に考えが書けたら，それをペアや小グループで発表する。その際，それを書いた理由や何を考慮したかを話させるのが重要である。ルーチンのステップごとにグループでの発表を行ってもよい。そうすることで，一つひとつのステップに集中できる。グループで出てきた関連や広がり，疑問を，模造紙に書いてクラス全体で発表するのは，みんなの考えを可視化するにはよい方法である。

◆◆ 活用とバリエーション ◆◆

　ミシガン州トラバース市で社会科を教えるジム・リンゼル先生は6年生に，さまざまな場所に住む先住民の文化について調べさせていた。子どもたちは，それぞれの文化についての理解を深めるために，各地でつくられた芸術作品を鑑賞した。その際，**つなげる・広げる・吟味する**が学習を進める共通の枠組みになった。まず，各自が調べている文化における芸術作品をじっくり見て気づいたことが，それまでにわかったこととどうつながるのかを考えさせた。そして，テキストを読んで考えたことから，各自の考えがどのように広がったか尋ねた。最後に，頭をしぼらなければならないようなおもしろそうな問いや疑問を出させた。子どもたちは，**つなげる・広げる・吟味する**で出された意見を活かして，気候や地形が文化にどう影響したのかを調べることになった。

　アムステルダム国際学校では，6年生の算数で5週間続けて面積と周囲の長さについての学習に挑んだ。マーク・チャーチ先生は，図形を1つ学習するたびに，頭に浮かんだ「つなげる」と「広げる」を記録させた。すると，10あまりの共通する事項の他，わくわくするユニークなアイデアも含まれており，マーク先生はそれらを大教室の掲示板に貼っていった。こうして，単元の流れに沿って，「つなげる」と「広げる」についての子どもの考えのショーケースができていった。マーク先生は，数学的な考えが育っていくようすを，授業中のやりとりだけでなく，目に見えるようにして体感させたかったのである。「つなげる」と「広げる」が掲示板に追加されていくにつれて，いろいろな図形に共通する事項や面積と周囲の長さの関係について覚えておくべき事項をそこから探させることができるようになっていった。

◆◆ 評価 ◆◆

　「つなげる」や「広げる」を通して，子どもたちがトピックを理解するのに重要な事項をどのように意味づけしているかを見るようにしたい。事項どうしをつなぐ共通点や差異を見つけられているか，あるいは一つひとつの事項を既習事項やこれから学習することと関係なくばらばらに見ているのか。学習した事項や概念どうしの関係性に目を向けているのか，他の教科や実社会のより一般的なことがらと関連づけようとしているのか。

　「つなげる」や「広げる」での子どもの発言には，何でも耳を傾けるのが大事である。それによって，表にはっきりとは出てこない考えを，見たり聞いたりできるようになる。同時に，そこには重要性や深さの違いがあることも見えてくるだろう。クラス全員で「つなげる」や「広げる」を書き出しながら，みんなで考え参加意識を高めることで，どれがとくに重要かを考えさせることができる。言葉のやりとりだけでなく，それを書き表すことによって，既習事項やこれから学習することにそれらがどのようにつながるのかを考える強力なモデルになる。

◆◆ チップス ◆◆

　このルーチンに慣れるには，しばしば時間がかかる。子どもたちは，ここで使われる言葉について慣れなければならない。さらに，意味のある関連，豊かな拡張，価値のある疑問とはどんなものかについての手本を必要とする。7章では，マーク先生がこのルーチンを子どもといっしょにどのようにつくっていったか，そしてそれがどれほど学習を深めるのか述べた。

　つなげる・広げる・吟味するに慣れると，意見をどのように出させればいいのかわかるようになるだろう。「つなげる」と「広げる」を同時に考えさせるのがよい場合もある。ただし，子どもの考えを教師が解説する必要があるかもしれない。あるいは，個別に考えたり小グループで意見を出したあと，トピックについて重要だと思うものから2～3の「つなげる」や「広げる」を発表させて，なぜそれが重要かを説明させるようにしながら，クラス全体にそれぞれの考えを広めるようにしてもよい。

　「つなげる」と「広げる」を出し終わると，次のステップ「吟味する」に移行する。トピックに対する疑問は，複雑な概念の本質を示すための見出しにさせてもよい（**見出し**ルーチン，p. 101 参照）。その際，「吟味する」のすべてについて，教師が説明したりこたえたりする必要はない。すべての疑問を解いてやるよりも，

それをもとにしてトピックについてより深く理解させるように仕向けるのである。

このルーチンに子どもたちが慣れて，各ステップで何をするか理解し，意味のある「つなげる」「広げる」「吟味する」とはどのようなものか実感すると，子どものノートを「つなげる」「広げる」「吟味する」という項目でまとめさせることができるようになる。しかし，子どもが慣れないうちにこれをするのは効果的ではない。

実践の概要

ニューヨークのヴァンガード高校の教師，ジョシュ・ヒースル先生は，思考ルーチンと社会科の相性がよいと考えた。「社会科の授業で私のクラスの子どもたちが調べたことの1つに，『社会における人種と構成員』というのがあります。この単元で，アメリカの帝国主義による侵略について詳しく学びます。アメリカ人が時代によって他国人をどう見ているか，建国時のアメリカ人が他国人と（たとえば世界博で）どのように衝突したか詳しく見ます。優生学運動のような複雑で争点となっているトピックについても学習します」とジョシュ先生は言う。「私は，これらのトピックに多くのパターンがあって，いろいろな単元がお互いに複雑につながっていると思っています。なので，子どもたちにそのつながりに気づかせて，自分たちで関連させていくにはどうしたらよいか，興味を持つようになりました」。ジョシュ先生は，**つなげる・広げる・吟味する**をいろいろな文脈にあてはめ，さまざまな方法で用いるようにした。その中で，このルーチンが進化していった。

ジョシュ先生が**つなげる・広げる・吟味する**を使った最初の事例は，ハワード・ファストによる歴史小説，『自由の道（原題：Freedom Road）』であった。南北戦争の終戦直後に南カリフォルニアで起こった「レコンストラクション●4」についての小説である。小説の主人公ギデオンは，元奴隷だったが自立・独立のために土地を購入した。これは，当時としては革新的な試みで，時の権力者たちはギデオンの夢をつぶそうとした。この小説を少し読み進めた所

●4 終戦後の南部諸州のアメリカ合衆国への復帰と，崩壊した奴隷制の問題を解決しようとした1863～1877年の期間をさす用語。

で，ジョシュ先生は上部に「つなげる」「広げる」「吟味する」と書いた紙を配り，その見出しを念頭に置いてふり返りをするようにさせた。「子どもたちは，こみいったおもしろいつながりを見つけることができました。それは，私が考えた関連とはまったく違っていました。私は，子どもたちがそんなにすごいつながりを見つけて，それを広げて人種と階級が今の社会に突きつける異議申し立てについて考えられるとは思ってもいませんでした」とジョシュ先生は言う。驚きかつ喜びながらジョシュ先生は，このルーチンによって子どもの思考がどのように明確になり，どのように重要な概念がつくり出されたかをはじめから見直した。

　しばらくして，ジョシュ先生はもっと広く考えさせるには，他にどのように足場かけをすればいいのか，考えるようになった。「私は，**つなげる・広げる・吟味する**のはじめに，いくつかの文を示すことにしました。彼らがつくり出す関連の根拠となるようにして，豊かな考えを導きだそうとしたのです」。この足場かけによってジョシュ先生は，より多くの子どもが，印象深い関連をつくれるようになったと感じた（表 5.1）。

　ジョシュ先生は，初めて**つなげる・広げる・吟味する**を使ったときにその効果に満足はしたものの，より深い関連に気づかせるためには，深い関連とはどんなものかをはっきり示してやる必要があると思った。約 2 年後，ジョシュ先生は子どもたちと（何人かは先生とともに，ずっと思考ルーチンを使ってきた），どんな関連が深いのかを考える試みを始めた。「このルーチンを何年か使ってきたので，彼らは自分の思考はどのようなものかを，このルーチンを使って評価できるのではないかと考えたのです」とジョシュ先生は言う。「『類人猿ターザン』を教材にして社会ダーウィニズムについて学習する単元で，こみいったことがらについて考えさせるために，ジョシュ先生は 2 種類の模造紙を掲示した。1 つは，「弱いつながりの例」で，もう 1 つは「強いつながりの例（関心を引くもの）」と題されていた。そして，ノートを見直して，それぞれのつながりに該当するものを見つけるように言った。子どもたちが見つけたものを発表すると，ジョシュ先生はそれを該当する模造紙に貼っていった。そして，「弱い関連」と「強い関連」の違いを見つけるようにと問いかけた。関連の強さの基準をみんなでつくらせようとしたのである。みんなでさまざまな特徴について検討することで，その後の学習でつくられる関連が深まるだろうと思ったのである（表 5.2）。

表5.1 高校生のつなげる・広げる・吟味するルーチンによる読書ノート

関連づける対象，思考を拡張するもの，異議や疑問の対象を，教材文から少なくとも4行を選ぶ。	次の文のうちの1つを書き出しに使う。 ・つなげる：この引用は私に次のことを思い出させる。 ・広げる：この引用が，私の思考に次のことを付け加えた。なぜなら…／私はこれまでこう考えてきた。今は，こう考える。 ・吟味する：この引用で，私は〜を疑問に思う。
「もし彼らがプランテーションの労働を拒めば，家を明け渡さなければならない」	これが，インディアン放逐法を思い起こさせた。アメリカの先住民は，同化されるか追放されるかだったのだ。
「銃を持ったアフリカ系アメリカ人は，奴隷制を支持する白人には脅威であった」	この文は，トマス・ジェファーソンの，狼の耳を持つという言葉を思い出す。なぜなら，奴隷制を支持する白人は黒人がこぞって革命を起こすことを恐れたのだ。
「われわれは今やたった1人の主人を持つ。それはイエス・キリストだ。彼はここには来ないし，税をとったり，われわれを撃退したりはしない」	この文からは，ナット・ターナーの自由への教義を思い出す。
「土地を求めるかつての奴隷たちと，銃を持ったアフリカ系アメリカ人の兵士の存在は，とんでもない組み合わせだった」	これが，私の考えに付け加わった。なぜなら，私はアフリカ系アメリカ人が強制的に土地を追われた人たちだと思っていたから。だけど，今は，彼らはされるがままではなかったのだとわかった。
「この土地のニグロは銃を持ち，彼らの目的は，白人を追い出すことだと言った」	これには驚いた。なぜならギブソンはアブナー・レイト（白人の小作人）を雇って，土地購入を助けてもらったから。

　「かつては，何かについて深く考えるように言っても，子どもたちは易きに流れて表面的なことしか言わないと思っていたんです。しかし，それは深めるということがどういうことかを知らないだけかもしれないと考え始めました。それが，よい関連とは何かをはっきりさせることが，私自身にとっても子どもたちにとっても重要だと思った理由です。学習を重ねるにつれて，よりよい関連をつくることができるようになってほしいです」とジョシュ先生は語った。そして今や，このルーチンが，子どもたちの評価の力を育てて，自分の思考に責任を持つことができるようにさせる効果を持つことをはっきり認めるようになったのである。

表5.2 関連の強さについての基準

まあまあの関連の例	強い関連の例（関心を引くもの）
ターザンは，私に『ジャングルジョージ』を思い出させる。なぜなら，どちらも木に登る。 ターザンは『我々と彼ら』を思いださせる。	ターザンについて学習することで，猿人とアフリカ人を区別できるようになった。─それは，『我々と彼ら』の関係みたいだ。─これは『我々と彼ら』の考えを強化する。 ターザンは自分で読むことを学んだのだけど，それはフレデリック・ダグラスを思い出させる。─教育は平等への糧だ─彼はすばらしい人だ。 ターザンは自分を多くの人々と分けて考えた─船乗りやアフリカの種族と。これは，まさに社会ダーウィニズムだ。─弱く貧しいものは生き残れない。しかし，金持ちは生き残る。ターザンは，最もふさわしいものの生き残りの例だ。なぜなら，ターザンは，優性遺伝なのだ。
まあまあの関連とは何か	強い関連とは何か
無味乾燥で，新鮮さがなく，単純で，1つの文しか書いてない─しかも，分析されていない─短絡的で，より一般的である 証拠があまり示されておらず，何が起こっているのかについての手がかりもあまりない─単純で，何もそこから発展しない，思考を推し進めるものはない	深い関連，詳細，トピックから出たアイデア，多様な視点からの検討が含まれている─新しくて，わくわくする情報が含まれている。新しいアイデアがわき出てくる 対象についての気づきを生む。状況をよりよく理解させてくれる。新しいアイデアを生み出させてくれる。違ったアイデアにつながるアイデアを得ることができ，注意を引きつけられ，自分のアイデアが拡張され，想像がかき立てられる。

ルーチン 12 関連・違和感・重要・変化（The 4C's: Connections, Challenge, Concepts, Changes）

文章を読んだあとで
- 関連づけられること：文章と自分の生活や他の学習との間にどのような関連をつけるか。
- 違和感を感じること：その文章のどのような考えや，立場，仮定について，おかしいと思うか。
- 重要だと思うこと：その文章で知った概念や考えで，重要なもの，覚えておくべきものは何か。
- 変わったこと：その文章によって改善しなければならないと思った態度，考え，行動は何か。

すべての学年，すべての教科でいろいろな説明文が教材になる。ところがおうおうにして，それは学習内容の情報源だとしか思われていない。説明文はもちろん豊かな情報源だが，それだけでなく議論を活性化し，思考を深めるものにもなり得る。**関連・違和感・重要・変化**ルーチンは意図的・構造的に，書かれた文章に含まれる情報を理解するための一連の問いを生み出す。

◆◆ 目的 ◆◆

このルーチンは，文章に基づいて，関連づけること，疑問を投げかけること，重要な概念をとらえること，それをどう活用するかを考えることについての話し合いを行う手順である。教材文をこの手順に従って目的的に読むとき，表面的な第一印象から掘り下げて深く考えるように導かれる。本来は説明文を読むためのものだが，少し変えるだけで物語文にも同様に使える。

各ステップでの思考は，そこで期待する考え方に応じてそれぞれ違っている。ここで説明する順番は話し合いを活発にするためのものだが，読書する際には順不同でかまわない。本の内容と子どもの経験を関連づけさせることは，本の内容からイメージを広げて子どもの個人的経験に引きつけることであり，逆に各人がつなげた関連が本に新しい次元を付け加える。違和感を感じないか考えさせることは，批判的な思考を導き，説明文の内容の真偽や正確性を吟味しながら読ま

ければならないということを教える。どれが重要か見分けるためには，ことがらを比較したり順序づけたりして本のテーマやメッセージを明白にすることが必要である。行動やアプローチをどのように改善させられるかを明確にすることによって，子どもたちは情報（の表面的な意味）を越えてその真意を考え，どのようにそれが使えるのかを考える。これには，分析的思考と総合的思考の両方が必要となる。

◆◆ 適切な内容 ◆◆

関連・違和感・重要・変化は，多面性を持ち論議を呼ぶ，複雑な概念を含む文章に対して用いると，最も効果がある。そのような文章は，オピニオンペーパー，新聞記事，科学レポート，学術論文，随筆など，広くいろいろな領域に求めることができる。教科書も使えなくはないが，重要事項が太字で書かれているのに，立場や意見がはっきり示されていない。したがって，議論の的になるようなおもしろみがないことが多い。文章は何度も読み直せるので対象にしやすいが，ビデオや TED talk [5] の演説を聞いたあとなどにも用いることができる。

このステップを念頭に置いて選ぶなら，物語文も，対象となり得る。用語を多少変える方がよいこともある。たとえば，「違和感を感じること」では，登場人物がとった行動のどこに賛成できないかに焦点をあてるようにさせるなどである。「重要だと思うこと」を，主題に関することに絞り込むのも1つのやり方である。「変わったこと」については，話が進むにつれて登場人物がどのように変わっていったのか，それはなぜかに限定してもよい。しかし，「物語を読んで，どんなふうにものの見方が変わったか？」あるいは「どんな教えや教訓を得たか？」と聞くのが適切な物語もある。

◆◆ ステップ ◆◆

1. **設定** 長い文章の場合は事前に抜粋した文章を読ませるか，最初に十分な時間を与える。ルーチンのやり方を理解させたあと，**関連・違和感・重要・変化**は文章について話し合うための枠組みだと言うとよい。そして，全員からはっきり見えるようにそれぞれのステップを箇条書きにしておく。
2. **関連づけられること** 文章を読んだあと，自分の体験や学習経験とつながる部分を抜き出させる。それを読み合ってグループで話し合う。その際，どのよ

---

[5] 著名人のスピーチを配信するサイト。www.ted.com

うに体験や経験とつながると思ったのかを説明する。

3. **違和感を感じること** 文章の中から，なんらかの理由でレッドカードを出すべき考えや見方を見つけさせる。賛成できないと思うことやおかしいと思うこと，あるいは判断の前にもっと情報が必要だと感じることなどである。物語文では，登場人物の行動を対象にしてもよい。該当の箇所を読ませて，それを読んだときにどんな疑念を抱いたかを説明し合う。

4. **重要だと思うこと** 文章にもう一度目を通して，鍵となる概念，テーマ，事項をメモさせる。その文章について読んだことがない人に話すとしたら，何が重要なポイントになるか，何が鍵となる事項かを考えさせる。前のステップまでは文章に基づいて逐語的に考えてきたが，このステップはそうではない。とはいえ，各自の考えの根拠をはっきりさせるために，「どうしてそう言えるの？」と問うのはかまわない。

5. **変わったこと** 文章全体をふり返って，その文章全体が何を伝えようとしているのか考えさせる。文章から，自分の行動やものの見方に関してどんな示唆や激励が得られるだろうか。読み終わった後，一人ひとりにどのような考えや行動の変化が起こったかを明らかにする。物語文では，登場人物に起こった変化とその原因に焦点をあてる。このとき，文章に基づいて考える必要はないが，理由や根拠は示させるようにする。

6. **考えの共有** これまでのステップでは，子どもたちはその都度何を考えたかについて話してきた。しかし，最初に4つすべてのステップについて考えさせる時間をとって，その後それぞれについて順番に話し合うという手順も考えられる。どちらにしても，話し合いの最後に，何が話し合われたかを検討する時間を設けよう。この手順によって，どのように文章の理解が深まったか？　それぞれのステップで話すべきことを見つけるのはむずかしかったか？　びっくりするようなことが話し合いの中で出てきたかについて検討する。

◆◆ 活用とバリエーション ◆◆

ビアリク校1年生の教師，ロス・マークス先生は，5人を対象とした物語文の授業で，初めてこのルーチンを使った。まず，ガイド読み[6]のときに紙を配った。紙は同じ広さの4つの領域に区切られている。ルーチンについて説明し，必要な

●6　視点や指示を与えながら読ませる方法。

ときは用語についてかみくだいて解説した。そしてこの話と何を関連づけたか，話の中で賛成できないことは何か，いちばん重要だと思った部分はどこか，物語を読んで新しく学んだことや重要だと思ったことを書き込ませた。

　ロス先生は，別の機会に青少年読書プログラム（ジュニア・グレートブックス・プログラム[7]）で提供されている『フラージとリュート』というお話について，**関連・違和感・重要・変化**を使ってグループで話し合いをさせた。「経験上知っていることとお話の間にどんなつながりを見つけることができる？　おかしいなとか，賛成できないなと思ったことは何だろう？　お話の中でどこがいちばん重要だと思った？　それはなぜか？　このお話を聞いて，考えが変わったと思うか？」。それぞれの問いについてみんなで考えさせ，ロス先生は発言を模造紙に書いていった。

　イサカ・プロジェクト[8]の月例研修で，ジュリー・ラントフォークト先生は，文献の研究討議にいつも，**関連・違和感・重要・変化**を使ってきた。参加する教師は新しい文献について事前に読んでこのルーチンの準備をしてくる。この研修の時間は短く，輪番であたるファシリテーターは40分の間に4つのステップについて話し合いを進める。その間，書記が記録をとって，後にウィキに議事録を投稿することになっている（この活用法については7章で再度取り上げる）。

◆◆ 評価 ◆◆

　4つのステップに対して子どもが何を選ぶかは，その文章をどれだけ理解しているかということと，書かれているテーマをどれだけ広い視野で見ることができるかということの両方を反映している。個人的な経験としかつなげられないのか，授業で扱っていないこととも関連づけられているのか。見てわかるものだけではなく，掘り下げて見ているだろうか。文章が提示する考えや概念に，どのような疑問が向けられているか。文章に含まれる偏見や過度の一般化を見つけられるだろうか。普遍的なテーマや核となる概念に気づいているだろうか。重要な概念を，そうでないものと区別できているだろうか。考えがどう変わったか説明できるだろうか，そしてその変化の理由を示すことができるだろうか。

---

[7]　グレートブックス基金が行っている学校向け読書推進プログラム。
[8]　メルボルンで行われている授業改善のためのサークル（http://ithakaprojecthistory.pbworks.com）。

◆◆ チップス ◆◆

　このルーチンは４つのステップでできていて，その順序は話し合いにおいては最も効果的である。しかし，文章を読んだりふり返ったりしているときには，この順序である必要はない。初めてこのルーチンを使うときには，上に示した順番に実施するのがよいだろう。しかし，ルーチンを学習したあとは，話し合いに備えて順不同にノートをとらせたりまとめさせるのがよい。文章を読む前にルーチンを示し，読み進めながらそれぞれのステップについて書いていく。あるいは，読み終わったときに，ルーチンに沿って聞いていく方法もある。子どもがルーチンに慣れて，それぞれのステップで何が期待されているかを理解すると，文章について自主的に話し合いを進めるための手順になる。

　関連・違和感・重要・変化を用いると，文章についての話し合いを豊かにできる。一方で，それぞれのステップを単独に用いることもできる。たとえば，読書の時間の終わりに，「この文章の中に，これまでにしたことと関連するものが見つけられるかな？」「この登場人物に何か変化はあったかな？」などと問う。

　このルーチンは，文書に基づいて話し合うこと（子どもたちがそれに慣れていてもいなくても）の訓練に使える。文章に基づいた話し合いは，文章のどこに目をつけたかをはっきり示すことから始める。こうすると，話し合いが横道にそれず，集中してずっと筋道をたどっていける。教師は，どこについて話し合っているかをしっかり意識させる必要がある。そのため，話し合いの前にどの部分について意見を言うのかはっきりさせる時間をとる。そして話し合いでは，まずページと段落番号をはっきり言わせて，他の人がどこに目をやればよいかわかるようにさせる。

実践の概要

　ピアリク校のサロジ・シン先生の５年生のクラスでは，さまざまな問題を取り上げたルイス・サッカーの『穴（原題：Holes）』という小説を読んだ。サロジ先生は５年生の時にこれらの問題について考えるのが重要だと思ったのである。それを念頭に置いて，サロジ先生はこの本をどう紹介して，読み進めさせていくか計画した。彼女は，**関連・違和感・重要・変化**を使うことで，子ども

の理解を深め，考えを発展させられると考えた。「この話にはいろんなことがふんだんに埋め込まれすぎていて，ルーチンを使うのは私の手に余ると思っていたので，これまで何も使いませんでした。でも，**関連・違和感・重要・変化**について読んだとき…最後まで読んでないのに，このルーチンがどこでどんなふうに使えるかと，心の中で考えていました」とサロジ先生はふり返る。

　サロジ先生は，5年生に本の主旨を深く追究させるのに，このルーチンの手順と発問が役立ちそうだと思った。しかし，この本は5年生には長すぎる。そこで，本全体を貫く問題をつかませるために，最初にルーチンを教えてから本を読ませる方がよいと考えた。サロジ先生は，**関連・違和感・重要・変化**は人が本に夢中になっているときに自然に考えることだと言う。彼女は朝刊を題材に，自分がどのように関連を見つけ，違和感を感じ，重要なことがらを示し，文章全体の意味をどう理解して，どのように疑問を持つのかを声に出して話しながらモデルを示していった。そして子どもたちに，本を読みながらそれぞれについて考えて，余白部分にそれをメモするように言った。

　サロジ先生は，話し合いが章を進むにつれてどんどん深まっていくことに気づいた。子どもたちは，世界中にあるアパルトヘイト，偏見，人種差別などの類似の問題に結びつけていった。本の最後のころには，議論は深く洞察に満ちたものになった。サロジ先生の指示がなくても，子どもたちは読んだ文章にいちばんフィットするステップを使って話し合いを始めるようになっていた。彼女は，無口で短くしか答えられない子どもが，自分の見方や考えをはっきり述べるようになるのを見て心打たれた。

　本を読み終える日，サロジ先生は4枚の大きな紙を壁に貼り出した。それぞれの紙の上側には，4つのステップのどれかが書かれていた。サロジ先生は，読書中に考えたことやメモしたことを思い出すように言ったあと，壁に貼った4枚の大きな紙に注意を向けた。「さあ，この本全体について考えて，それがあなたたちにとって何を意味するかを考えてほしいの。鍵となる概念は何？　どんな関連を見つけた？　行動をどんなふうに変えたいと思った？　登場人物の態度や行動にどんな変化があった？」。サロジ先生は付箋紙を渡して，それぞれの問いに対する考えを書き込ませ，それを該当する箇所に貼らせた（表5.3は子どもの意見である）。

　子どもたちが自分のアイデアを貼り終えると，みんなで1つずつ話し合った。それぞれの紙を注意深く見て，どんなアイデアが貼られているか話し合い，共

表5.3 『穴』についての，5年生の関連・違和感・重要・変化ルーチン

関　連	違 和 感
• 家で何かしなかったら怒られるし，いつも私の言うことは聞いてもらえない。スタンリーのように，私はいつもまずい時にまずい場所にいる！ • 『ヒラリー自伝（原題：Reaching the Summit）』という本を読んでいる。エドモンド・ヒラリー卿の話。それは，本当に少ない物資しか持たずにエベレスト登頂に挑む話。スタンリーとゼロも，山に登ったときにはタマネギだけしか食べるものがなかった。 • 本の中で，「だれかを非難するのは簡単さ」って言っている。自分がしたことなのに，僕もきょうだいを非難することがときどきある。 • 文から文へ―『英国情報局秘密組織（原題：Cherbu）』と『穴』。『穴』の中で昔のことについて書くときに，いつも違ったフォントを使っている。『英国情報局秘密組織』といっしょ。 • ペンダンスキーは，ゼロの頭は空っぽだと言った。私も「バカ」って言われる。	• どうしてスタンリーは問題が起こったときにお楽しみキャンプに行こうなんて思ったのだろう？ • みんなゼロは「どうしようもないやつ」と思っているけど，彼はスタンリー以外には本当の姿を見せない。 • グリーンレーク・キャンプの人たちは，どうしてきつい労働で更正ができると思うようになったんだろう。 • 数え切れないぐらい何度も「これはガールスカウトのキャンプじゃない」という言い回しが出てくるのはなぜなんだろう？　女子は劣ってない！

重　要	変　化
• あきらめないでトライし続けよ！　トライ，トライ，トライ。そして成功する。 • 人生が穴にはまったと思ったとき，たった一つできることは登ることだ。 • 友情 • 忍耐 • 自分を信じること • リーダーシップ • 決定 • 援助の手をさしのべる • 勇気 • 何がまわりで起こってるか，起こりそうか。 • 本を表紙だけで見たらだめだ。	• （おそらく少なくなってはいるけど今でも）有色人種に対する偏見はあると，明言している。 • ケイトはかつて素敵な女性だったけど，サムが死んでから完全に変わった。ある種の出来事は，考え方を大きく変えてしまうんだ。 • スニーカーを再利用するなんてスタンリーの父はバカだと思ったけど，本を読み終えたとき，違ったふうに見るようになった。 • スタンリーが空から「降ってきた」靴を拾ってから，みんなが彼を見る目が変わった。彼は逮捕され，グリーンレーク・キャンプに連れて行かれ，酷い目にあった。そんなときでも，彼は起こったことを「ラッキー」と考えた。 • 本の半分の所で，ゼロは白人じゃないってわかったわ。

通する意見を見つけ，そこから大きなアイデアをつくっていった。サロジ先生にとっておもしろかったのは，このルーチンが彼女自身に与えた影響である。「私の思考も広がったわ。たくさん経験を積んだ大人として，私は登場人物や状況を子どもとは違ったふうに見ていたのだけど，彼らの意見を聞くことで確実に考えが深まったり，ゆさぶられたり，広げられたりしたわ」と彼女はふり返った。

ルーチン13 小実験室（The Micro Lab Protocol）

> 問題やトピックについて1人で考えて，そのあとで3人で考える。
> - 共有：グループの最初の人が，決まった時間（通常1～2分）自分の考えを披露する。他のメンバーはコメントしたり割り込んだりせずに，一所懸命に聞く。
> - 20～30秒話さない時間をとって，何を言ったのかを理解する。
> - 2人目，3人目についても同じことをする。毎回無言の時間をとる。
> - グループで（5～10分）話し合う。それまでに出た意見を総括し，相互に関連づける。

小実験室は，ジュリアン・ヴァイスグラス（Julian Weissglass）が，教育平等化全国連合での議論をまとめるために開発した。ここに示したものには，ティナ・バイス（Tina Blythe）の改訂が加わっている。**小実験室**は，参加者全員の声を活かしながら，トピックについて議論するための，単純な手順である。**小実験室**自体は，思考ルーチンではない。つまり，特定の思考をうながすものではないのだが，教師たちはそれを，子どもの思考の可視化に役立つツールで，グループでの会話を方向づける便利な手順だと言う。たしかに，**小実験室**は多くの教室や職員室で，考える文化をつくってきた。

◆◆ 目的 ◆◆

教師はよくグループでの話し合いを期待するが，うまくいく場合もいかない場合もある。しばしば，グループの話し合いは横道にそれたり，1人だけが進めて他は傍観者というようなことが起こる。**小実験室**は全員が等しく参加・貢献するようにつくられている。1人の発表時間は，教師やファシリテーターが決める。これによって，どのグループも道をはずれずに話し合いができる。話してはいけない時間は，発言した人が何を言っていたのか考えさせ，またみんなで集中する

機会となる。3人という人数は，話さない時間が長すぎることなく，最適なやりとりができる人数である。

　全員の考えが発表されると，グループ内での自由な話し合いが行われる。そこでは，出た考えを関連づけたり，疑問を出したり，テーマを確認したり，トピックを深めたりする。このルーチンを常に使うことで，子どもたちは人の話をよく聞くようになり，どのように他者の意見を取り入れて関係づけるかを学ぶ。他の子どもに頼るのではなく，自信と見通しを持って自分の考えを示したり話したりすることも学べる。

◆◆ 適切な内容 ◆◆

　どんな議論でも，内容は重要である。意味のある議論は，意味のある内容から生まれる。違った見方ができると，議論が豊かになる。**小実験室**は，世の中の出来事や政治的な問題について議論して，より広い視野から見るために用いることができる。それまでに学んだことをふり返って共有したり，計画したことを進めたり，どの方法で問題を解決できるか議論したりするのにも使える。自分がどのように学習を進めてきたかをふり返ることもできる。本を読むとき，ものを書くとき，どうすればよりよい成果を出せるだろうか？　自分のどこを伸ばしたいと思っているのだろうか？　どんな場合でも，ただ情報を共有するための議論を越えて，議論から全員が何を学べるか，考える必要がある。

　議論の準備で重要なのは，事前によく考えることである。多くの場合，それは内容について考えること，すなわち子どもが何を「机上に持ち込んでくるか」について考えることである。もしグループのメンバーが何も持っていなければ，議論は生まれない。子どもが何かを持ち込んでくるようにするため，**小実験室**は子どもの思考をうながす他の思考ルーチンと組み合わせて使うことができる。たとえば，校外学習のあと，教師は一人ひとりに**つなげる・広げる・吟味する**や**前の考え，今の考え**などを使って考えを書き出させる。

◆◆ ステップ ◆◆

1. **設定**　話し合いのテーマと，そこから何を導き出してほしいかを提示する。どれだけの時間，考えさせるか決める（通常その間，考えたことを書きとめる）。まとめさせるものの量によるが，通常5～10分程度で十分である。手順，目的，規準を示して，1人の発言にどれだけ時間をあてるか伝える。3人グループを

つくり，話す順番に番号をふる。教師がタイムキーパーをする。
2. **共有する**　話す人の番号を告げて，決まった時間（1～2分の間で時間を決める）考えを発表させる。発表者以外の人は，いっさい話をしてはいけない。他のメンバーは，一所懸命発言を聞いて，その話が役に立つと思ったらノートをとる。できればチャイムやベルを鳴らして時間の終了を告げる。全員を静かにさせる。
3. **静かに考える**　20～30秒間，全員に聞いたことをだまって咀嚼させる。静かにするのが苦手な子どももいるが，何度かやっているうちに，静かに集中することの意味がわかってくる。最初は，聞いたことを心の中でふり返らせるのがよいだろう。
4. **2回目，3回目**　ステップ2と3をくり返し，全メンバーが考えを発表する。もし発表者が時間よりも早く話し終わったら，残りの時間を静かに考えるために使わせるよう注意する。
5. **議論の開始**　あらかじめ決めた時間（通常5～10分），グループで自由に話し合わせる。他のメンバーが言った意見と関係づけることや，わからないことを質問することから始めるように言う。ベルやチャイムを鳴らして時間の終了を告げる。
6. **思考の共有**　全グループで，話した言葉をそのまま思い出して，その問題やトピックについての思考がどううながされたかをふり返る。

◆◆　**活用とバリエーション**　◆◆

　数学では，話し合いはあまりないと思うかもしれない。しかし，メルボルン近郊にあるメントーネ・グラマー校のマニュエラ・バーデン先生とメソジスト女子校のリンダ・シャードロウ先生は，中学校でも高等学校でも，いつも話し合いをさせている。マニュエラ先生は，**小実験室**によって子どもたちが自律的になることを発見した。7年生に幾何学の課題を与えて5分間課題について考え，問題を読んで心に浮かんだことや質問を書かせた。それから1分話して20秒静かに考え，5分話し合いをするという形式で**小実験室**を行った。マニュエラ先生は，子どもたちが，それまでよりも少ない指示で，自信を持って課題をやり遂げることを発見した。

　リンダ・シャードロウ先生は，12年生のクラスで，数学の問題解決をさせて話し合わせる学習に**小実験室**を用いた。リンダ先生は，全員が同じ問題を解くとき

にこの方法を使ってみて，このルーチンは，互いに関係しつつ違った部分もあるような考えを子どもが持ち込んでくるとき，より効果を発揮するのではないかと考えた。そこで，3人グループをつくって，相互に関連する異なる関数問題のセットを与えた。だれがどの問題に取り組むかを決め，**小実験室**の前に10分間問題に取り組んだ。話すときには，子どもは自分がどう解いたか，なぜそのように解いたのか，どこでつまずいたり混乱したりしたのかを説明した。静かに考えるステップは，ノートをとる時間として使われた。リンダ先生はこれによって議論が活発になること，子どもたちが互いの問題についてよりよく理解し，問題と問題をつなげて考えるようになることを発見した。その後，最上級生の女子が「答えを写すだけじゃなくて，何をしたのかについて本当に考えなきゃならなかった。自分がどう考えたのかを他の人に説明する自信なんてなかったけど，それができたの。自信がついたわ」とコメントした。

　授業支援者としてあるいは開発者として，われわれはよく**小実験室**を研修をふり返らせるときに使う。頻繁に使う問いは，「あなたの授業は，子どもたちのアイデアを出させた結果変わってきていますか？」というものである。これによって，教員研修の効果に参加者の目が向いて，次の一手を考えるためにたくさんのことを伝え合い，質問し合い，わからないところをはっきりさせるような話し合いになっていく。

◆◆ 評価 ◆◆

　小実験室は，短時間で実施したとしても，評価の機会でもあり評価を見直す機会でもある。一人ひとりが意見を言い，その後やりとりすることで思考が可視化される一方で，司会をしている教師は，その断片しか聞き取ることができない。そこで，やりとりで何を期待するかをはっきりさせておくのがよい。たとえば，計画を立てること，トピックについての理解が深くなること，重要な考えを生み出すことである。そして，それらを結論として書き出すようにさせる。その例として，アラン・ブライス先生の実践を後述する。

　それでも，グループでのやりとりはできるだけ聞くようにする。1つのグループだけに絞って，そばに立って聞くのもよい。会話がどのように進んで，どこでどのように考えができていくのかつかむことができる。他の子どもの意見をつなげることができているか？　わからないところを質問することができているか？　互いの考えに基づいて，理解を深めることができているか？　自分の考えと違

ところ，同じところの両方を見ることができているか？

◆◆ チップス ◆◆

小実験室は，発問をして，少しの時間考えさせ，話し合うというように使うことができるが，事前に適度な時間を与えて考えたことを書かせることで，全員が参加できるようになる。これはまた，あとで一人ひとりがどう考えたかをふり返るための記録にもなる。ルーチンのやり方について学んでいるときは，話す時間，静かに考える時間，議論の時間を短くし，慣れてきたらその時間を長くする。人が話しているときにはじゃまをしない，静かに考えるときには黙る，というルールを貫いてルーチンを進める。この規範が破られたら，人の話を聞くことや人の意見の上に積み上げることができなくなる。そして何より，沈黙を恐れてはいけない。教師というのは，ずっとだれかが話しているということに慣れていて，めったに沈黙をつくってこなかった。子どもには，沈黙はただ黙っていることが目的ではなく，意見に集中してそれを咀嚼するためだということ，次の発表者の話を耳を新しくして聞く準備をすることだと話すようにする。子どもには，沈黙の時間に何を考えたかを，必ず報告させるようにする。

実践の概要

メルボルン・グラマー校のアラン・ブライス先生らは，8年生の最初の授業ではいつも，歴史，科学，地理を総合して教えるようにしている。9週間かけてアトランティス大陸について学ぶのである。課題は，「サントリニ島はアトランティス大陸だろうか」である。「単元の入り口で，どの教科ともいえないテーマを与え，それからその謎について3つの教科のそれぞれで追究させます。そして，単元のまとめの段階で3つの教科を結びつけて，その発問に答えさせるようにしています」とアラン先生は説明した。

この単元は男子校では常に成功してきたが，アラン先生は「この数年間，問題になってきたことの1つは，どのように教科が関連しているかということだった」と書いていた。教師たちはまた，長期のプロジェクト型の学習に共通する問題と闘っていた。それは，子どもが理解を深めているさまをどのようにし

て，最も効果的に見て取るかということであった。

　アラン先生は，研修で**小実験室**を用いた学習を体験したあと，こうコメントした。「**小実験室**によって，子どもたちは現時点での自分の理解状態を知り，理解しているところとしていないところを切り分ける機会を得る。それはまた，学習の過程での子どもの発言を増やし，考えをグループメンバーと共有して，助け合いながら知識を築き，理解を深めるためのすばらしい手順に思える」。

　アラン先生は，中学生に自律的に話し合わせるという大きな目標を持っているのだが，**小実験室**はこれにぴったりにみえた。「学級での効果的な話し合い（原題：Enabling More Effective Discussion in the Classroom）」(Bliss, 2010, p. 1) という論文で，アラン先生は「この5年間で，子どもの理解をチェックして深めるためには，学級での話し合いがきわめて重要だと思うようになった」と書いている。

　彼は，新しい思考を導き出して新しい見通しを持たせてみたいと思い，2つのクラスを合併して**小実験室**を使うことにした。そして，それぞれのクラスからの2名ずつを合わせて4名のグループをつくった。60人も生徒がいるので，図書館の学習スペースを使った。アラン先生は，まず5分間，「サントリニ島はアトランティス大陸と言えるか？」という問いについて，個別に考えを書かせた。それから意見と根拠を1人1分間発表し，20秒の沈黙の時間をとった。全員が話し終わると，5分間の話し合いを行った。アラン先生は，そのあとさらに5分間とって，この問いについてふり返って考えることを書かせた。

　ルーチンを使うのは初めてで人数も多かったので，アラン先生は，思ったように子どもたちが話し合っているか確かめるために，いつものように机間巡視することができなかった。そこで，会話の中から子どもが何を学んだかをつかむために，意見を学級のウィキに投稿させた（表5.4は，ここからの抜粋である）。これを見て，アラン先生は「ウィキからは，3つの教科で学んだことをうまく使って考えて，それをトピックに適用できていた子どもがいたことがわかる。驚いたのは，自分の考えがこのルーチンの情報交換を通して深まったと書いている子どもがいることだ」と書いている。

　最初に試したとき，アラン先生はこの手順によって，子どもが授業にいつもより積極的に参加するのが好ましいと思った。そこで，2週間ごとにこのルーチンを取り入れて，徐々に書いたり話したりする時間を増やし，教科で学んだ事項をより深く統合させるようにした。

Chapter 5

考えを総合・整理するためのルーチン

表5.4　8年生のウィキでの会話の抜粋

Carter said（at 11:28 am on May 19）たしかにサントリニ島はアトランティス大陸かもしれないけど，それがアトランティス大陸そのものだということにはならない。

Eric said（at 11:30 am on May 19）たしかに，いろんな理由でサントリニ島はアトランティス大陸かもしれない。
- リビアやエジプトに地理的に近い。
- 温水や冷水，雄牛，北半球からは隠れていることなど他のことがある。
- 島が円形なのは大事。
- 火山，津波，地震のすべてが起こった。

これらが，サントリニ島がアトランティス大陸である理由。

Malcom said（at 11:31 am on May 19）サントリニ島はアトランティス大陸か？　そうだ。証拠：
1）ヘラクレスの柱の場所との関係で，正しい位置にある。
2）中央に火山があって，アトランティス大陸があったと思われる時代に噴火している。アトランティス大陸は噴火によって崩壊したという説に合致する。火山はアトランティス大陸には，熱水が湧出していたという説とも合致する。水は自然の泉で熱せられて，必要な場所に引かれていた。
3）その話の出所である，またプラトンの会話にあるゾウが生まれた場所である，エジプトとリビアとの関係で正しい位置にある。
4）アテネに近いということは，アテネ市民とアトランティス市民が戦争をした可能性があるということを支持する。
5）島が円形で，頂上まで傾斜になってて，基盤の岩盤が急に浸食されているということは，その島がもっと大きかったということを意味している。
6）火山のせいで，土壌が栄養を含み，食料をたくさん作ることができ，都市を繁栄させたと思われる。
7）プラトンの会話には，水を通さない泥の層があるとあり，これは火山噴火による火山灰だと思われる。

Chris said（at 11:31 am on May 19）サントリニ島はアトランティス大陸じゃないと思う。どうしてかというと，共通点は円形だということだけだからだ。だけど，それについても，もし舟に乗ってクレタ島の頂上を見ると，円形に見えるでしょう？

Dr. Alan Bliss said（at 2:43 pm on May 19）EricとMalcomのよく考えた書き込みは，根拠を示していてすごいね。だから正しいってわけじゃなくて，意見を述べる方法が論理的ってことだけど。

Deshi said（at 2:06 pm on May 24）Eric，君の言うとおりサントリニ島はリビアとアジアに近い。だけど，この意見について考えるとき，リビアとアジアをサントリニ島の大きさと比べてみたらどうだろう。そこには今は何もないし，たぶんプラトンの時代をのぞいて，リビアやアジアはアトランティス大陸を構成するにはずっと小さかったと思う。

すべてをふり返って，アラン先生はこう言う。「私はこの手順が授業で果たした役割に満足しています。1人ずつ発表するステップで，他の子にじゃまさせないようにするのはたいへんだったのですが，だいたい協力してやっていました。手順の最後の話し合いのようすを見ていると，何か他の仕組みを取り入れる必要があるだろうと思いました。個人の発表の結果として話し合う価値のあることを推薦するとか，そこから生まれてくる問題や質問に焦点をあてるよ

うに強調するとか…」。

　小実験室はアラン先生が授業で使うルーチンの1つにすぎない。「いろいろなルーチンをこの数年使ってきました。時に応じて，子どもたちは説明を聞くのではなく，考え，熟考し，推論するように求められることを受け入れるようになったように見えます。私は，子どもたちがルーチンを，思考に焦点をあてる（いつもそうできるわけではなくても）方法だととらえていると思います。なので，子どもたちが『*小実験室*でやるんですね？』と言うとき，ルーチンを理解につながるきわめて重要なものだととらえていることを意味してると思います」。

ルーチン 14 前の考え，今の考え (I Used to Think..., Now I Think...)

> トピックについての現時点での理解に基づいて，次の「〜」を埋める。
> - 前は「〜」と考えていた。
> - 今は「〜」と考える。

　一般に，単元の終わりには子どもたちにふり返りをさせる。しかし，そのふり返りは，どのような学習活動を行ったかということと，どのように課題に取り組んだかを対象にしがちである。たしかに，うまくいった所や改善点は知りたいが，活動の報告ではなく，その活動の中でどう考えたかに注意を向けたいと思ってつくったのがこのルーチンである。そしてまた，理解するというのは，どんな新しい知識を得たかだけでなく，考えが変わった結果でもあるということにも注意を向けたかった。そして，以前の考えと今の考えを比べるルーチンをつくった。

◆◆ 目的 ◆◆

　このルーチンは，トピックや問題についての考えが，なぜどのように変化したのかをふり返るものである。子どもたちが，新しく学んだことについて考えるとき，新しく理解したこと，新しく持った意見，新しい信念はどれかを明らかにさせるのは有用である。なぜ，どのように考えが変わったのかをはっきり説明することで，推論の力や因果関係を認識する力が育つ。このルーチンは，子どものメタ認知スキルを向上させ，自分の考えを自分ではっきり語る力を向上させる。

◆◆ 適切な内容 ◆◆

　このルーチンは，子どもの最初の考えや意見や信念が，授業や学習経験を経て変化するときにはいつでもどんな教科でも，広く適用できる。新しい情報を得たり，映画を見たり，講演を聞いたり，新しい経験をしたり，クラスで討論をしたり，単元の学習を終えたりするようなときはすべて，このルーチンを使う機会である。たんに新しい知識をどれだけ覚えたかではなく，考えや過程に対してふり返りをしているとき，より深い洞察が起こる。学習経験をまちがってとらえてし

まっていることはないか問い，考えを変えるチャンスをつくってやっているだろうか。

◆◆ ステップ ◆◆

1. **設定** このルーチンの目的は，トピックについての考えをふり返って，学習の結果どれだけ考えが深まったかを明確にすることだと説明する。学習日誌や学級の記録を読み直させたり，学習成果を綴じ込んだポートフォリオを見直させたりするのが役に立つ。

2. **1人でのふり返りをうながす** 子どもたちに，「この学習を始めたとき，そのトピックがいったい何なのかについて，もともと何か考えを持っていたはずだね。少し時間をとって，学習を始めたときにどんな考えを持っていたかを思い出そう。トピックについて，それは何だと考えていたか書いてみよう。次の形式で…『前は〜と考えてたけど』」。子どもたちが何か書いたら，次のようにうながす。「さあ次は，クラスで勉強したり活動したり話し合ったりした結果，トピックについての君たちの考えがどのように変わったかを考えてほしい。君たちが今考えていることについて，次の形式で書いてみよう『今は〜と考える』」。

3. **考えの共有** 考えがどう変わったのか発表させる。子どもの考えをとらえるために，最初のうちは一斉でやって説明させるのがよいだろう。これは，つまずきがちな子どもにとってはモデルになる。子どもたちが考えを説明するのに慣れると，小グループやペアでやらせてから，全体に広げることもできる。

◆◆ 活用とバリエーション ◆◆

ビアリク校の1年生で，ジュン・カミネツカイ先生はコミュニケーションについての単元の最後に，全員で単元のはじめのことを思い出して，コミュニケーションとは何だと思っていたかを話させた。ジュン先生はみんなに見えるように発言をホワイトボードに書いていった。子どもからは，次のような意見が出てきた。ある種のメッセージや道案内だと考えてた／話すという単語を言い換えたもの／電話で話したり絵を見せたりすること／長い単語／いいもので役に立つ。ジュン先生は次に，その考えがどんなふうに変わったのかを説明させた。発言は，次のようなものだった。道に迷ったときに案内掲示板が教えてくれるようなことがコミュニケーション／何がほしいか表情で表すことができる／話せない人はコンピ

ュータを使い，他の人はそれを読むことができる／化石や絵画も人とコミュニケーションできる。

　ニューヨークのヴァンガード高校の文系の教師たちは，最上級学年が卒業試験の準備をするのを支援するためにこのルーチンを用いた。学んだこと全体を通して，どのように自分の考えが成長し，移り変わり，変化したのか，説明させたのである。「民主主義とは何か，どうしてそれが重要か？　自由であるとは何を意味するか，それは本当か？」。子どもたちのふり返りが終わると，民主主義や自由を前は何だと思っていて今はどう考えているかについて，考えが変わった最大のきっかけとなった学習活動について，ポートフォリオをつくらせた。好きだったプロジェクトやよい成績をもらえた課題ではなく，考えについてのポートフォリオをつくったため，教師たちはこの成果物を文系コースの学習で最も重要な成果なのだと考えた。

◆◆ 評価 ◆◆

　このルーチンの答えは決まっていないので，子どもの発言からどのようなことを見取るかには柔軟でなければならない。トピックについて抱いていた最初のイメージからの変化をどう認識しているのか，正確に記録するのは有用だ。これまで教師が気づかなかった誤概念が，明らかになる。子どもの発言は，一人ひとり違う。しかし，子どもの発言をパターン化してみると，どこが授業のポイントだったかがわかる。子どもたちは，変化に焦点をあてて話しているだろうか。新しく獲得したスキルについて，ふり返っているだろうか？　教師が期待したとおりに，重要な概念についての考えが変化した，と話しているだろうか？　教師の予想を越えた重要なアイデアについて，話しているだろうか？　何についてふり返っているか分類すると，トピックについての学習の流れがつかみやすくなる。

◆◆ チップス ◆◆

　このルーチンを使うことによって，学習の結果，本当に思考が育ち，深まり，変動し，変化することに教師が関心を持っているのだというメッセージが伝わる。これは重要である。ときおりこのルーチンについて，かつて持っていた「まちがい」が今どう「正しく」修正されたかについて，話すのだと思われることがある。子どもたちが，自分を内省するのではなく教師を満足させなきゃいけないのだというふうに思ったら，思考についてのふり返りが妥協の産物になってしまう。こ

のルーチンは答えが決まっていないからこそ，教師は一人ひとりに固有な発言を見取りやすくなるのである。子どもが何についてふり返るかに心を開いていることで，たとえ子どもの発言が教師のイメージ通りでなかったとしても，次にどんな指示をしたらいいのか見通せる。

単元に入ったときに，「前は〜と考えてた」というふり返りをさせることは，よい考えにみえる。しかし，誤概念やまちがった前提はおそらく，突き詰めることがなければ明らかにはならない。つまり，このようなふり返りは，新しいことを学んだあとでなければ，うまく起こらないのである。このルーチンで，何を学習してどのように考えが変わったのかという変化を強調しつづけることによって，子どもたちが自分自身の考えに気づきやすくなる。その結果，新しい洞察が生まれたことに気づき，突然「前は〜と考えてたけど，今は〜と考えている」と口に出して言うようなことはめずらしくない。

実践の概要

ニューヨークのヴァンガード高校で，9年生の読み書きワークショップを担当するエリカ・ドイル先生は，この思考ルーチンを使う前の年に，ある子どもが書いた回想録について面談をしたことを思い出した。エリカ先生はこう述べる。「彼女が書いた内容について，少し詳しく聞いてみました。もう少し何か付け加えることはないか，詳しく書けることはないか」と。するとその子はその問いにいらだって，「どうして何を書いたらいいのか言ってくれないの？」と聞き返したという。エリカ先生はこの反応にびっくりした。その子は続けた。「先生は，私に書かせたいことがあるんでしょ。だから，何を書いたらいいのか，言ってよ！」。エリカ先生はそのとき，この子は，学校とは自分の考えをたいせつにしない場所だということを学んできたのだと気づいた。学校は，大人の考えをオウム返しする場所だったのだ。「そんなことは，それまでに考えもしませんでした。その子の率直な発言によって，このゲームに気づくことができたのです」とエリカ先生は語った。「それから，子どもの思考を大事にする学級文化をどのようにつくるか，関心を持つようになりました。読み書きワークショップが思考についてのものになり，私の考えでなく，みんなの考えが検証

され，重視されるものになるにはどうすればよいか，自問し始めました」。

　エリカ先生は，ワークショップに出ている子どもたちの多くが，うまく読めたり書けたりできると思っているわけではないということを知った。「じょうずに読んだり書いたりする能力を持っている子もいますけど，ほとんどの子どもは，できないという固定観念を持っているみたいでした。なので，その心の構えをどのように変えられるか，考えてきました。読み書きがじょうずというのはどういうことかについての彼らの考えを変えるにはどうすればいいのか，考えてきました。自分自身の成長に気づかせる方法を見つけるのが，鍵になるのだと思います。この思考ルーチンに出会ったとき，それによって，卒業までに自分自身の考えがどのように成長したかに注意を向けさせられると思いました」と，エリカ先生は述べた。

　このルーチンを，できる限り答え探しにならないように使うために，エリカ先生は授業の終わりに，読み書きしたものについて前はどう考えていたか，今は何を考えているかを書かせることから始めた。「すぐに，授業の中で読み書きした内容よりも，もっと広いことが書かれていることに気づきました」とエリカ先生は言う。このルーチンを初めて使ったとき，子どもたちは，「この本はおもしろくないと思ってました。どうしてかというと，このジャンルは好きでなかったからです。でも，いまは大好きです」とか「小学校や中学校では本当にだめだったから，学校ではうまくできないと思っていました。だけど，今は卒業できると思います」というようなことが書かれていた。まったく期待はずれだった。しかし，彼女はすぐに，子どもたちが本当に心の中にあることを話しているのだということに気がついた。「最初は，彼らがルーチンをまったく理解していないのだと思いました。それから，子どもたちが自分の学習についてどう見ているかについてのすごい情報なのだと気がつきました。これは，彼らの『野生の』思考なのです。そして，できる学習者とはどんな人かについての彼らの心の構えをゆさぶる出発点だったのです」とエリカ先生は言った。

　エリカ先生は，このルーチンを捨てることなく，むしろより頻繁に使うようになった。「ワークショップで，思考を可視化する定番のやり方にしようと思いました」とエリカ先生は言う。「なので，授業の最後には必ずこのルーチンを使うようにしました。子どもたちには，社会的に，感情的に，学習者として，自分をどう見るのかを自由に語らせることで，彼らに経験させたいなんでも話せる文化をつくることができました」。

エリカ先生は，子どもたちの思考を読書に向けていった。「えっと，今日の**前の考え，今の考え**は，スーザン・コリンズの『ハンガー・ゲーム（原題：The Hunger Games）』よ。この本を読みだしてから，どんなふうに考えが変わったかを考えるようにしてみてね。登場人物のだれかや，筋について，背景について何を考えてきましたか？　たぶん，予想がはずれたこともあったんじゃないかしら。今日はそのようなことを書いてほしいの」。子どもたちは，このルーチンに慣れ，文そのものに注意を向けるよううながされて，次のようなことを書くようになった。

- このゲームの最初のころ，カットニスは話すことができなかったので臆病者だと思っていました。だけど，今は，審判に抗議したので臆病者じゃないと思います。
- カットは臆病者だったので，代わりにプリムに闘わせようとしていたのだと思っていました。だけど，彼女は思慮深かったのだと知りました。なぜなら彼女は自分を犠牲にしたからです。
- かつてはコロッセウムを，英雄的な場所だと思っていました。なぜならグラディエイターのイメージがあったからです。でも今は，ハンガー・ゲームと同じに見えて，怖い場所だと思うようになりました。

　かつて読むことも書くこともできないと言っていた子どもたちは，読み書きがじょうずな人がするのと同じように，エリカ先生や友だちと深い洞察を語り始めた。エリカ先生はとても喜んだ。
　子どもが躊躇なく考えを披露するようになると，エリカ先生は子どもの思考を価値づける必要を感じ始めた。「このルーチンによって引き出した考えを，意図的に利用しようと決めました。それでその後は，『昨日のふり返りでは，みんなの多くが，主人公のカットニス・エヴァディーンについて話しているのに気がつきました。今日は彼女についてもう少し深く話してみましょう』とか『人柄の描写について取り上げていた人が多いけど，シンボルや，象徴化についてどんなことに気づいたか知りたいわ。何に気づきましたか？　あなたの考えはどんなふうに変わってきていますか？』と言うようにしました」とエリカ先生は述べる。このルーチンを，その場限りのふり返りだと思わせるのをエリカ先生は嫌い，次に向かうべきところを示すためこのルーチンを使うことで，

彼らの思考の価値を高めようとした。

　エリカ先生は，学習が進むにつれて考えがどのように深まったかを子ども自身に意識させることで，いろいろな意味で大きな影響を与えられると信じている。エリカ先生は１年間の授業が終わったところで，読み書きの力がどのように成長したかについて，子どものふり返りを集めて分類し，パターン化した（表5.5）。この表からエリカ先生は，子どもを自律的に学習できるよう変える授業の力についての貴重な洞察を得ることができた。

　子どもの考えの一覧は，自分の指導の何が効いたのか，何が足りなくてどう改善すればよいのかを見つけるのに役に立つ。「この思考ルーチンは子どもの頭の中に何があるのかを知るのを助けてくれました。子どもが私に話したことは，それが何であれ，その子どものことなのです。それらはみんな，読み手として，書き手として，そして人間として育てるのを助けるために役立つとてもよい情報なのです」とエリカ先生は言う。「思考を可視化してくれるものは，どんなものでも本当に価値があります」。

表5.5 エリカ・ドイル先生による，自分の読み書きの力の成長と学習者としての成長に関する子どものふり返りの分類

▼自己モニタリング
私は話しながら作業ができると思っていました。しかし今は，好きでない人といっしょに座るべきだと思います。なぜならおしゃべりしすぎるからです。（アンドレア，2010年4月26日）

私は頭がごちゃごちゃしてそれはできないと思っていました。でも今は，できると思います。（ホセ，2010年5月）

▼感情的
私はストレスがないと思っていました。でも今は，そうじゃない。なぜなら家族，生活，恋愛，学校など多くのことが気がかりだからです。いろんなものがストレスです。時間がとられるからです。いつも何かが心にひっかかっていることに気づいて，このことを知りました。（ニコラス，2009年10月26日）

私はガチャガチャした性格だと思っていました。なぜならみんながおまえは悪い奴だ，とんでもない奴だって言うからです。しかし今は，大丈夫だと思います。なぜなら，カトニップ（みんなで読んだハンガー・ゲームの主人公のニックネーム）は現実的で，それが私だからです。（アラビス，2010年3月9日）

▼社会的
私は学校では，だれともうまくいかないと思っていました。というのも，中学校では，だれともほとんどうまくいかなかったからです。だけど今は，高校の多くの人とうまくいくと思います。たくさんの友だちがいるからです。（ディオナ，2010年3月23日）

今日学んだことは，サリムは賢くてよい友だちだということです。私はこのプロジェクトはだめだと思っていました。どうやっていいかわからなかったからです。だけど，今はサリムが助けてくれるので，うまくいっていると思います。（アレクシス，2010年4月22日）

▼学校・学年
私は前の学期は合格できないと思っていました。なぜなら成績が悪かったからです。しかし今は，私の成績は思っていたよりもいいので合格できると思います。（ディオナ，2010年3月22日）

▼書くプロセス・一般
書くことは本当に退屈だと思っていました。多くの時間がかかるし創造的にならなければならないからです。だけど今は，おもしろいと思います。じつは何でも書いていいし，トピックが決められているわけではないので自由に書けるからです。（パメラ，2009年10月26日）

2文でいいと思っていました。ほんとに怠け者で書くのが好きじゃなかったからです。だけど今は，書くことは他の世界に広がるのだから，もっと細かく書くことができると思います。（ルイス T.，2009年10月26日）

書くのは退屈だと思っていました。なぜなら大変だし頭がこんがらがるからです。だけど今は，書くことでたくさんのことを学ぶので，楽しいです。（ジュアン，2010年4月27日）

文法は大したことじゃないと思っていました。なぜなら，これまではいくら書いても先生はチェックしてくれるだけで，本当に文法を教えてくれた人はいなかったからです。だけど今は，文法は本当に重要で，それに則って書かないとだめだと思います。なぜならそれは重要だし，明確に言いたいことを伝えるためには，うまく書かなければならないからです。（チェケシア，2010年5月20日）

書き出しはただ書けばいい文だと思っていました。そして今は，読者を引き込むためのものだと思います。それで読者が読みたくなるかどうかを決めるからです。（ジェシカ，2010年4月20日）

作文は対象をただ要約したものだと思っていました。なぜなら，私はいつも先生が私に話したことを書いていたからです。今は，作文はもっと複雑なものだと思います。なぜなら，文法を理解するのを助けてくれるし，それによい読者になるのも助けてくれるからです。（エスティヴァン，2010年4月27日）

Chapter 6

考えを掘り下げるためのルーチン

ルーチン 15 どうしてそう言えるの？
(What Makes You Say That?)

- 発言，主張，意見に対して
  どうしてそう言えるの？と問う。

　どうしてそう言えるの？ のルーチンは，ホーゼンとヤノウィン（Housen, Yenawine, & Arenas, 1991）によって開発されたビジュアル・シンキング・ストラテジー（VTS: Visual Thinking Strategies）を改訂したものである。VTSでは，子どもは芸術作品を見て，「この絵の中で何が起こってるの？」というような答えが定まっていない質問をされる。子どもがそれに答えると，「絵のどこからそう言えるの？」と問われる。この質問は，少し修正を加えれば，教室内外のすべての状況において利用できる。**どうしてそう言えるの？** は，このやりとりによるルーチンである。

◆◆ 目 的 ◆◆

　どうしてそう言えるの？ は，自分の意見の裏で何を考えていたかを引き出すことによって，思考のよりどころをはっきりさせる。このルーチンは一見単純に見えるが，常時使うことで，根拠をもとに推論する態度を徐々に育てることになる。子どもたちは，根拠を示しながら自分の解釈について話さなければならない。そ

して，互いにトピックや考えについての視点や見方を交換することになる。その結果，話し合いが深くなって，上っ面で答えたりただ意見を言うだけだったりするようなものではなくなる。このルーチンを使うことで，子どもの意見を整理することから，説明のもとになった理由や証拠を検討し，よりもっともな説明に高めていくように学習集団全体を仕向けることに，教師の役割が変わる。こうして，意見の正しさは，見かけの確からしさではなく，その根拠にあるということが浸透していく。

◆◆ 適切な内容 ◆◆

生活の中には，対象をよく見てその人なりの論理を持つことが大事な場面がある。そして，子どもたちはしばしば，何かがどのようにはたらくのか，何かがどのようにしてそうなったのか，どうしてそれがそうなっているのかについて，無意識的な考えを持っている。論理の背景にある考えを可視化するためには，その論理の根拠と推論の流れを明らかにする必要がある。できかけの論理や考えについて深く話し合い，議論し，修正し，刷新するのはまさにこのときである。そして，**どうしてそう言えるの？**は，たとえば芸術作品を鑑賞したり，歴史的遺物を調べたり，詩を吟味したり，科学の実験をして仮説を立てたり，読書をしながら予想をしたり，人種差別や公平性などの概念について調べるときなどに役に立つ。このルーチンはとても柔軟に使えるため，どんな対象にも使われてきた。新しいトピックに入ったときに子どもが最初に持つ考えを知るためにはとくに便利だが，それだけでなく単元全体のどこであっても，じっくり観察し，解釈し，もっともな根拠を背景にして意見を主張させるときにも役に立つ。

考える文化をつくりたいと願う教師たちは，常に子どもの考えを表に出させることが重要だということに気づくようになる。ミシガン州の化学のマイレッサ・レノン先生の教育観も，やはりそのように移り変わってきた。これを究極の目標にしていると，このルーチンがどこで使えるか探さずとも，「どうしてそう言えるの？」という問いが自然に出てくるようになる。少し深くつっこみたい，意見の根拠を話させたいと思うとき，このルーチンが使える。そして何度も使うことで，それがありふれた光景になる。

◆◆ ステップ ◆◆

1. **設定**　他のルーチンと違って，**どうしてそう言えるの？**に特別な準備は不要

で，必要なときにはいつでも用いることができる。子どもが何かについて説明したり解釈したりするとき，自然に使える。主張したり，説明したり，解釈したり，意見を言ったりする場面を意識すればよい。
2．**証拠を示させる**　子どもが意見を発表したり説明したりしたあと，「どうしてそう言えるの？」と問うのが重要である。目的は，最初の考えを表明させ，同時にそれを正しいと主張させることにある。したがって，「そうね，それは何から言えるの？」とか「何を知っているからそう言えるの？」と問うことになる。
3．**考えの共有**　**どうしてそう言えるの？**は，おもに教師と子どもとのやりとりの中で使われる。したがって，子どもの考えを紙に書かせるのは必要なときだけでよく，会話を豊かにするためには，より多くの子どもが考えを発表する機会をつくるだけでよい。

◆◆ 活用とバリエーション ◆◆

われわれが初めて思考を可視化する実践を始めたころ，スウェーデンのレムスハーガ・アカデミーでは，教師たちが**どうしてそう言えるの？**を「魔法の質問」だと言い始めた。というのも，それまでは出てこなかった子どもの考えが，驚くほど表されるからである。彼らは，子どもとのやりとりの中でいつもこの質問をすることで，どんどん考えが可視化されていくことに気づいたのである。「どうしてそう言えるの？」と似た意味になる他の問い方は，「何をもとにしてそう考えるの？」や「何がその考えの根拠になっているかな？」などである。

子どもが考えを発表するときに，この思考ルーチンを他のさまざまなルーチンと組み合わせて用いることができる。アムステルダム国際学校のリサ・フェルケルク先生とデビー・オハラ先生は，**見える・思う・ひっかかる**や**説明ゲーム**とともに，このルーチンを使っている。デビー先生の実践では，幼稚園児を相手にしてもこのルーチンでより深いやりとりが生まれ，それによって子どもが一所懸命になっている。先生たちは，子どもの考えを前に進めるために，子どもとのやりとりで頻繁にこのルーチンを使う。この質問が，子どもの興味を引き出し，考える文化を生み出すのである。

◆◆ 評価 ◆◆

どうしてそう言えるの？が教師と子どもの間だけでなく，パターン化されて子

どもどうしで使われるようになるにつれて、この質問への子どもの答えをよく聞くようにする。出来事を順序通りに説明したり、短く答えられるような質問ではなく、**どうしてそう言えるの？** は、それまでの経験や文脈の中で子どもが見たこと、気づいたこと、思い出したことを証拠にして、推論することをうながす。最終目標は、子どもが説明したり、論理をつくったり、証拠に基づいて推論をしたりする能力や態度を育てることである。ルーチンを使うに従って、子どもの答えが深くなっているかどうかを見よう。正しいと言い張るだけだったり、だれかもそう言っているから正しいというような主張になっていないだろうか。言われなくても、どうしてそう考えるのかを言えているだろうか。子どもどうしで励まし合って、高め合っているだろうか。

◆◆ チップス ◆◆

このルーチンの「どうしてそう言えるの？」という質問は、普遍的である。心からの敬意を持ってこの質問がなされるとき、それは潜在的に、他者に対する興味を示している。この質問は、ゆさぶりやテストではなく、複雑な考えや現象をどのように理解しているかを知りたいのだということを伝える。子どもがどのようにその考えを納得しているのかに教師が興味を持っていないなら、子どもはすぐにそのことに気づいて、答えが短絡的になっていくだろう。したがって、この「どうしてそう言えるの？」という問いは、本気になれる文脈で問われ、答えがみんなの学習の駆動力となるようにするのが重要である。

実践の概要

「思考ルーチンを導入するまでの長い間、自分で質問を考えることに興味を持っていました」と北ミシガン州トラバース市の公立小学校の算数専科、メアリー・ケイ・アーチャー先生は言う。「私はいつも、子どもがどれだけ深く理解しているかを、おもに質問をすることで調べようとしてきました。だから、**どうしてそう言えるの？** は、すぐに気に入りました。簡単な言葉なのに、複雑な意味を持っていたからです」。メアリー先生は、思考ルーチンを使うまでに、幼稚園児を 20 年以上も教えてきた。彼女は**思いつくこと・わからないこと・調**

考えを掘り下げるためのルーチン

べることや**見える・思う・ひっかかる**などの思考ルーチンが幼い子どもに持つ可能性をすぐに見抜いたが，このルーチンは質問や調査がどう学習を導くかについての教師としての関心とうまく響き合った。

「私の教育区での教員研修に参加したときに，このルーチンの効果を初めて経験しました」とメアリー先生は述べた。「その質問がどういうときにされたか正確には思い出せないけど，この単純な質問で，前よりも本当に深く考えて推論するようにうながされたことを覚えています」。この個人的な経験から，メアリー先生は，受け持っている幼い子どもたちの考えや推論を可視化するのに，このルーチンがとてもよいと考えた。「その時は幼稚園で教えていて，それも長く受け持っていたのですが，子どもたちがそれまでにはなかったほど自分の頭の中について話し始めたのを見て，とてもわくわくしました。その後，4年生を受け持つようになってからも，この単純な質問によって，子どもたちが根拠を持って主張するようになるのに驚きました。彼らは，このルーチンにうながされて自分の考えを詳しく説明するようになるんです」。

はじめ，メアリー先生は「どうしてそう言えるの？」という問いに，どこかそぐわないものを感じていた。「私はそれを，授業の中に溶け込ませて，子どもとのやりとりにつなげようと思いました」とメアリー先生はふり返る。「初めてこの質問をしたとき，私はそれで何が起こるか確信はなかったのです。だけど，それによって思考が深まるのを体験すると，これを学級でのやりとりの一部に組み込むことに決めました。そしてすぐ，子どもたちに紹介しました」。

メアリー先生は，子どもたちと多くの豊かな話し合いを体験した。4年生が，とても洗練された形で考えを説明するのにびっくりしうれしくなった。「教室に参観者が来ると，子どもたちの発言に驚くようです。参観者たちは，子どもがそんなに深い話し合いをするのを見たことがない，と言います。このルーチンは，私のクラスの会話を何段階か，本当に引き上げたのです」。メアリー先生はまた，この単純な問いによって，授業がすべての子どもたちに開かれること，とくにそれまでは困難を持っていた子どもたちも参加できるようになることにも気づいた。「子どもたちは，なるべくだれとでも自分の考えを分かち合おうとするのよ。とくに，理科の実験や算数の調べ学習で「どうしてそう言えるの？」と問うときにはね。私の子どもたちは，複雑なことについての自分の考えを，信じられないくらい表現できるんですよ」。

この思考ルーチンが子どもたちに与えた福音について，メアリー先生は，子

どもがグループやペアで互いに「どうしてそう言えるの？」と問い合うほど大きく成長したことだと言う。「私は彼らが自立して責任を持って学習するようになるのを見ました。それは幼い子どもたちにとってはむずかしいことです。私はいつも，どうすればそうできるか考えていました。だけど，子どもたちは「どうしてそう言えるの？」という質問を，お互いにごく自然に使うようになっていきました。まるで，その質問をする力が自然に備わっているみたいで，それに，勉強への好奇心が自然と形になっているみたいでした」。

　メアリー先生は，最初のうちはこのルーチンを使いすぎたと思っていたことを思い出した。「使いすぎたらインパクトは弱まるように見えます。4年生の子どもたちは，まるで穴埋め問題を埋めていくような，うわべだけの答えをするようになってしまいました。それから，この質問をする場面を慎重に選ぶようになりました」。時が経つにつれて，メアリー先生は，自分の教え方や**どうしてそう言えるの？**の使い方がより意図的になったと感じた。「子どもの思考を可視化するということが何を意味するか，わかり始めました。そして，私の出るべき場の決め手が，どんな思考を引き出したいかということを中心とするようになってきました。根拠に基づいた推論をしてほしいとき，**どうしてそう言えるの？**がうまく使えます。そして，それは彼らがどれくらい深い推論が可能かを意識したときなのです。何年も教えてきましたが，今は子どもたち自身に，思考について考える機会を与えることに，本当に一所懸命になっています。私は，思考が可視化されて価値を与えられるような授業をつくろうとしてきました。私はクラスで，子どもがただなぞるように活動をさせるのではなく，考える場面をつくり，考えを互いに伝え合い，それをお互いに認め合う機会を与えたいのです。子どもの思考を可視化する工夫，とくに**どうしてそう言えるの？**は，本当にクラスを1つにしてくれます。とてもパワフルなんです」。

ルーチン 16 視点の輪（Circle of Viewpoints）

> 読んだり見たり聞いたりしたことによって，これまでと違った視点を見つけたり，視点が変わることがある。この変化をはっきりさせる。中心に問題や出来事を記した円の内側に，その視点を書き入れていく。視点を1つ選んで，次に示す項目を出発点として，広げてみる。
> 1. その視点から見ると「○○（出来事や問題）」について，こう考えられる。
> 2. 私は〜と思う［選んだ見方からトピックを説明する。その際，なったつもりになる—その視点を持った役（キャラクター）になりきる］。なぜなら〜だ［推論について説明する］。
> 3. その視点に立ったとき，〜が疑問だ／〜が問題だ。

　円卓に座ったり劇場で車座で座っていると，別の場所に座っている人は文字通り異なる所から見ていることがよくわかる。この状況をモデルとして，**視点の輪**を開発した。それは，子どもにこれから学ぶ問題，出来事，トピックについて，異なる見通しや見方を与えてくれる。それを実現するために，いくつかの項目を準備した。

◆◆ 目的 ◆◆

　このルーチンの目的は，視点を持たせることである。視点を持つ力を身につけるには，異なる視点も存在するということをわかっている必要がある。人はつい自分の視点をパターン化して，別の視点があることを忘れてしまいがちだ。このルーチンは，トピックや出来事，問題についての視点は多数存在することに気づかせる。この手順によって，他の人がどのように考えたり感じたりしているかを意識するようになり，同じことに対しても，異なった考えから異なる行動をとるのだということが強く認識される。このルーチンはまた，視点の1つを取り上げて掘り下げていく。その究極のゴールは，トピックや出来事，問題についてより

広く完全な理解を得ることである。

◆◆ 適切な内容 ◆◆

　このルーチンは，多くの異なる視点から掘り下げられるような題材だと効果が高い。画像や物語や問題やトピックがさまざまな特徴と可能性を持っていると，それらがそのまま多様な視点につながる。逆の場合，単純でありきたりの結果になってしまう。なので，題材を選ぶときには，多様な視点から見ることができるかどうか検討してみるとよい。何を扱うにしても，視点を明確にして掘り下げることが，トピックや問題や出来事を文脈の中に位置づけ，課題を発見させ，理解を深めることにつながるようにしたい。このルーチンに慣れるには，絵画などの画像から入ってみるとよい。というのは，画像にはそもそも視点が設定されていて，どの視点から見たものかを検討できるからである。

　建物やランドマークをいろいろな角度から撮影した一連の写真，複数の画家が対象のまわりに座って描いた静物画，野球の試合でバッター，キャッチャー，野手，観客などの視点から撮ったホームランのYouTubeビデオなどから入ると，このルーチンの意味をとらえやすい。それぞれ異なる視点からの画像を並べて提示し，すべて同じ対象を描いていることをおさえるようにする。スポーツ映像では，多くの素材が見つかる。同じ出来事のスローモーション，異なるアングルから撮った映像など，1つの対象をさまざまな方法で撮ったものだということが明確にわかる。

◆◆ ステップ ◆◆

1．**設定**　題材（画像，物語，問題，出来事，トピック）提示の際は，じっくり見ることができるよう十分な時間を与える。題材をじっくり見るだけでなく，描かれている出来事についてわからないところがあれば質問させる。最後に，このルーチンによって理解を深めたいトピックは何なのかを明示する。模造紙にそのトピックや問題を書く（注：これを口頭での活動にするかどうかを決める必要がある。たんにアイデアを記録するだけにするか，より正式に書く課題にするかである。口頭での話し合いに比べると書くことには多くが要求されるので，年齢が低ければあまり生産的でない）。

2．**視点の設定**　視点のリストをつくる。はじめのうちは人の目を視点にするのがわかりやすいが，人の視点である必要はない。無生物を視点にすることもで

きる。環境の一部，景色の両側に並ぶ木々，空を飛ぶ鳥，足下の草などである。物語や画像の中の登場人物やものでなくても，物語や画像とかかわりがあればその視点を設定してもかまわない。さらに，今そこに見えるものだけでなく，これから起こりそうなことについての考えを含めてもよい。これらをリストアップされたトピックや問題のまわりに書き込む。

3．**視点の決定**　掘り下げたい視点を1つ選ばせる。グループで作業しているなら，1人ずつ違った視点を選んで，トピックや問題にあたってもよい（注：はじめのうちは，教師が1つを選んで，クラス全体でやってもよい）。

4．**「私は〜と思う」を埋める**　子どもにその視点を持った登場人物やものになりきらせて，その視点から見えると思うことを書かせる。その登場人物やものは，その出来事や状況についてどう考えるだろうか？　どんな意見を持つだろうか？　どうしてそう考えるのだろうか？　登場人物やものの考えを想像する時間を与える。想像したことはメモするだけでもよいし文章にしてもよい。ただ頭の中で考えるだけでもよい。

5．**「その視点から見れば〜」を埋める**　子どもに，その登場人物やものがどんな疑問を持つか，何に興味を持つかを想像させて疑問をつくらせる。その登場人物やものが，質問しているように表現させる。時間をとって考えさせ，結果を記録させる。

6．**思考の共有**　小グループでするか，クラス全体でするかを決めて，考えを発表させる。はじめのうちはクラス全体でやることで，互いの視点がモデルになり，また教師がみんなの考えを見取るチャンスにもなる。1人ずつ自分の設定した視点と，その視点に立った考えや疑問を発表させる。話し合いの中で中心となった話題を記録する。とくに，視点の違いについてどんな話し合いになったか記録する。

◆◆ 活用とバリエーション ◆◆

このルーチンは，新しい単元のはじめの活動として，単元のトピックについてどんな登場人物やテーマや疑問が考えられるかをブレインストーミングするときに使える。とくに，子どもたちの視点が固定されてしまっているときや，ものごとが白黒はっきりに見えるときなどに有用である。ビアリク校のエマ・ファーマン先生は，5年生に「ウサギ侵入防止柵●[1]」を見せたあと，モリーとグレイシーとデイジーがおかあさんから引き離された場面について考えるように言った。こ

のクラスは，騎兵隊，モリー，トラックの窓，張りめぐらされた柵，おかあさん，トラックの運転手，グレイシー，おばあさんと，さまざまな視点を見つけることができた。子どもたちは，グループになって，それぞれの異なる視点について話し合い，新しい考えや疑問を持って，状況を重層的にとらえたのである。

人の視点に立つことは，感情移入をうながし理解を深める。スクールキャンプの計画を立てているとき，デビット・リーゼ先生はビアリク校の子どもたちに，キャンプに参加する全校生の視点に立って考えるように言った。これによって，子どもたちはキャンプで起こりそうな複雑な問題について考えることができ，自分の希望や考えがどうしていつも認められるわけではないのかを理解した。

視点を設定したあとには，どのように考えるのかを方向づける手順が続く。それらによって，子どもたちは自分の視点とは異なる視点に立てるようになる。しかし，子どもの状態や学習内容に合うように，問いを変えたり付け足したりしてもかまわない。たとえば，だれとだれが同じ視点で，だれが異なる視点を持っているかというような質問をすることで，視点が広がる。「反対の立場の視点が円の反対側になるように置き直したいと思ったら，どんなふうになるかな。似たものは隣り合わせに置かなければならないとしたら，どうなるかな。自分自身の立場はだれの隣に置くかな」というように。

◆◆ 評価 ◆◆

問題を違った視点から見るというのは，特定の視点に強く固執しているときにはとくにむずかしい。子どもが複数の視点をはっきり区別できているのなら，多様な見方ができてどれもが妥当なのかもしれないということを理解している。このステップは，通常グループで行うのがよい。しかし，ルーチンに慣れて，複数の視点を持つことができるようなら，個別に考えさせてからグループ学習にしてもよい。そうすると，一人ひとりが多様な視点を持つことができるかどうかがわかる。

子どもに視点を設定させたあとは，自分の視点からだけ意見を言っているのか，自分の視点とは異なる考えにも配慮できているのかに注意する。同様に，子どもがステレオタイプの意見や陳腐な見方（たとえば，違う立場の意見を悪魔に憑かれているせいだとするなど）しかできないのかどうかも記録する。加えて，その

●1　2002年に放映されたドラマ。原題はRabbit-Proof Fence。

視点から出された疑問の深さにも注意を払おう。「～は何？」というような単純な事実確認なのか，深く掘り下げた探究的な疑問なのか。その疑問は，広く見通したうえで普遍的なものを明らかにしようとしているか，教科の中核に迫るものか，とくに大事なことを明らかにしようとしているか注意する。表面的な質問なのか，深く掘り下げる質問なのかである。

◆◆ チップス ◆◆

　初めてルーチンを使うときには，出てくる視点はありきたりになりがちである。そこで，たとえば，新聞に載った兵士の行軍の写真を用いて，どんな視点が可能かを考えさせてみる。予想される視点は，兵士自身，見物人，写真家，そして新聞の読者などだろう。モデルとして示してみたい視点には，兵士が歩いている地球がある。地球は何を考えているか，どんな質問をするか。他に，闘いくたびれたブーツや，それまでに行軍した軍隊を目撃してきた近くの木々などがある。このような視点を持つことがほめられることを知ると，多様な視点を持てるようになるのにそれほど時間はかからない。

　そして，より深く考えさせたり掘り下げた質問をさせるためには，表面的なことから深めて「考える」とか「質問する」というのはどういうことかに注意を向けたりモデルを示したりする必要がある。そのような発言が，すぐに出てくることを期待してはいけない。子どもたちはいつも「先生は何を期待しているのか」を探っている。表面的でおもしろおかしい発言が期待されているという印象を与えてしまうと，まさにそのような発言をしてよこす。子どもには，考え続けさせなければならない。複数のクラスを担当しているのであれば，あるクラスの意見を（無記名で）書き出して他のクラスに示し，視点ごとに観察や考えの深さの順に，並べ換えさせてもよい。

　書いた意見を順番に読んで発表させるよりも，１人の子どもの発表に対してクラス全員で一定の理解が得られるまで，同じ視点で考えた他の子どもに付け足しをさせるのがよい。それから，「視点の輪の反対側」の視点から考えた子どもに話させる。すなわち，明確に異なる見方をしている子どもに自分の考えを話させる。次に，それまでの２つの視点の中間の視点から話をさせる。これによって，話す順番を待っているのではなく，積極的に聞いたり情報処理したりすることがうながされる。

実践の概要

　ニッキー・ドレビッチ先生は，ビアリク校の5年生の創造作文セミナーの時間に，貧困について授業をしていた。話し合いは，活発でおもしろいものだったが，ニッキー先生は，子どもたちが本当にはこの問題にのめりこんでいないことが気がかりだった。「『貧困を過去のものに』というフレーズについて，熱心な議論を聞いた後，私は子どもの貧困についての多くの見方が，基本的には常套句であることに気づきました。そして，それはとても興味深く，攻める価値のある点だと思いました」とニッキー先生はコメントしている。

　彼女は，子どもが貧困について何を知っているかを正確に把握し，このトピックについて他者の視点からより広げて見ることをうながすために，**視点の輪**を用いることにした。ニッキー先生は，それを選んだ理由について次のように述べている。「このルーチンを，子どもの貧困についての視点を広げるために選びました…。私は，このルーチンがいろいろな異なる視点に気づかせ，また繊細にかつ謙虚にこのトピックに向き合うことをうながすと感じました」。このルーチンをそれまでに使った子どもはいなかったが，何かの視点を選ぶという考えには，関心を示した。

　この学習のきっかけに，ニッキー先生はモンゴル人の家族の写真を選んだ。彼らは，明るい青色のつぶれかかった古いジープのフロントシートにぎゅうぎゅうに乗っていた。ジープは，素人が組み立てたように見えた。屋根には，家財道具が危なっかしく積まれていて，毛布が掛けられて，一部窓が覆われていた。7人家族全員が，真っ黒な髪をして，写真に写っていた。何人かは，ほとんど顔をフロントガラスにくっつけんばかりであった。シャツを着ていない男（おそらく父親）が運転手である。赤いシャツを着て，写真の真ん中に写っている女の子は，うしろに座っている女性（母親？）にほほえみかけている。その女性は，格子柄のシャツを着て，にこっと笑っている。その車は，木も建物もない平らな風景の荒野にある。短い草のかたまりだけが，写真の隅っこにあるだけだ。背景は，暗くなりつつある空で，紫がかったピンクの色が覆おうとしていた。この写真を見ても，悲しくなったり意気消沈するようなことはない。一定の困難な状況は見て取れたものの，貧困についてのステレオタイプを感じるようなものではなかった。ニッキー先生は，子どもに偏見を与えたくなかっ

たので，自分の考えを子どもには伝えなかった。子どもたちは，何かの視点に立つ前に，まずは見て気づくことをあげていった。それから，ニッキー先生は，写真の中のだれかあるいは何かの視点を選んで，その視点から各ステップの問いに答えさせていった。

　ある子どもが，母親の視点から，次のように書いた。「おぉ，主人はとってもいいわ。みんな怖がっているのに，子どもたちを静かにさせてくれて。お腹の中には何も入ってないので，子どもたちはヒルみたいだわ。燃料が切れたらどうしましょう。なんとか夜までもてばいいけど。それまでに，小さな村にでもつければいいわ。十分食べ物があったらいいのに。みんなを食べさせなきゃならないし，みんながお腹を減らして苦しんでるのを見たくはないわ。だれかが飢えるとしたら，それが子どもたちじゃないことを願うわ。嫌だわ，敵が追いついてきたわ。子どもたちにふり返らないようにさせなきゃ。主人がアクセルを踏み込んでるわ。顔を見たら，だめってわかるわ」。これに，「もしガソリンがなくなったら，どうしたらいいの？」という短い質問がつけられた。

　他の何人かの子どもたちは，車，屋根の上の毛布，道，タイヤなど，無生物の視点を選んだ。おそらくその子らにとって，その視点は創造的で，書きやすい感じがしたのだと思われる。

　車の視点から書いた子どもは，「私は，ポンコツの車。ボンネットは常にがたがた鳴っているし，タイヤは今にもはずれそう。どうして，ああ，どうして7人もの人が乗ってるの？　もうすぐ燃料が切れそう。悪路はずっと続いているし，給油所はこの先210マイルもないし。ライトは切れるし，ハンドルもきかない。さらに悪いことに，屋根には20kgものテントや敷物を乗っけられてるし。中は暑くて押しくら饅頭みたい。だけど，もう夕方遅くて外は涼しいんだ。タイヤはもう絶体絶命で，修理が必要」。この視点については，「私，大丈夫？」という短い疑問がつけられていた。

　子どもたちは，自分が選んだ視点に一所懸命に取り組んだ。彼らは，新しい視点から見ることに真剣になった。ニッキー先生は，彼らの文が，「思う」についてはよく書いているが，「疑問」についてはあまり書いていないと感じた。子どもたちは，熱心に書いたものを読み合った。そして，新しい疑問が出され，話し合いが広がっていった。このルーチンで，貧困について，好奇の目で見るのではなく，日常の生活から離れて，従来とは異なる新しいつながりに気づくことが可能になったのである。

ルーチン 17 なりきり (Step Inside)

出来事や状況に関係している人やものについて考える。そのために，自分自身を出来事や状況の中に置いてみて，その視点から見る。次のような質問について検討する。

- その人やものは，何を見ることができるか，何を見ようとしているか，何に気づくことができるか？
- その人やものは，何を知り，何を理解し，何を真実だと思ったり信じたりしそうか？
- その人やものは，何が気になりそうか？
- その人やものは，どんなことに疑念や疑問を持ちそうか？

登場人物や歴史的人物の気持ちになる，あるいは一体化するというのは，教師が長く用いてきた方法である。人物や出来事についての理解や評価を深めるために用いることもあるし，もっと手軽に用いることもある。このルーチンは，人の気持ちになる方法に少し味付けをしたもので，子どもの思考を構造化し，理解を深めることが期待できる。

◆◆ 目的 ◆◆

子どもはたいてい幼いころから，ロールプレイングゲームでだれか他の人の役になって遊ぶ。**視点の輪**と同じく，このルーチンも特定の視点に立って考える。しかしこのルーチンでは，思考をより高いレベルに持っていって，より深く感情移入させる。その人やものになりきって，対象となる人やものが何を見ているか，何を理解しているか，何を信じているか，何を気にかけ，何を疑問に思うかを想像させるのである。**視点の輪**よりも思考を深めたいと思ったとき，**なりきり**は有効な手段の1つとなる。

◆◆ 適切な内容 ◆◆

他の人の視点に気づいて感情移入することをうながすには，よい題材を与えることが重要である。多様な視点に立つことができ，感情的な反応を呼び起こし，

何か矛盾や疑問を生むような題材がよい。そのような題材を用いることで，違った状況に身を置いたときの考えを表し，その根拠を示したり，論理的に説明したりすることができる。子どもにさせたいのは，なりきって空想することではなく，根拠に基づいて，自分とは違った視点から見させることである。だからこのルーチンではまず，だれかのもしくは何かの視点に気づいてその視点に立ってものごとを見ることから始める。その観察を基礎として，立場，意見，アイデアなどを出していく。

なりきりが使えるのは，芸術作品に描かれている出来事，ニュースで報道される社会問題，クラスで読んだ物語や小説，新聞の写真，提案されている政策などである。まずその状況で，可能な限りの視点を出してみる。その視点は生物の視点でなくてもよい。このとき，**視点の輪**が使える。しかし，場合によっては特定の視点を子どもに与えて考えさせてもかまわない。

◆◆ ステップ ◆◆

1. **設定** 画像，映像，音，物語，問題，疑問などを示したあと，子どもたちに時間を与えて，そこにどんな登場人物やもの（生物，無生物を問わず）が存在するか考え，どれになりきるかを選ばせる（注：**視点の輪**をこのステップの一部に用いてもよい）。また，その方が適切だと思えば，視点を教師が与える。このルーチンをクラス全体でやるか，グループでやるか，あるいは個人でやるかを決める。初めてのときにはクラス全体でやるのがよい。

2. **その人やものは，何を見ることができそうか，何を見ようとしていそうか，何に気づくことができそうか？** 子どもに選んだ人やものになりきらせて，今何が見えているか，何を見ようとしているか，何に気づくか，可能なものを書かせる。一人ひとりに書き出させてもよいし，教師が発言を板書してもよい。

3. **その人やものは，何を知り，何を理解し，何を真実だと思ったり信じたりしそうか？** 子どもが選んだ視点からこの問いに答えさせる。そして，その答えのリストをつくる。ストレッチと同じで，はじめからうまくできるわけではないが，じきに子どもは新しい視点に浸って，そこから新しく見える知識や信念について書いたり話したりできるようになる。もしクラス全体でやっているなら，子どもの発言に「どうしてそう言えるの？」とつっこんでもよい。子どもの発言の根拠を求めることになる。

4. **その人やものは，何が気になりそうか？** 選んだ視点からこの問いに答えさ

せる。そして，出た考えを記録する。気にしそうなことだけでなく，どうしてそれを気にしそうかについても話すよううながす。

5．**その人やものは，どんなことに疑念や疑問を持つのだろうか？** 選んだ視点からこの問いに答えさせる。出た考えを記録する。ここでも，どうしてそう考えるか，根拠は何かを述べさせる。

6．**思考の共有** クラス全体で取り組んでいるなら，みんなの考えはずっと見えていて，すべての発言が板書されている。その板書を見て，どのような人物やもののイメージが浮かび上がってきたかを問う。個別に取り組ませているなら，次のようなグループを組むのがいい。1つは，グループの成員がみんな違う視点を持っているような組み方である。あるいは，同じ視点について考えている子どもどうしを組み合わせて，なりきったときに感じたことを比較させる。さらに違う方法もある。異なる視点を選んだ子ども何人かに発表させて，それをもとにして，問題やジレンマをクラス全員で話し合うやり方である。

◆◆ 活用とバリエーション ◆◆

ビアリク校の4年生担当サロジ・シン先生は，学級内や学級の外での友情，いじめ，対人受容についての問題を減らすために，年度のはじめにこのルーチンを使ってみた。サロジ先生は，違いを認める主旨のいくつかの本や詩を読んだ。詩の1つは，噂話の影響をテーマにしたもので，詩に出てくるデービッドが，つい発した冗談が発端となって，入ったばかりの学校をすぐに去らなければならないときの悲しみを綴っている。子どもたちは，デービッドになりきって彼の苦しみについて考えた。コメントには「僕は悲しい，みんなが僕のなまりを笑う，無視されている」とあった。また「みんな何を考えているか知りたい，友だちがほしい，人に受け入れられたい」と書かれていたものもあった。サロジ先生も子どもたちも，このような状況でこのルーチンを使うと，後ろ向き前向き両方の意見が出てくることに気がついた。

ミシガン州フランケンムースのリスト小学校4年生担当ジャン・ジンバ先生は，電気の単元で**なりきり**を用いた。彼女は子どもに，電灯やドアベルなどさまざまな回路について調べてわかったことについて，考えるように言った。それから子どもたちは，電線，電子，電球のフィラメントなどの回路の要素を1つ選んで**なりきり**に取り組んだ。各ステップの問いの答えを書いたあと，自分がどの要素の視点に立ったかを隠して意見を読み上げ，視点を当てるゲームをした。

高校でも使っている。ビアリク校の英語教師，シャロン・ベレンホルツ先生は，子どもたちが主人公にばかり目が行くことに気づいた。シャロン先生は，このルーチンを手順どおりに使って，見過ごされがちな脇役になりきらせることによって，読みが深くなり，多様な視点を理解し，複雑で読み応えのある物語をより深く味わわせることができた。このことは，ビアリク校の小学校教師，バーバラ・ジャフェ先生も気がついた。芸術作品に**なりきり**を使うことで，新しい考えを得ることができるのである。バーバラ先生は，適切だと思うときには，子どもたちに建物，芸術家，描かれた人々，絵の一部の無生物になりきらせた。そして，「一人ひとりの目」によって語られるさまざまなストーリーを比較する，刺激的な話し合いが生まれた。

◆◆ 評価 ◆◆

子どもの発言が，たんに見えるものだけを取り上げて，何かはっきりわかることやありきたりのことだけしか言っていないのか（最初はそれでいいのだが），起こっていると思われることについての推論や仮説を話しているのかを見る。だれかが感じたり気にかけたりする複雑な思いに気づいているのだろうか。自分の立場，感情，疑問から抜け出せないままなのだろうか。子どもたちの意見は，根拠や理由に基づいて推論したうえのものだろうか。その視点から見たときに，なるほどと言えるようなことを言っているだろうか。

後述するシャローン・ブラム先生の絵の実践のように，まず何かになりきらせてから，それを詳しく創作文に書くような使い方もある。そのような場合は，ルーチンが終わった時点だけでなく，創作文の起点にできているかどうかを見るようにする。ルーチンで生み出したアイデアを用いて，登場人物をどれだけ豊かにみずみずしく書けているかを見るのである。

◆◆ チップス ◆◆

いつこのルーチンを使うかはよく考えたい。2，3，4番目の問いでは「〜そうか？」という問いかけの言葉を使うようにしよう。「その人やものは，何を不思議に思っているか？」と問うのではなく，「その人やものは何を不思議に思っていそうか？」と問うことによって，1つの決まった答えを見つけるのではなく，可能性のあるものをいろいろ出すことが大事なのだということを暗に伝えることになる。われわれは，川やイヌやはたまた歴史的遺物が，本当は何を考え，どう

感じ，何を不思議に思い，何に悩んでいるのかを正確に知ることなどできないが，この可能性を開く問いは，広く考え，仮説を立て，可能性をさぐることに道を開くのである。

このルーチンを大胆に使ってみよう。すると，とても創造的で洞察に満ちた考えが生まれるかもしれない。子どもが思いもしなかった視点に立たせてみよう。5歳の子どもたちに，お誕生祝いをしている部屋のカーテンになりきらせることで，その場の出来事について深く考えたり念入りに見たりしたことを話すようになった事例がある。また教師たちが，イランの兵士が写った新聞の写真についての話し合いで，兵士の靴やライフルの握りなどそれぞれまったく異なる視点から検討した事例もある。さらに子どもたちが，国や市，自分の教室になりきるという授業の事例がある。

子どもが幼いと，人の視点に立つのはむずかしいと思うかもしれないが，ロールプレイングゲームやファンタジーはむしろ彼らの世界である。人の視点に立つことは，さまざまな機会を通じて育成されるべきスキルである。ビアリク校の2年生担当エマ・ファーマン先生がとる方法は，視点を変えさせるために靴を1つずつ持たせてそれになりきらせることであった。これはとても効果的で，新しいことが好きな子どもたちに人気のある方法である。なりきるプロセスはすぐに理解され，そうなるともう靴を持って話す必要もなくなる。

このルーチンがただのおもしろおかしい活動になるのを避けるために，子どもに何を学ばせたいのかを考えるとよい。問題や課題の複雑さについて学んでほしいのか。特定の登場人物についてよりよく理解してほしいのか，対象を深く理解した作文が徐々に書けるようになってほしいのか。

実践の概要

ビアリク校の7年生は，古代エジプトの歴史を学んでいた。シャローン・ブラム先生は，子どもがエジプト時代のナイル川の価値を完全には理解していないと思っていた。シャローン先生は**なりきり**を使って，ナイル川がエジプト時代の生活に果たした役割についての知識やイメージを膨らませようと考えた。10代の子どもにとって過去に関心を持つのはむずかしいことをふまえ，感情

的なつながりをつくることで，宗教と農業の両面からナイルの重要性をより深く理解させられると考えたのである。

　ナイル川に親近感を持たせて歴史の一コマを理解させるために，シャローン先生はまず，情景を想像させることから始めた。彼女は，子どもに目をつむらせて，古代エジプトの祈禱師がナイルをほめ称える詩をドラマチックに読んだ。それから，ナイル川になりきらせて，エジプトの真ん中を流れながら，川の高さを測る農夫を見たり，沐浴する子どもを見たりしているところを想像させた。そして，他に何が見えるか，何が起こるかをイメージするようにうながし，それらが目に浮かぶまで静かに待った。そうして子どもたちは，考えることにすっかり夢中になっていったのである。

　シャローン先生は目を開けるように言い，一人ひとり見たこと感じたことを思い出して，紙に書くように言った。これをうながすために，シャローン先生は**なりきり**の発問を使った。ナイル川になりきったら何が目の前に見えるでしょう？　何を知っているでしょう？　何を信じているでしょう？　何がわかっているでしょう？　何を気に病んでいるでしょう？　何を不思議だと思っているでしょう？　子どもたちは，この問いに答える形で，考えや思いつきを記録し，リストをつくったり文章にしたりした。

　みんなの考えが出そろうと，シャローン先生はそのリストを使って，ナイルの詩や散文をつくらせた。ある子どもの詩は次のようなものだ。

私はナイル
ジャマイマ
動物を連れた農夫が見える
男の子が友だちと私の土手で遊んでいる
女が服を洗濯している
太陽が降り注ぐ　私はみんなを助けている
だから，私は流れ続ける
私は男の子や農夫や女の前を流れる
そして，いまはひとりぼっち　孤独で静かだ
でもすぐに，老人が私の水を飲む
彼を助けた歓びが満ちて思わず口元が緩む
私は岩や木の根っこで水しぶきを上げ，動物は水を飲み泳ぐ

> はるか遠くに，赤い大地が見える
> 広くて乾いた大地だ
> 私はうれしい 人々に人々が欲するものを与えるのが

別の子どもは，次のような散文を書いた

ナイル川になりきって…
デビニア

　ナイル川の私は，常にエジプトを流れている。まるで渦巻きのように，私を止めるものはない。流れる私に，女性や子どもがあいさつし，私で洗濯し，私から水を汲む。動物が水浴びする。ボートが浮かぶ。泳ぐ者もいる。農場，人々，動物，植物が，私を頼って生きている。人は釣りをし，草木に囲まれる。遠くには，赤い大地が見える。食べ物になる植物が育つのは私のおかげ。武器を持った人が水を争って闘う。人が生きているのは私のおかげ。子どもが土手の上で遊ぶ。

　私は生命の源。力がみなぎる。私は分け隔てはしない。だからみんなが私を使う。私は重力の中心。私は豊かな水とミネラルを届ける。草木が枯れそうなときもある。そんなとき，人々が少しずつ水を汲んで運んでいく。…彼らは私の友だちだ。自分の無力さに落ち込むこともある。それでも，赤い大地を救いたい。日照りの続く大地だ。崇拝しているというのに人は私を汚す。私は何なのだろう。

　私は，人と環境を助けている。救う力がある。でも，争いのもとになると思うこともある，人は水を争って闘うのだ。私のために人が犠牲になり，私も犠牲を払う。私はかけがえのないものだ。誇りと幸せを感じる。

シャローン先生は，創作文の質の高さと詳しさに驚いてこう記している。「前にも，だれかや何かになりきるように言ったことがありますが，この詩や散文のように詳しくは書けなかったのです。このルーチンの手順に従って情報を分析的に見るということは，建物の全体の形だけではなく，一つひとつの煉瓦を詳細に見るようなものなのです。煉瓦を手にとって見てみなければわからないようなことが出てきます。全体の形でしか建物を見なかったときに見過ごしてしまうようなものが，なりきることで目に入るのです」。

また，この詩や散文を生み出したときの子どもの学習のようすについても，「このルーチンによって，細部や複雑さに注意を払うようにさせることができ，また時間をかけることで，思いつきの答えを出すのではなくいつもは気づかないようなことに気づかせることができます。もし，ただナイルになるようにだけ言っていたら，常套句が出てきてそれで終わったでしょう。何でも話せる雰囲気ができて，静かに考えが流れ出し，それを文章にしていったのです」と述べている。

ルーチン 18　赤信号・黄信号（Red Light, Yellow Light）

何かを読んだり，見たり，聞いたりして，次の問いに答える。
- 赤信号は何か？　すなわち，読者や聴衆や観察者として，本当かどうか正確かどうかが気になって，立ち止まらなければならないことはないか？
- 黄信号は何か？　すなわち，本当かどうか，正確かどうかが気になって，少しゆっくり見直したり，時間をおいたり，疑問を考えたりしなければならないところはないか？

　考えようとする気質を育てる研究によって，うまくいかない理由がわかってきた。それは，いかに適用場所に気づくかという問題である。思考スキルを持っている人でも，それを適用する場所がわからなければ使えない。このことから，デビッド・パーキンスは**赤信号・黄信号**を開発した。これは，おかしいと思ったり疑問を持ったりする場所に気づくためのルーチンである。その場所を指摘させることで，子どもは批判精神のアンテナを張って，積極的に聞いたり読んだりすることができるようになる。信号のたとえを使って，青信号のときには進み続け，黄信号のときには速度を落とし，赤信号のときには立ち止まるようにさせる。

◆◆　目的　◆◆

　赤信号・黄信号は，真偽を気にしなければならないのはどんなときか意識させる。過度の一般化，見え見えの利己主義，単純化しすぎの結論，潜在的な偏見，隠れた動機などはもっともらしく見えたり，そもそも目には見えなかったりする。トピックについて深く理解するためには，隠れている虚偽に気づいて，それをそのままにせずに否定し，排除することを学ばなければならない。**赤信号・黄信号**は，主張，アイデア，結論，一般化などに対して真偽を問う姿勢を育てる目的で，さまざまに用いられる。

◆◆　適切な内容　◆◆

　赤信号・黄信号に最適なのは，特定の立場から主張されたり，結論づけられた

り，一般化されたりした材料である。雑誌の論説文，真相が明かされていないミステリー，証明されていない数学の問題などが向いている。学校の外にも，このルーチンを使えるものがある。危険な行動，遊び場の取り合い，修学旅行の資金を調達するための提案などである。

　*赤信号・黄信号*を内面化するためには，さまざまな赤信号や黄信号がわかるように，十分大きな問題，課題，軋轢，論争を選ぶようにする。とるにたりないことだと，真偽についての豊かな議論が起きないだろう。また，赤信号や黄信号を感じたとしても，1つの情報源しかなかったり，「この新聞はいつも偏見に満ちているからいっさいを信じない」というようなグローバル・アトリビューション[2]につながったりすると，話し合いは不毛で，さまざまな情報源を比較したり，根拠を探したりして*赤信号・黄信号*を使うような場面はつくれない。本の一部について議論したり，数日間続けて報道を賑わす記事を追跡することで，いつも真偽を問い続ける気持ちを持たせることができる。

◆◆ ステップ ◆◆

1. **設定**　扱う対象について簡単に説明する。読むときに先入観を与えない。場合によっては，情報源を明かさない方がよい。対象に示されている考えや問題や知見を掘り下げるように言う。
2. **赤信号・黄信号を見つける**　一人ひとりあるいはペアや小グループで，真偽を検討した方がよい部分を探させる。信号のたとえを使って，赤信号は止まれ，黄信号は要注意，その他は青信号だと確認する。子どもに，赤マーカー，黄マーカーを持たせるのもよい。
3. **子どもの観察や根拠を集める**　赤信号・黄信号のマークをつけた箇所のリストをグループでつくらせる。多数が赤信号や黄信号を灯した範囲を，書きとめる。どうしてその箇所や範囲を赤信号や黄信号としたのか，根拠や理由を尋ねる。それも書きとめさせる。
4. **思考の共有**　赤信号・黄信号の確認が終わったら，それを掲示してみんなで見てみる。「本当かどうか疑わしいと思った箇所にはどんな特徴があるかな？注意して見なければならない範囲とはどのようなものかな？」と尋ね，考えと理由を共有させる。

---

[2]　グローバル・アトリビューションとは帰属理論の用語で，ある特定のことに否定的であることによって，同じ領域すべてに否定的になるように一般化されること。

◆◆ 活用とバリエーション ◆◆

ミシガン州トラバース市の教員研修集会で，マーク・チャーチはいつも**赤信号・黄信号**を使う。教師が自分のクラスでの学習活動や成果，研鑽のために読んだ本の感想などを紹介し合う場面で，それにただ賛成したり反対したりするのではなく，そこから豊かな話し合いをつくり出すために，**赤信号・黄信号**を使うのである。「赤信号や黄信号を指摘する機会をつくることによって，互いの報告を真剣に聞いて，互いの考えをもとにして深く考えるようになりますね。それまでは，どこかおかしいと思ったとしても，じっと黙っていたんだね」とマークは言う。「話がかみ合わなくなってにっちもさっちもいかなくなるとき，このルーチンを使うとむずかしい考えを気軽に確かめればいいというような感じが生まれるんだ。このルーチンは，むずかしい判断をせかすようなものではなく，注目しなければならない所はどこかをはっきりさせるためにあるんだ」。

他に仕事で**赤信号・黄信号**を使えるのは，実行計画を話し合うようなときである。校長や主任などが，計画や提案をステークホルダー●3に説明するときにこのルーチンを活用してきた事例がある。説明相手に赤信号・黄信号を考えてもらうことは，どのような提案にも検討すべき点があるものだというメッセージを伝えることになる。総じて，問題となる箇所をあげていくことで，いらいらしないでそれに正面から取り組むことができるようになる。

ビアリク校の6年生担当，トニー・ケーベル先生は，**赤信号・黄信号**が，読解がどれくらいうまくできているかを子どもに自覚させるのに役に立つと考えた。1人で文章を読むときに，どんな理由にせよ，ゆっくり読まないとわからないところや，立ち止まって考えなければならないところはどこかを見つけるように言った。次の日，子どもたちは文章についての自分の赤信号や黄信号を紹介し合い，ゆっくり読まないとわからない理由，立ち止まって考えなければならなかった理由について述べた。そして，列挙された赤信号や黄信号に対して，みんなでどのように理解すればよいのか話し合ったのである。

◆◆ 評価 ◆◆

表面的な考えの奥を知る**赤信号・黄信号**では，見取るべきことがいくつかある。読んだり，聞いたり，見たり，経験したりしたことの中に隠れている問題点を見

●3　保護者，地域住民，生徒代表など意思決定権を持つ人々のこと。

つける力を，子どもはどれくらい持っているかを見る。子どもがつけた赤信号や黄信号について，その理由をよく見る。子どもたちが情報を批判的に読み解く力をつけているかどうかを見極める目を磨くのは重要である。子どもがクラスの話し合いでどのようなことを主張したかを記録しておくことも重要である。子どもたちは自分たちの主張や考え，つくり出した説や法則を，**赤信号・黄信号**によって点検し，過度の一般化や論のほころびを避けようとしているだろうか？

◆◆ チップス ◆◆

　赤信号・黄信号を始めると，「全部赤信号！」「全部黄信号！」と決めつける心の構えに陥りやすい。こうなると，豊かな議論は望めない。子どもは，ものごとを白か黒かの二値的な見方しかしなくなる。最初に見た情報が赤信号だったとき，それに続く情報もすべて怪しいと思ってしまいがちである。こうなると，教師は赤信号や黄信号を1か所だけにつけ直させて，そこから話し合いを再開させる必要がある。そうすることで，「1か0か」に短絡するのではなく，さまざまな意味での真偽やその複雑性について掘り下げることにつながっていく。

　情報に対して，意識にのぼらない青信号の存在を意識させるのも有用である。主張が絶対確実なのはどこかを指摘させることは，主張が疑わしい理由を考えさせるのと同じく効果的である。このルーチンを使うにつれて，多くの教師が子どもといっしょに赤信号と黄信号を追究する方法がわかるようになる。とくに，トピックが複雑でさまざまな領域が含まれるようなものの場合についてはなおさらである。赤信号と黄信号を書き出して共有することで，子どもは**赤信号・黄信号**が他とつながりのない活動なのではなく，新しい状況で役に立つ考え方の1つだと思うようになる。このルーチンを継続的に使うことで，正しいものとして提示された考えについて，注意深く確かめる必要があるという心の構えを持つことになる。

実践の概要

　ミシガン州トラバース市，ロングレーク小学校の5年生の教師，タミー・ランツ先生は，何年も思考ルーチンを使ってきた。彼女が初めて思考ルーチンを

使ったときは，他の授業と関係づけず，単独の活動にした。「子どもたちがどのように考えるのかを知るためには，その経験が必要だったのだと，今は思います。子どもたちが本当に一所懸命に取り組んだことを覚えています。子どもたちが頭の中で何を考えているかがわかる瞬間がいくつもありました」とタミー先生はふり返る。

　タミー先生は最近，**赤信号・黄信号**を使って，子どもの考えを深めようとした。「このルーチンは私にとって新しい経験でした。初心にもどった感じがしましたが，その手順はしっくりきました。他のルーチンとは違って，とても自然な流れでした。子どもとの会話の中で，このルーチンをどんどん自然に使うようになっているんですよ」とタミー先生は言う。

　タミー先生は，使い慣れたルーチンを活用して，**赤信号・黄信号**を導入することにした。「昔受け持った子どもが大西洋航路の奴隷貿易について考えるために使った**主張・根拠・疑問**の結果を見せました。子どもたちはこのトピックについて学習したことがあって，**主張・根拠・疑問**も知っていたので，**赤信号・黄信号**を導入するにはちょうどよいと考えたのです」とタミー先生は言う。

　タミー先生は，子どもに，昔受け持った子どもの意見を読んで，それがどれくらい正しいか考えるように言った。それは次のようなものである。

- 大西洋航路は長い。
- 西アフリカの人は，自由に暮らしていた。
- 西アフリカの人は，大西洋航路の酷い旅を怖がった。
- すべての奴隷は，アメリカへの航海で苦しむ前に，死んでしまった。

　タミー先生は，信号のたとえについて説明した。「赤信号は止まれで，『ちょっと待って！』って言いたいときに使います。黄信号はいったん止まれで，『言いたいことはわかるけど…』っていうときに使います」と話した。そして，意見について赤信号・黄信号をつけていくように指示した。タミー先生はまた，ただ赤信号・黄信号を指摘するのではなく，どうしてそう思ったのかを発表させた。彼女は，意図的にいくつかの事例を掲示して，子どもたちがおもしろく話し合いができるようにした。

　子どもたちは，この思考ルーチンにすぐ飛びついた。「最初から活気のある話し合いでした。すでに学習したことを思い出して，それから貼り出された意

Chapter 6　考えを掘り下げるためのルーチン

見に挑んだのです」とタミー先生は言う。多くの子どもは，意見のあいまいさを取り上げた。たとえば，「大西洋航路は長い」である。この意見は基準を示していないので黄信号。「長い」は，漠然としていて具体的ではない。貼り出された意見で使われている語句の問題にも気づいた。すべて，まったく，常などの語句は潜在的に赤信号。タミー先生は，**赤信号・黄信号**によって，子どもが意見を懐疑的に見るだけでなく，正確かどうか真実かどうか検証するようになったことを喜んだ。

　赤信号・黄信号を導入して数日後，タミー先生は社会科ノートを見直して，自分の**主張・根拠・疑問**の結果に赤信号と黄信号をつけて精査するように言った。意見を述べるときに批判的にふり返るようにさせたかったのである。タミー先生は子どもをペアにして，お互いに赤信号と黄信号をつけさせた。そして，意見を見直してより確かなものにさせた。「このようにやりとりさせることで，彼らの意見がどんなによくなるかわかりました。彼らは，互いの考えについて話していても，ただ『正否』を言いつのるのではなかったのです。赤信号や黄信号をつけて，相互に貴重なフィードバックをしていました。みんな，本当に真剣になっていました」とタミー先生は報告した。

　タミー先生は，すぐさまこの思考ルーチンが学級文化の基礎になると考えた。ここの赤信号は何？　この教材の黄信号はどこにある？　彼女は，このルーチンが，クラスで合意できないことが起こったり意見が対立したりしたときに自然に使われるものになると信じた。「これを使い始めたばっかりなのに，赤信号をつけることで，深く考えたことをもとにして特定の視点に疑問を持つようになったのです。赤信号がちょっと厳しいときには，黄信号によって考えに対して懐疑的に見る機会が生まれます。**赤信号・黄信号**が本当に会話やフィードバック，ふり返りを豊かに行うための足場になるのだということがわかりました」とタミー先生は言った。

ルーチン 19 主張・根拠・疑問（Claim-Support-Question）

調査，経験，既有知識，読書について書く。
- 調べているトピック，問題，考えについて主張をつくる。主張とは，調べていることのなんらかの面についての説明や解釈である。
- 主張の根拠を明確にする。何を見て，何を感じて，何を知っていることでその主張になったのか？
- 主張についての疑問をあげる。その主張をおかしいと思うのはなぜか。中途半端なのはどこか。何が完全に説明されていないのか。その主張から，どんな考えや問題が浮かび上がってくるか。

　子どもたちが情報により批判的に接するようになるためには，「真理主張[4]」について追究したり分析したりできるようにならなければならない。「真理主張」とは，真理として話されたり書かれたりする考えや意見である。実際には，一般論，推測，仮説，提案などと考えればよい。これらをひっくるめたものを主張という。主張の真偽は，その妥当性だけでなく，その証拠によって判断すべきである。**主張・根拠・疑問**ルーチンは，この手順を発展させたものである。

◆◆ 目的 ◆◆

　教師も子どもも常に，事実や信念について述べた言説に出会う。**主張・根拠・疑問**は，主張が何を言っているのかを明らかにすることと，その真偽を確かめることの両方の目的でつくられた。主張を理解するためには，パターンを探したり，過度の一般化を見抜いたり，根拠のない断定を見つけたりしなければならない。その判断が何か他からできる場合もある。しかし，出来事や現象についての自分の分析に基づいて考えることもできる。

　説明や解釈を吟味するとき，特定の主張について賛成か反対かを話させること

---
[4] 個人や組織が真実とみなしていること。

になりがちである。疑問を確かめたり，深く考えたり疑問を出させたりすることなくさらっと行われるのである。しかし，主張が完全に黒か白かであることはまれである。**主張・根拠・疑問**の目的の1つは，提示された主張について（真理だと明言されていてもいなくても），深く考えて精査させることである。この思考ルーチンは，根拠が主張の真偽や妥当性を決めるということに気づかせることにある。その主張に対してどのような根拠を集めることができるのか。どこに疑問を感じるか？　主張を支持する根拠や主張に反する証拠を見つけることは，たんなる意見や反応や感情を越えて，ものごとについての自分の考えを提示するとてもよい機会となる。

◆◆ 適切な内容 ◆◆

　地球温暖化についての科学的な論争があふれ，政策を過度に単純化して選挙区住民を説得しようとする政治家が大勢いたりする中で賢く生きていくには，何が本当で何が怪しいか見抜けなければならない。公開討論は政治的主張の宝庫である。新聞，雑誌，テレビ討論，あるいは風刺マンガにも政治的主張を見つけることができる。

　社会的な真理主張は追究対象としてはおもしろい。同じくらい重要でより頻繁に教室でみられるのは，実験の分析をしたり，文章を読んだり，オープンエンドな数学の問題を解いたりするようなときの自説や考え，帰納，解釈などである。数学は，数学的事象について調べて，推論したり帰納したりする活動を通して，起こっていることや起こりそうなことについての主張，帰納，関連づけがさまざまに行われる領域である。子どもが何かを調べているときには，全員で吟味するとおもしろそうな主張を耳にすることがよくあるので，子どものつぶやきをよく聞くようにする。

　主張・根拠・疑問は，さまざまな解釈や説明が可能で，発展させたりさらに説明させたりする価値があるものなら，どんなものにでも用いることができる。子どもが主張，解釈，一般論を見つけることができたら，それを裏付けたり覆したりするのに役立つツールとして，**主張・根拠・疑問**を示すとよい。

◆◆ ステップ ◆◆

1. **設定**　「主張」という概念をまず理解させる。このルーチンで「主張」という語を使うのは，それが関連，推量，一般化，根拠のない主張，事実の叙述，説，

仮説などさまざまなものを含むからである。おおざっぱな定義をすれば，主張とは「そこで起こっていること」について叙述したものである。確かめさせたい状況をクラスに示して，目標は「そこで起こっていること」を明らかにすることだと伝える。授業の終わりには，その状況について何が正しいか何が現実か，理解が深まっていることになる。

2．**主張を見つける**　トピックに入る前に，子どもに「このトピックについて，どのような主張や説明や解釈を聞いたことがあるかな」と尋ねてもいいだろう。あるいは，トピックについて少し学習してから，「さあ，このトピックについて勉強してきたのだから，トピックの説明や解釈になっている主張が何か心に浮かぶんじゃないかな？」と尋ねて，主張をつくらせたりそれを発表させてもいいだろう。どのように主張がつくられるにしろ，それはクラス全員が見られるように記録され，後の授業で考えたことを付け足せるように教室に掲示しておく。主張を模造紙や掲示板の中央に書いて，根拠を片方に，疑問を反対側に付け加えていく教師もいる。

3．**根拠を見つける**　子どもに「これから主張について調べます。主張の根拠となるものを何か見たことはあるかな？　何か気づいたことはあるかな？　何かを知っているかな？」と問う。子どもたちは，さらに実験や調査をしたり，根拠を探したり，別の事例で知ったことを思い出そうとするだろう。そして集めた根拠を，貼り出した主張の近くに書き込み，みんなで見て考える。このステップは，どうしてそのように主張されているかを真剣に考えさせるためにある。

4．**疑問を向ける**　このステップでは，主張を批判的に見るように言う。それまでに集めた根拠は棚上げして，その主張におかしいと思うところはないか，正確ではないと思うところはないか検討させる。そのために，「主張を支持する根拠があげられていますが，主張に対する反証はないでしょうか？　主張が本当かどうかを確かめるために，何を問えばいいでしょうか？　さらに確かめたり説明したりしなければならないことはないでしょうか？」と尋ねる。

5．**考えの共有**　手順通りに考えを書き出していくことは，プロセス全体を通して子どもの思考を可視化することになり，自分が考えたことに疑いを持ったり，自分が考えたことを発展させることに役に立つ。一連の主張をすべて確かめたら，各自の立場を明確にさせるのが適当だろう。主張を，「やや怪しい」から「確実に信用できる」まで，確からしさに従ってランク付けさせるのもよい。特定の社会問題について**主張・根拠・疑問**をやっているなら，その問題に関す

る立場を表明させてもよい。

◆◆ 活用とバリエーション ◆◆

　主張・根拠・疑問は，身につけさせたい高次な思考パターンである。ビアリク校の数学教師，ケイトリン・フェイマン先生はこのルーチンを小・中学校の子どもとのやりとりに組み込んでいる。ケイトリン先生は，解法が複数あっていろいろな視点から考えられる問題をよく出す。こういった問題には1つに決まる答えがなく，したがって解くための時間を十分に与えるようにしている。約10分考えさせた時点で，ケイトリン先生はみんなを集めて，何を見つけたか，どんな考えが浮かんだか，どんなきまりがありそうか尋ねた。そして，この時点での主張を模造紙に書き出した。それからまた問題に取り組ませたが，その際，主張を支持する根拠と支持しない根拠の両方に，目と耳と心を開くように言った。このように**主張・根拠・疑問**を使うことで，ケイトリン先生は数学の特定の内容を教えるだけでなく，数学的な活動というのは，推論，帰納，分析，証明をすることなのだということを伝えているのである。

　ミシガン州サギノー市の中学校の歴史教師は，2010年の米国中間選挙における争点について，**主張・根拠・疑問**を用いて子どもたちの理解を深めた。彼は，立候補者の失業問題，就職援助，社会保障，健康保険，聞くな答えるな政策[5]，移民問題についての主張を，政策がどの立候補者あるいは政党のものかは示さずに紹介した。たとえば，社会保障を廃止したら人々の暮らしはよくなり，退職後の生活のために自分で自分の稼ぎを貯めることができる，というような主張である。クラスはそれぞれの主張の根拠と，疑問について話し合った。その後，候補者を選んでそれぞれの主張に対してどのような立場かを調べた。多くの子どもが，自分が発見したことに驚いた。

◆◆ 評価 ◆◆

　主張・根拠・疑問がいつも使う思考パターンになると，子どもたちがどのような内容のときに，主張をどの程度批判的に読み解けるか，みずからの主張をどの程度慎重に表明しているのかを見るようにする。大雑把で指摘すべき箇所だらけの提案や説明があったときに，そのことに気づいているだろうか。真理につなが

---

[5] 米軍および沿岸警備隊において，「同性愛者であるかどうか聞いてはいけないし答えてはいけない」ことを定めた法律。

る法則や関連を見いだそうとしているだろうか。これは，子どもたちが分析的・批判的に情報を見ているかを見るための指標となる。

　主張の妥当性を判断するやり方にも注意を払おう。主張の根拠を探すように言われたとき，確かな証拠を示せるだろうか，それともただの意見や個人的な経験しか示せないのか。主張について，その複雑さを完全に理解しようとするときに，どのような問いを立てると効果的かわかっているだろうか。たとえば，自分で調べなければならないことは何か，わかっているだろうか。同じ教科の中でも，根拠によっては重要度が異なることをわかっているだろうか。たとえば，数学では，1つあるいは2つあてはまる場合を示してもそれは証明したいことを支持するだけで，証明そのものではないことをわかっているだろうか。

◆◆ チップス ◆◆

　主張・根拠・疑問は，考えを検証して新しく何かを理解するための万能な手順だと思えばよい。しかし，ついこれをいいかげんにすましてしまう。まったく気にさせないことすらある。情報を確かめることでなく，覚えることだけを重視するとそうなる。**主張・根拠・疑問**は，要するに複雑な問題をいろいろな角度から根拠に基づいて考える方法である。常に**主張・根拠・疑問**を使うことで，本当に何かを理解すべきときには根拠を見つけてじっくり確かめるべきなのだ，というメッセージを伝えることになる。

　主張・根拠・疑問は，トピックについての賛否を決めさせるものではない。そういう場合もなくはないが，扱っている問題について白黒はっきりさせることを求めるのではない。授業が終わったときに，結局はものの正誤を教えたかっただけだと思われてしまうようなら，子どもはこのルーチンなど不要だと思うだろう。いつも根拠にもどることを心がけよう。もし，子どもが重要なことを見逃していたら，それを指摘するのではなく，調べることをうながすような問いを投げかけよう。

実践の概要

　ミシガン州トラバース市で7，8年生の数学を担当しているメアリー・ベ

ス・シュミット先生の教室に入ると,子どもの数学的活動の成果に圧倒される。あらゆる種類のグラフや公式を書いた大きな模造紙が,教室の壁中に掲示されていて,それを見ると子どもたちがグループで実際に数値をあてはめて考えたことがよくわかる。窓に貼ってある色とりどりの短冊には,それまでに調べた数学的事項についての子どもの考えが記されている。子どもの立てた説や使った方略がいたるところに貼ってあり,子どもの数学的思考が大事にされている印象を受ける。メアリー先生は,もともと活動を通して学ぶことがたいせつだと思ってきた。しかし,クラスの文化が大きく変わったと彼女が感じたのは,ただ作業を通した学習をさせるのではなく,きまりを見つけたり,関連づけをしたり,考えを発展させたりしようとする子どもの考えに,しっかり耳を傾けるようになってからである。

「私はそれまでにも,根拠に基づいて考えさせることで,数学の学習が効果的になると信じていました。だから,このルーチンに引かれたのです。私は,これまでも,このルーチンのような感じで子どもの考えを貼り出していました。でも,それは『主張と根拠』だけで,『疑問』はなかったのです。だから,子どもたちの発言は『私の主張は,x=7 です。それは,等式を解いたらそうなったからです』というようなものだったのです。それでは,それ以上のことは出てこないし,私も求めてきませんでした」とメアリー先生は言う。彼女は,子どもたちに,問題を解いてその手順を説明するようにだけ言ってきた。それが子どもの発言の幅を狭めていたのである。「解き方を説明させてきましたが,自分の説や考え,それが何と関連しているかについて,根拠を求めることはしてきませんでした」と彼女は言う。

メアリー先生は,**主張・根拠・疑問**を,1つの問題や手順を分析するためだけでなく,もっと広げて用いようとした。彼女は,いろいろな角度から取り組める数学的事項について,まず最初に主張をつくらせることにした。そして,「この2つの式は同じか違うかをどうやって知ることができるのかしら？」と尋ねた。「1つの深くて大きな質問から始めたの」とメアリー先生は言う。少し待ったあと,彼女は子どもの考えを聞いていき,あってるかまちがってるかに関係なく,最初の考えとして記録した（表6.1）。「誤概念が出てくることを知ることは,私にとって楽しみの1つなのです。私は,そこから,本当に調べたり立証したりすべきことを見つけるのです」とメアリー先生はコメントした。

表6.1　8年生の等式の表現方法についての最初の主張

2つの式が同じかどうかどうやって知るのか。
- 2つの式は，同じ答えになるとき，同じと言える。
- 同じ表やグラフになれば，そして同じようにモデル化できたら，同じ式かどうかわかる。
- 値が同じなら同じ式。違った形式で書かれているけど，値が同じ。
- 分配法則を使って，いちばん簡単な形にする。それから比較する。
- x に同じ数字を代入して，同じ結果が得られれば，式は等価。

　子どもの最初の考えがすべて出尽くすと，メアリー先生は，法廷の裁判員になったつもりで「審理中の主張」を保存しておくように言った。「みんなの主張には，真のものもそうでないものも混じっています。どっちにしても，これから数週間かけて，真かどうか確かめなければなりません」と続けた。

　彼女は，さまざまな等式について調べさせながらも，たびたび「審理中の主張」の法廷に子どもたちを引き戻した。そして，最初の考えを裏付けそうな根拠を，調べたことの中から見つけ出すように言った。さらに，等式についてより理解が深まるように，主張に対してどのような疑問を向けなければならないか尋ねた。「たった1つの問題，1回の授業でしか使えない主張ではなくて，目的的で命を持つような主張をつくらせたかったのです。子どもたちには，最初の考えから出発して，授業を通して，等式という数学的概念についてどれだけ多くの疑問，方略，視点を持つようになったか感じてほしかったのです」とメアリー先生は言う。

　単元の最後の方で，メアリー先生は一人ひとり最初の主張を1つ選んで，公判記録を読み直すように言った。そして，裏付けをとって疑問を出して考えを整え，根拠に基づいたより堅固な数学的主張になるようにさせたのである。この活動には正解がなかったが，それによってメアリー先生は，等式について子どもたちが何をどのように理解したのかを知ることができた（図6.1）。

　メアリー先生は，子どもの考えの深さに驚いた。彼女は，主張を生み出しそれを裏付ける根拠を探すことに重点を置くことで，ただ手順が言語化されるだけではなく，関連や方略やプロセスについてより深く考えることになると感じた。「彼らは，自分で出した考えも，友だちの主張も自在に扱っているように見えます。実際に友だちの主張に，こんなふうに名前をつけて使っていました。『この前のジョーの主張を思い出そう…』とか『アレックスが［どっちがどっち？］っていう主張をしたのを覚えてるよね。それを調べてみたら…』などです。彼らは，互いの考えをそれまでになかったほど一所懸命にわかろうとする

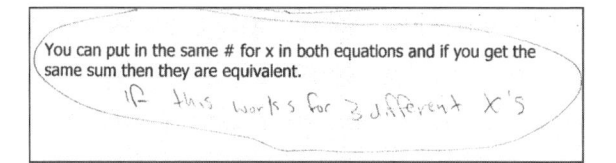

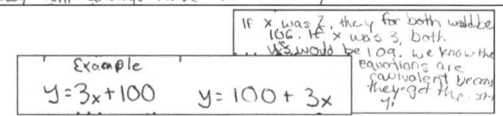

```
You can put in the same # for x in both equations and if you get the
same sum then they are equivalent.
            If this works for 3 different x's
```

```
           any
* You can put in the same # for x in both equations and if you get the
  another    for more than 1 x.
  same sum then they are equivalent. I agree with this statement
       answer
  because I know that if 2 expressions are equivalent,
  they will always have the same y for x.
                              If x was 2, they for both would be
                              106. If x was 3, both
         Example              x's would be 109. We know the
                              equations are
         y=3x+100    y=100+3x equivalent because
                              they get the same
                              y.
```

```
                                              always
  You can put in the same # for x in both equations and if you get the
  solution
  same sum then they are equivalent.
  I changed this statement a little bit. I crossed off 'sum' and
  wrote 'solution' because 'sum' implies addition and in
  equations there are some multiplication problems you have
  to do. I also added 'always' in between 'you' and 'get' because
  if you only try one x value and the solutions are the same
                                                  it could just
                                                  be where the
                                                  two lines
                                                  cross.
```

両方の等式の X に同じ数字を代入して，もし両方が同じ合計になったら，数式は同じ。

 もし3つのちがう X だったらどうなるの？

　　　　　　　　　　　　どんな　　　　　　　　　　　　　　　答え
両方の等式の X に同じ数を代入して，もし両方が同じ合計になったら，数式は同じ。

            ↑1つ以上のXについて

 これに賛成。なぜかというと，もし2つの等式が同じなら，それらの X に対して同じ Y になるから。

例	もし X が2なら，どちらも106。もし x が3ならどちらも109。どちらの等式も同じ。なぜなら，同じ合計になるから。
y＝3x＋100　　y＝100＋3x	

　　　　　　　　　　　　　　　　　　　　　　　いつも　解
両方の等式の X に同じ数字を代入して，もし両方が同じ合計になったら，数式は同じ。

 言い方を少し変えました。合計をやめて，解にしました。なぜなら，合計は足し算に使うし，等式ではかけ算の問題もあるからです。それから，「両方が」と「同じ」の間に「いつも」を付け足しました。なぜなら，あるXの値だけで試して，解が同じでも，それは2つの線の交わったところの可能性があるからです。

図6.1　8年生の等式についての主張の評価

ようになりました。彼らが数学的主張や推論について、お互いに影響し合うのが楽しいです」。

メアリー先生は、**主張・根拠・疑問**をいつも使うことで、自分の教え方がはっきり変わったと思っている。「教室で使う言葉が変わりました。質問をするときや子どもの発言を聞くとき、ただ答えと解き方を聞くだけでなく、より深い考えを引き出そうとしています。そして、数学の概念どうしを関連づけることを、一年中意識するようになりました。どこで概念が更新されるのかに気づき始めたようで、いつのまにかスキルを一つひとつこなしていくような授業ではなくなり、いつも子どもたちといっしょに、主張やきまり、子どもの説を見つけ出そうとしています」と述べたのである。

ルーチン 20 　綱引き（Tug-of-War）

机の真ん中に線を引き，綱引きの線にする。矛盾のある題材について，いろいろな視点や立場から検討する。

- 矛盾を持つ題材について，対立する立場に名前をつける。そして，綱の両側にその名前を貼る。
- 綱にできるだけたくさんの引き手，すなわち自分の立場に引き寄せる理由を，一人ひとり付箋紙に書いて貼っていく。
- 引き手の強さを判断して，強い引き手は綱の端に，弱い引き手は中央に置くように並べ変える。
- その途中で，「もし～だったら？」という疑問を見つける。それを付箋紙に書いて，綱の上に置いていく。

　意思決定のむずかしさについて考えるとき，頭に浮かぶのは綱引きである。ある方向に引こうとする要因や根拠や影響力があり，反対方向に引こうとする力もある。綱引きでは，すべての引き手が同じ力ではない。ふつう，綱の端はいちばん強い人が握る。いちばん弱い人は綱の中央近くを握り，負けると最初に相手側に引き込まれる。このルーチンは，綱引きにたとえて問題や概念を検討する。

◆◆ 目的 ◆◆

　問題についての自分の立場を決めて，その立場を確実な根拠で裏付けるのは，重要なスキルである。しかし，問題の複雑性を考慮せずに，短絡的に立場を決めて自己防衛に走るのは，狭い考えしか持たず，問題を過度に単純化することである。**綱引き**は，さまざまな矛盾や問題，課題について，正反対の立場の複雑な力関係を理解させるためにつくられた。最初は，子どもをどちらか一方の立場だけに立たせず，両方の立場を裏付けるさまざまな意見や根拠について慎重に考えさせる。それによって，本質的に複雑なものであるジレンマについて，表面的に白黒をつけるのではなく，それを楽しむことにつながる。

◆◆ 適切な内容 ◆◆

*綱引き*は，対立，争点，問題を含む状況に最も適している。2つの明らかに対立する立場や，2つの問題解決の方法が存在する状況である（注：2つでなくても適用可能だが，2つから始めるのがよい）。ジレンマは，教科内容や時事問題，日常的な出来事の中に見つけることができる。たとえば，限られた土地の人口増加がどうなるか考えること，国税と提供されるサービスのぎりぎりの関係を検討すること，規制と規制緩和はどうすれば最適になるか決めること，小説の表紙にどの登場人物を持ってくるか，子ども間の倫理的対立などである。話し合いでは，どちらの立場がよいかを性急に決めるのではなく，立場を裏付ける多様な考えを生み出したり探したりすることが，複雑なジレンマを理解する鍵になるということを念頭に置いておこう。

◆◆ ステップ ◆◆

1. **設定** 取り扱うジレンマについて明確に説明する。題材は学習内容から取り出してもいいし，読み物やビデオなどの新しい教材の中から取ってきてもよい。子どもが気になっている問題やジレンマを出させてもよい。「今世の中で問題になっていることは何かな？」とか「この問題は，本当はどういうことかな？」というように問いかける。ジレンマが決まったら，黒板に線を引いて綱に見立てて，その両端に名前をつけさせる。このジレンマに関して正反対の視点や立場は，それぞれ何とよべばいいのだろうというように聞けばよい。そしてその名前を綱の両側に貼る。

2. **引き手を書く** 子どもに「こちら側の立場に引っ張る引き手となるものや根拠は何かな？」と問う。子どもにできる限りたくさんの引き手を考え出させる。それに賛成かどうかは関係ない。この作業は個人でやっても，各自に考えさせたあとで小グループでやっても，あるいはクラス全体でやってもよい。各自，自分が考えた根拠や引き手を付箋紙に書いて，貼り直せるようにしておく。反対側の立場についても同じように，できるだけたくさんの根拠を考え出させる（注：必ずしも両極を別々にやる必要はないが，子どもによっては，最初は分けてやることでやりやすくなる）。

3. **引き手の位置づけ** 小グループか全体で，引き手を綱のどこに置くか話し合いながら貼っていく。意見をまとめるのは重要だが，ここでは，各自が理由を説明しながら妥当だと考える位置に置く中で，引き手の強さが互いに比較され

ることが大事である。

4．**条件や限定による疑問**　貼る位置について話し合う中で，疑問が生まれてくる。たとえば，「それは合法かどうかによるんじゃないかな」というようなものである。このような条件についてのものも，十分疑問と見ることができる。疑問は違った色の付箋紙に書いて，線より上の方に貼る。貼り終わったら，一歩引いて見ながら，条件による疑問はないか考える。これらの疑問は，これから検討しなければならない課題や要因や懸念である。

5．**考えの共有**　グループでこのルーチンを実施しているなら，グループごとの綱引きの結果を，互いに見合う時間をとる。そして，最初に比べて何か新しい考えが生まれたかどうか問う。最初と同じだろうか？　変わっているなら，どんな変化が生じて，どのような考えが付け加わったのだろうか。その複雑な問題をどのようにまとめて，他の人に伝えられるだろうか。

◆◆ 活用とバリエーション ◆◆

このルーチンでは，とくに引き手を貼り付けるときに，グループでの話し合いが活発に行われる。また，すべてのステップを実施しなくても，手軽にジレンマについての推論を引き出すことができる。たとえば，「登校日を増やすことについて，引き手には何があるだろう？」というように聞くだけで話し合いが起こる。もちろん，すべてのジレンマや問題が2つの極を持っているとは限らない。実際，結び目が3つの綱や4つの綱を使う綱引きもある。もし，問題に2つより多くの立場があるなら，このたとえを紹介するとよい。

このルーチンでは，教師はしばしば問題をはっきり説明したり，背景を理解させることに時間をかけなければならない。解決法を規定するので，背景をしっかりとらえるのは重要なスキルである。例として，マサチューセッツ州の高校の社会科で行われた，ホームレスに対する食糧サービスの記事についての授業を見てみよう。その記事は，食糧の準備や保存の際の衛生基準を満たすことができないため，街での食事配給が打ち切られたという内容であった。それを読んで，子どもたちは，何を問題にすべきかを整理した。すると，衛生上の安心，慈善事業に対する規制，法律違反についてのサービス業者の倫理観，食糧配給サービスの場所の変更などいろいろな観点があがってきた。そこで，それぞれのグループは，自分たちの観点について**綱引き**を使った。

メルボルン市のトリニティ・グラマー校では，地球週間での環境保護について

話し合っていた。その中で，ある1年生が車の公害を問題として取り上げた。環境を改善するにはだれも車を使わなければよいと発言した子どもがいた。教師はこの意見を見逃さず，これについて**綱引き**を使うことにした。子どもは一人ひとり，引き手を紙片に書いていった。そして自分の引き手がどれくらい引く力を持っていると思うかに応じて，床に書いた線の上に置いていった。真ん中から始めて，引き手を読み上げながら，両極の間に貼り付けていったのである。

◆◆ 評価 ◆◆

綱引きには，評価のポイントがたくさんある。子どもたちは問題をどう理解し，どう位置づけたか。子どもたちは複雑な問題の要点をとらえることができているだろうか。自分と反対の立場をどのように理解しているだろうか。両方の立場について，「これはわかる。だけど，もう1つの見方は…？」という具合に，相対化して見ることができたか。複雑な問題をどう扱うか，しっかり考えているだろうか。

子どもたちは，両方の立場に同じ比重で根拠を探すことができているだろうか。自分の立場を離れて，反対の立場についても検討しているだろうか。引き手を貼るときの話し合いに注意を払う。貼る場所を決める理由や説明に耳を傾けよう。根拠についての考えを深め，疑問を出せているだろうか。条件による疑問は，ジレンマについての理解を深めるものになっているか。ルーチンを終えたときに，子どもたちはジレンマを深く理解することができているだろうか。

◆◆ チップス ◆◆

子どもが一所懸命になり，重層的な話し合いが生まれるようなジレンマを取り上げよう。ジレンマに関心を持てなかったり熱心に取り組めなかったりすると，しっかり考えることはできない。ジレンマを両方の立場から見て，それぞれを支持する根拠を見いだす力を育てるには，短絡的な判断をさせないようにする。教師なら，子どもがジレンマについての自分なりの考えや立場を話す機会を与えたいと思うだろう。しかし，いろいろな視点や根拠が出てきてそれが確かめられ，さらに疑問が生まれるまで，そのような話し合いを控えておくのは重要である。**前の考え，今の考え**を**綱引き**のあとで使うと，もとの考えをふり返るのに有効である。

このルーチンで付箋紙を使う利点の1つは，簡単に場所を貼り替えられること

である。もし多くの子どもの根拠が類似しているなら，それらをグループにまとめてカテゴリーをつくり名前をつける。これを，ホワイトボードで行って印刷しておくと，それは後の話し合いで使える。全員の意見の記録を一人ひとりで見直して，おかしいと思う根拠を見つけ，それはどうしてかを話し合うなどである。

実践の概要

「思考を可視化するというアイデアそのものに，引きつけられました」と言うのは，ミシガン州トラバース市のクレア・タグラウアー先生である。「私は，子どもたちの頭の中で何が起こっているかを，本当に知りたかったんです」と彼女は言う。*綱引き*は，中学校の国語の授業にぴったりはまった。クレア先生は，子どもたちが本を読んだあと，短絡的に結論を出してしまうことがよくあると思っていた。それでは，文章をもとに考えを深めるのはむずかしい。クレア先生は子どもたちに，より柔軟に考え，それを発展させ，いろいろな角度から検討するようになってほしかった。読んだものに含まれる複雑な問題について，分析的にとらえられるようになってほしかったのである。

「このルーチンが，考えるプロセスを体験するツールのように思えたのです。特定の立場にこだわらせないというところが大事だと思いました。子どもたちは，考えやアイデアを少しずつ修正しながら明確にしていき，正反対の見方に対しても心を開いていきました」とクレア先生は言う。

8年生の授業でルイス・ローリーの小説，『ギヴァー：記憶を注ぐ者（原題：The Giver）』を取り上げるとき，クレア先生はこれぞ*綱引き*を使う時だと思った。この小説は，未来社会で，主人公のジョナスが12歳になるまでの生活を追っている。未来社会は当初理想郷だったのに徐々に地獄に変わっていく。完全一致計画が施行され，多様性や深い感情は抹殺されていく。クレア先生は，中学校の子どもの関心を引き寄せるジレンマがそこにあると思った。それは，永遠に幸福が続くという理想の社会に対する人間の期待である。

子どもたちが本をほぼ読み終えたところで，クレア先生はホワイトボードの端から端まで水平線を引き，*綱引き*をすると言った。彼女は，それまでの授業でこの本のテーマに関して子どもが発表した意見や疑問を，綱の片側に書き加

えた。そして，「どうしたら理想の世界がつくれるのか？」と尋ねた。そして，ルイス・ローリーはこの複雑な問題についての1つの見方を示していることを指摘して，「もし，全員が同じだったら…」と綱の片側に書いた。次に，もちろん，まったく反対の考えを持つ人もいるということを話しながら，反対側に「もし全員がまったく違っていたら…」と書き入れた。そしてグループになって，どちらかを選ぶのではなく両方の見方に立って，引き手すなわち根拠をあげさせた。クレア先生は，付箋紙1枚に1つの考えや根拠を，できるだけたくさん書くようにと告げた。

　子どもたちが両方の立場についてのいくつかの根拠を書いたあと，クレア先生は強さに応じて付箋紙を貼るように言った。「本当の綱引きの審判員の位置に立って，みんなの根拠を強さの順番に並べてほしいの」と言った。

　子どもたちが根拠を貼る場所について話し合いを始めると，クレア先生は熱心にそれを聞いた。彼女は，子どもたちがこの小説のテーマについてとても深く考えていることに驚き，喜んだ（図6.2）。「期待した以上に本当に活発な学習活動になりました。読んで考えたことについて話し合っているのを聞いて，彼らが信じていること，怖れていること，不安に思うことが，はっきりわかってきました。たとえば，ローリーが書いたように全員同じであることが理想だと言うとき，その根拠は，全員同じならテストもなければいじめもないというようなものだったのです。このルーチンは，子どもたちが授業内容と実生活を関連させる自然なやり方だったのです」とクレア先生は言う。彼女はまた，子どもたちが自分たちで話し合いを進めていくことにも驚いた。短絡的に賛成だ反対だと言っていた子どももいれば，他の子が意見を言うのを聞いて意見を反対側に変えた子どももいた。「このルーチンは，かなり複雑な概念について，自分の考えをはっきりさせて合理的に考えることをうながします。それと同時に，自分とは正反対の考えに耳を傾けることにも心を開かせます。それがとてもありがたいのです」とクレア先生は言った。

　クレア先生は，*綱引き*を，いろいろな場面で使ってきた。「このルーチンは，国語の授業でとても役に立ちます。8年生は今，社会科で学んでいる奴隷制度と関連のある歴史小説を読んでいます。そこで，当時の若い人が直面していた問題，軍隊に志願して闘うか志願せずに家族を守るかという選択について話し合って整理するのに使っています。また，奴隷になりきらせて，志願しない理由は何か，奴隷で居続ける理由は何か，ハリエット・タブマン[6]の地下鉄道

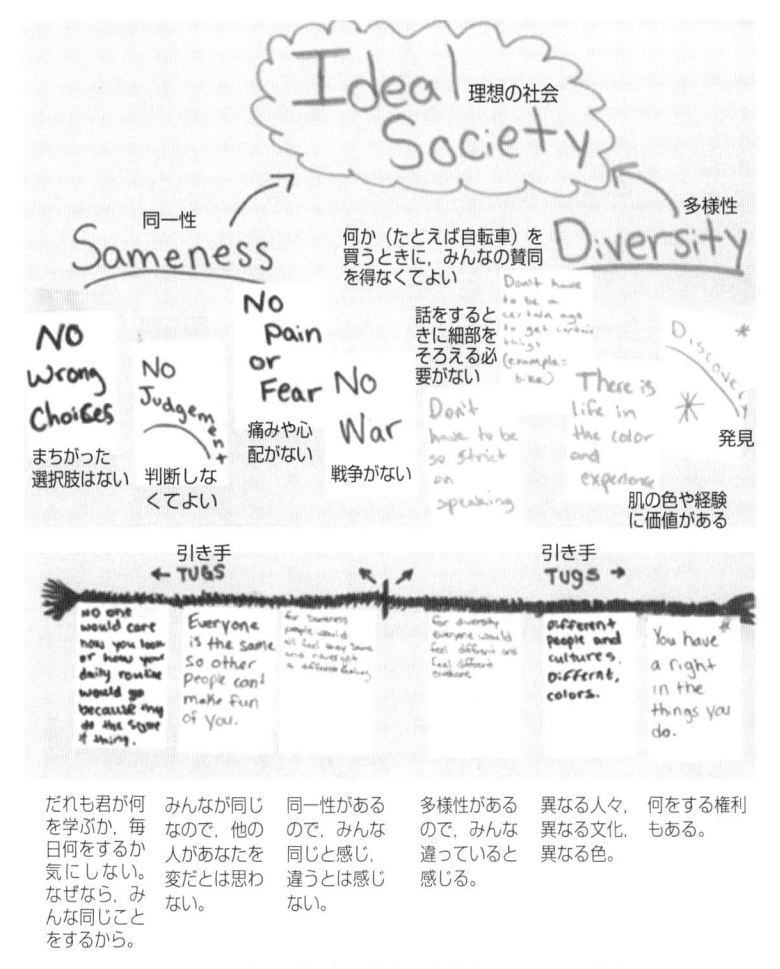

図 6.2　8 年生の「理想の社会の創造」についての綱引き

を頼って逃亡する理由は何かを考えさせています。正しい答えを出すことはそれほど大事じゃなくて、人や組織が持ついろいろな視点の合理性を理解する機会を与えることが大事なのです」とクレア先生は述べる。

　思考ルーチンの活用についてふり返りながら、クレア先生はこうも言う。

●6　ハリエット・タブマン（1820-1913 年）は、メリーランド州ドーチェスター郡出身のアフリカ系奴隷で、1847 年に脱走したあと、奴隷解放運動組織「地下鉄道」で活動した。300 名以上の奴隷の逃亡を助けたと言われている。

「これまでは，1つの小説から1つおもしろいネタを取り上げていましたが，このルーチンを使うことで，いろいろな面から取り上げて，教科をまたぐようにもなりました。このルーチンは，ただの一連の手順ではなくて，心の構え，つまり本当の思考過程なのです。ただ何かの活動をすればいいというようなものではなくて，本当に視点を獲得したり推論の進め方を身につけたりするものなのです」。今では子どもたちは，この思考過程に慣れているので，互いの話をよく聞いて，自分の考えを自信と安心を持って話すことができる。「そうね。このルーチンを使って考えさせるのが，ますますいい感じになってきました。この年代で取り組ませるべき問題は，奴隷制や戦争のように大きくて複雑でむずかしいものです。私は，このルーチンが，むずかしい状況について理解するのを助けてくれるのだと思いました」。

ルーチン21 文・フレーズ・単語（Sentence-Phrase-Word）

グループで文章についてふり返り，自分にとって重要な文，フレーズ，単語を選ぶ。
- 自分にとって意味があり，文の内容の中心だと思う文
- 感動したり，引きつけられたり，怒りを感じたりしたフレーズ
- 注意を引いたり，効果的だと思った単語

グループで話し合って，自分が選んだ文，フレーズ，単語を記録する。一人ひとりが自分の単語，フレーズ，文の順に発表する。どうして，それを選んだのかを説明する。他のメンバーが選んだものと合わせて話し合い，次のことを明らかにする。
- どんなテーマが浮かんでくるか？
- どんな意味が含まれているか，どんなことが予想できるか？
- 自分たちの選んだものでとらえきれていないことはあるか？

このルーチンは，米国学校改革団体の教師たちによって開発された文章読解活動（Text Rendering Experience）を改訂したものである。この話し合いの手順を，本について議論するときに使ってきたが，これは教室でも話し合いや思考のルーチンとして使えると思われる。たった1つの単語，フレーズ，文を選ぶという単純なことが，核となる概念について考えることにつながって，豊かな話し合いに結びつくというのがすばらしい。ルーチンの名前は考える手順によって名づけるという原則から，その名前を**文・フレーズ・単語**とした。

◆◆ 目的 ◆◆

文・フレーズ・単語は，文章について，そのエッセンスは何か，その文章は何を伝えようとしているのかをとらえることに絞って，意味を考えさせる。それに

よって，言葉に注意を集中させ，話し合いが豊かになる。しかし，このルーチンの効力はグループの一人ひとりがこだわった特定の単語やフレーズ，文について，どうしてこだわったのかを掘り下げることを触媒として，豊かな話し合いを起こさせるところにある。子どもは話し合いで，自分が何をなぜ選んだかを示し，それが何を意味するのかを説明する。そうすると，たった1つの単語に文章全体のエッセンスが凝縮されていることがあるのに気がつく。どの文，フレーズ，単語を選んだかについての話し合いは，テーマや意味，予想や教訓などを引き出す舞台となるのである。

◆◆ 適切な内容 ◆◆

内容が豊かで，多様な解釈や論争を呼ぶ考えや概念が扱われている文章を選ぶようにする。つくり話でもノンフィクションでもよい。明らかに解説書に見えるようなものは，議論の対象になりにくい。文書の長さは，このルーチンでは重要である。長すぎると，子どもは飛ばし読みをしてしまい，我慢してじっくり読むことができなくなる。本の中のどこかおもしろい章，現実の問題を取り扱った専門的な解説文，新聞の記事，詩，劇の一幕などは，このルーチンに適している。

◆◆ ステップ ◆◆

1. **設定** 文章が短くてその場で読めるものでなければ，事前に読む時間を設ける。主体的に読んで，文章にマーカーを引くことをすすめる。しかし，必ずしも**文・フレーズ・単語**を念頭に置いて読ませる必要はない。
2. **文・フレーズ・単語を選ぶ** 自分にとって意味があると思える文や，文章の理解が深まったと思える文，感動したり引きつけられたり怒りを覚えたりしたフレーズや自分にとって意味があると感じたフレーズ，注意を引いたり心に強く残ったりした単語を1つずつ決めさせる。各自の経験が，どんな単語やフレーズや文を選ぶかに影響するということを意識させるのは重要である。正解はない。
3. **選択したものの発表** 4～6人のグループで，各自が選んだものを発表してそれを記録する。その際，どうしてそれを選んだのかを説明する。活発な話し合いが行えるように車座になって行うのがよい。最初の発言者は，自分の選んだ文を紹介してその理由を述べる。そして，他の子どもに感想を聞いて話し合いをすすめる。最初の文について書きとめたら，次の子どもが発表してそれを

記録し，話し合う。こうして全員が自分の文を紹介するまで続ける。それから，フレーズについて話し合い，その後単語に移る。このようにして，話し合いをスムーズに運びながら深めていく。

4. **話し合いのふり返り**　各グループで，記録されている文，フレーズ，単語を読む。そして，それらに共通するテーマを見つけ，それが何を意味するか，そこからどんなことが予想できるか話し合う。最後に，グループで選んだ文，フレーズ，単語にはとらえられていなかったものを見つける。

5. **考えの共有**　すべてのグループの記録を掲示する。文，フレーズ，単語とそこから導き出したテーマや意味を読み取る時間を設ける。一人ひとりが文章に対して今どう理解しているかを簡単にふり返って，どのようにこのルーチンがそれに役立ったかを考える。

◆◆ 活用とバリエーション ◆◆

文・フレーズ・単語の斬新な使い方を考えてきた教師たちがいる。子どもにテストに備えて勉強している文章の趣旨をとらえさせたり，幼児を対象にして言葉の流暢性を育てるのに使っているのである。このとき，ルーチンの一部だけを使ったり，グループでのやり方をクラス全体でやってみたり，「全体を象徴する部分をみつける」というこのルーチンの特徴を，文章ではないものに適用したりもする。また，会話の内容をまとめるときにも使っている。本来なら文章からテーマを引き出すのだが，教訓やメッセージを引き出したり，文章をもとに何かを予想させたりすることもできる。このようなさまざまな使い方は，ビアリク校の次の例にもみられるし，他の学校でもみられる。

- 9年生，10年生の歴史の授業で読んだ記事から子どもたちが選んだ文，フレーズ，単語を足がかりにして，互いの共通点を見つけて相違点について話し合い，各自で解釈を深めることができたとシャローン・ブラム先生は言う。
- 8年生の英語で，読んだ小説のあらすじをつくる授業を行ったジョシー・シンガー先生は，子どもをペアにしてそれぞれに章を1つずつ割り当て，**文・フレーズ・単語**を行うように言った。そして，最初の章を担当したペアから順に発表させていった。それぞれのペアは，選んだ文，フレーズ，単語についてなぜ選んだかとともに発表していく。こうして各章の要約ができていくのである。

- このルーチンは文章を対象にしたものだが，幼稚園のリンゼイ・ミラー先生は，絵本をめくるたびに使った。4歳児に絵本のページをよく見せて，描かれているものの中で重要だと思うものを1つ選び，それから重要だと思う範囲を選ぶ。そして，どうしてそれを選んだのかを説明させたのである。
- やはり小さい子どもを対象とした事例である。ミシガン州メリル市で1年生を担当している教師は，音読をするたびに，みんなで文，フレーズ，単語をあげていった。それらを記録して，後日それを読み上げ，どの話のものだったのか尋ねた。

◆◆ 評価 ◆◆

　選んだ文・フレーズ・単語だけでは，子どもがどう文章を理解したかわかるわけではない。しかし，選んだ理由についての説明からは，文章から何を読み取ったか，何を重要だと思っているかがわかる。選択の理由は，文章の要旨をとらえたかどうか示しているだろうか。子どもたちは，大事な概念を見つけ出しているのか，あるいはどうでもいいことしか言っていないのか。選択したものについて，自分の経験とつなげて話せているだろうか。

　話し合いにおいては，たんに自分が選んだものだけにこだわらず，他の人が選んだものとの関係を考えさせる。子どもたちは，選んだ文，フレーズ，単語をもとに話し合いを発展させられているだろうか。話し合いを深めるために，文章に立ちもどることができているだろうか。

◆◆ チップス ◆◆

　このルーチンは3つのものを選ぶが，3つのステップをすべて行わなくても目的を果たすことはできる。リンゼイ先生の例に見るように，幼い子どもの場合ステップを2つ（文と単語）にするのがよいだろう。このルーチンの逆の順序，つまり，単語の選択，フレーズの選択，文の選択という順で行うこともできる。実際，単語の選択について話し合って，フレーズに移り，文について話し合う流れが自然だという教師たちもいる。正順と逆順の両方をやってみて，何が起こるかを見てみるとよい。

　話し合いを進めるために，発言がどのように深まっていくのか記録していくのは重要である。模造紙を縦方向に3つの列に区切る。用紙の下方に水平に線を引いて行をつくり，下の行に，選択されたものから浮かび上がるテーマ，その意味

と，文章に書かれているのにだれも選択しなかったものを書き込ませる[7]。ただし，発言を記録することが，選択したものやそれに関する考えについての話し合いのじゃまにならないようにする。選んだものについて発表しているときには，ページや段落を示す。何について話しているかを聞いている子どもがわかるようにして，まわりの文章とのかかわりで話が聞けるようにするためである。メンバーが選んだ文，フレーズ，単語を上の行に書いておくと，話し合いがしやすくなり，またテーマや意味，選ばなかったものを明らかにする活動がやりやすくなる。

実践の概要

　アムステルダム国際学校の5年生担当リザ・フェルケルク先生は，奴隷貿易について理解させようとして，ジュリアス・レスターの本（ロッド・ブラウンの挿し絵）『あなたがもし奴隷だったら…（原題：Slave Ship to Freedom Road）』を使った。「これは，とてもおもしろい本なのです。最初にロッド・ブラウンがこの本の挿し絵になっている絵を描きました。ジュリアス・レスターがそれを展覧会で見て，それに話をつけようと思ったのです。1枚の絵につき1ページの文章が書かれていて，その内容は子どもにとって少しむずかしいのです」とリザ先生は述べる。

　絵も文章も豊富なイメージを喚起させる。そこでリザ先生は，絵と文章の組

---

[7] **文・フレーズ・単語**で用いられるのは，以下のような表である。

文	フレーズ	単語
※ここに付箋紙を貼るか，書き込むかする	※ここに付箋紙を貼るか，書き込むかする	※ここに付箋紙を貼るか，書き込むかする
・何についてのことか ・何を表しているか ・だれも選択しなかったものは何か	・何についてのことか ・何を表しているか ・だれも選択しなかったものは何か	・何についてのことか ・何を表しているか ・だれも選択しなかったものは何か

み合わせごとにグループに割り当て，このルーチンを使うことにした。それによって，子どもたちはグループで絵をよく見て，助け合って文章を読んで，真剣に話し合うことができた。グループ活動の後，リザ先生はクラス全体でそれぞれの結果を発表させ，みんなで話の流れを理解していった。

　はじめに，リザ先生はみんなに絵の中から1枚を見せ，それから**見える・思う・ひっかかる**を使って，絵の意味を考える活動に入っていった。「**見える・思う・ひっかかる**は，何度も使ってきましたね。この絵を見るときに，まずそれをやってください。しっかり絵を見て，話し合ってください。綺麗な絵でしょ。それぞれの絵がみんなに語りかけているわ。どうしてジュリアス・レスターが触発されたかがわかると思うわ。それができたら，みんなで文章を読んでいきましょう。今日は，新しいルーチン**文・フレーズ・単語**を使おうと思います」。

　リザ先生がこのルーチンを最初に使ったときは，「単語・フレーズ・文」の順だったが，これまでの経験からは，大きな概念を表す文を1つ選び，それを支持するフレーズを選び，そして最後に重要な単語を選ぶ方が子どもにはやりやすいことがわかった。そこで彼女は，「読み終わったら，くり返して読まないとだめですよ。1人1つずつ，文を選んでもらいます。この本の要旨を確かに表していると思う文を選んでください。ジュリアス・レスターが伝えたかったことは何なのでしょう？　それから，フレーズを選びます。フレーズは，選んだ文の一部でなくてもかまいません。別の箇所も見てみましょう。文章を深く理解する助けになるようなフレーズを選んでね。最後に，単語を選びます。強い意味を持つ単語や重要だと思うものを選びましょう」。

　この活動は「異なる人々，異なる生活」という大単元の一部で行われた。単元の目標につなげるために，子どもたちをこの文章のテーマや文章が表す意味に注目させようとしたのである。「単元全体は現代の内容です。しかし子どもたちには，今世界で起こっている問題とはるか過去の出来事とを関連づけて考えてほしいのです」とリザ先生は述べた。

　リザ先生はグループにページを割り当てて，該当のページを配った。すぐに目的を意識した集中的な話し合いが行われた。それぞれのグループは，担当のページに没頭した。子どもたちは，注意深く絵のページをながめて目に入るものについて話し合った。活動が絵についての解釈に移ると，リザ先生はグループをまわって，互いに「どうしてそう言えるの？」と尋ねるようにさせた。

　各グループが絵についての話し合いを終えると，子どもたちは交代で声に出

して文章を読んだ。その後すぐに，どの文，フレーズ，単語を選ぶかを考えさせ，それについてグループに説明させた。発言を記録し終わると，文章のテーマと文章が表す意味を考え，それを今日の世界の出来事と関連づけていった。90分近く活動を続けた後，リザ先生は本のページと話し合いの記録を集めた。

　次の日は，みんな自分たちの考えを発表したくてしかたなかった。しかしリザ先生は，グループ発表の前に，各班の絵をホワイトボードに貼って，みんなにそれを数分間注意深く見させた。さらに，文，フレーズ，単語を発表させる前に，各グループに1文，要約文をつくらせた。そして，それらを模造紙に書いてみんなに見えるよう掲示した。発表では一人ひとり，どうしてその選んだ文を重要だと考えたのか，どうしてその単語を重要だと考えたのかを話した。最後に，各グループがまとめた文章のテーマと文章が表す意味を発表した。それは，別の模造紙に記録されていった。子どもたちは，こうしてページごとに話を理解していき，**文・フレーズ・単語**を通して話の趣旨をつかみ，画家と作家が考えてほしかった重要なテーマを感じ取り，ついに過去と現在をつなげることができたのである。

　この学習をふり返って，リザ先生は「子どもたちは，自分たちがやったことに驚いていました。すばらしい発見をすることができたと感じていました。本当にそのとおりです。ただ本を読むだけのときよりも，ずっと包括的に奴隷貿易の話を理解することができました。そしてそれを，ニュースで聞いたり夕食のときに話題にのぼったりする現代の問題と，つなげて考えることができるようになったのです」。

　週末に，授業は教室に貼ったままにしておいた「テーマと意味」の紙にもどった。リザ先生は，すべての考えを読み上げて，もう少し話し合うように言った。子どもたちに，どのテーマと意味が優れているか，どれに個人的に意味や力を感じるか，重要だと思うかを考え，自分の**プリントリフレクション**（リザ先生が使った別のルーチン：7章参照）にどれを載せたいかを検討させたのである。

　そのために，静かな音楽をかけて，すぐに子どもたちを作業させた。**プリントリフレクション**の絵が描けると，子どもはそれぞれの絵を注意深く見てまわり，それにつけられたふり返りを読んだ。そして，気に入ったもの，自分と似た考え，大きく違っているもの，驚いたものなどにコメントをつけた。中にはすばらしいものや，それまでの個人的な経験が現れたものがあり，それがみん

なの心を深いところでつなげていった。リザ先生は，このような協同的活動によって，自己発見や正直さや心の広さ，すなわち考える文化をつくる人間関係が育成されていったと信じている。「このルーチンが効果的だと考える理由の1つは，子どもたちがそれによって自分の考えを見つけられることと，互いの考えを評価して尊重するようになることなんです」。

Part 3

思考の可視化に命を吹き込む

Chapter 7

思考が評価され,可視化され,推奨される場をつくる

　第2部では,いろいろな状況やグループ編成や内容領域において,思考ルーチンによってどのように理解が助けられ,考えが可視化できるか理解してもらえたと思う。それぞれのルーチンに実践の概要を付しておいたので,思考ルーチンをたんなる活動にとどめないために,効果的な指導の基本構造の中にどう組み込むかイメージが広がったと思う。思考ルーチンが教師と子どもに役立ってきたようすからは,どんな思考ルーチンでも,子どもを考えさせ学習に導く効果を上げるには,ルーチンをとりあえずやってみるだけではだめだということがわかっただろう。紹介したどのルーチンも,個別の活動として一度はうまくいくかもしれないが,継続的に使って活動のパターンに仕上げていくには,教師やグループのリーダーが努力し続けなければならないのである。考える文化が効果的であることを理解し,それを築き上げるために数年にわたって懸命にはたらきかけてきたビアリク校をはじめとする各学校から実践事例を紹介しているのは,けっして偶然ではない。思考ルーチンやその他の思考の可視化の方略が花開いたのは,実際こうした環境の中なのである。この章では,思考パターンをはぐくむプロセスを探り,考える文化が生み出される背景についてより広げて検討する。

　「考える文化」は,われわれのプロジェクトでは「全員に対して,個人および集団の思考が,毎日のあたりまえの経験の一部として尊重され,可視化され,強く奨励される場」と定義されている。考える文化という言葉が何を表し描写しているのかをよりはっきり理解するために,この定義をいくつかに分けてみよう。ま

ず最初に、教室ではなく場という言葉を使っていることに気づいただろうか。どんなときでも人が集まり、そこで学習や知的な成長が求められれば、それは考える文化をつくり出すチャンスである。これは、教室でも会議室でも、読書クラブや美術館の鑑賞会、地域の会合や勉強会でもよい。

次に、定義では「個人および集団の思考」と述べている。思考は一般的に、個人の頭の中の見えないところで起こる個人的な営みだととらえられている。しかし他者の助けがなければ、思考は著しく抑えられてしまう。個人の思考は、他の人から異議を唱えられたり、アイデアを他者に明確に簡潔に説明する必要性が生じたり、他の人の唱える論理に対して異なる観点や見解を提示したり、疑問点をあげることなどから恩恵を受けている。さらに、集団で問題を解決したり決断したり理解したりする方が、個人単独よりもはるかに成果が大きいのである。たしかに、個人によるすばらしい成果の事例はたくさんある。しかし、歴史を通してずっと、人類は困難を克服するために頻繁に直接的に集団の力に頼ってきた。創造性の専門家、ケン・ロビンソン（Robinson, 2010）によると、「最も偉大な学習は集団の中で起こる。協同は成長の糧である。もし人々をばらばらに分断して個別に見るなら、彼らと本来の学習環境の間のつながりを切ってしまうことになる」。だから考える文化においては、個人の貢献と成長は認めつつも、いわゆる思考をうながすために集団の力を活用したいのである。

定義の続きは、思考は「尊重され、可視化され、強く奨励され」なければならないという文言である。思考の価値を認めない教育を見つけるのは至難の業である。「お母さんとアップルパイ[1]」みたいなものだ。つまり、思考が大事だということにはだれもが賛同せざるを得ないのだ。しかし、何かを本当に評価するためには、それが何か明確に定義されている必要がある。1章で述べたとおり、思考という単語はとても広く使われ、多くの異なる認知活動を含んでいて、その意味は必ずしも明確ではない。思考を評価するためには、そのベールをはぎ、それが何をもたらすか、明らかにしなければならない。そして、有用で価値のある思考が起こるようにしなければならない。どんなときでも、指導者は「はい考えて」と言うのではなく、どのような種類の思考力を重視するのか明確に示す必要がある。そうすることによってはじめて、思考を可視化することに注意が向けられる。本書を通して、質問すること、聞くこと、記録すること、そして思考ルー

---

[1] 戦時中、兵士が何を恋しいかと問われると皆、「お母さんとアップルパイ」と答えたことから来た言い回しで、だれも疑わない普遍的なものというような意味。

チンを使うことといった思考を可視化する方法を紹介してきた。思考を可視化することによって,「子どもがどのように概念を理解しているのか」をのぞく窓が開くのである。しかし,たんにこの窓を通してのぞくことに満足していてはだめで,思考をサポートしたりうながしたりして前に進め,それによって子どもの理解を深める足がかりとしなければならない。

「毎日のあたりまえの経験の一部」という箇所は,「子どもは周囲の知的環境に参加していきながら成長する」というヴィゴツキー(Vygotsky, 1978)の言葉を思い起こさせる。考える文化を築きたいのなら,特別に準備した一回きりの活動ではなく,子どもを取り巻く教室環境を日常的に思考で満たさなければならない。ところで,フリード(Robert L. Fried)は,自身の著書『The Game of School』の中で,ヴィゴツキーの引用の負の部分にふれている。子どもたちは,学校では学んでいるのではなく,学校ゲーム[2]に懸命になっていることが,あまりに多いというのである。たいていそのゲームは,短期記憶に知識を詰め込むテクニックを習得することが中心となり,真に考えることなどほとんど求められない。こうした考え方は,2010年のヴィッキー・アベルスとジェシカ・コンドン監督のドキュメンタリー,『ゴールのないレース(原題:Race to Nowhere)』という作品の中でくり返されるテーマでもある。このみごとなネーミングの作品には,学校には学ぶためではなく点をもらうために行くと感じているアメリカ中の子どもの声が収められている。これを逆転して,子どもに考えさせ学ばせたいなら,考えることを期待していると,常に示さなければならない。

考える文化の定義の最後に,「全員に対して」という言葉が含まれていることに注意したい。考えることを,天才的な子どもや優秀な子どもの専売特許とみなすことがあまりに多い。基礎・基本を身につけるまで,考えることも,学ぶことも,達成することも,人より優れることも期待できないのだと,どれだけ教師が

---

[2] フリードは,学校ではオーセンティックで(本物の)意味のある学習が行われていない理由として,学校が次のような「ゲーム」であふれていることを指摘している。
・子どもの生活と関係のない大量のカリキュラム
・単純な学習や当てずっぽうで点がとれる評価
・合格するために最小限のことしかしない無気力な子ども
・どうやって教師を困らせるかという楽しみ
・大量のむだな時間
・学び方の学習より重視される学習結果
・テストを返すときに「学んだこと」より重視されるテストの点
・得点分布を補正するための点数のごまかし

言うのを聞いてきたかわからない。否，われわれ自身もそう言ってきた。しかし，その考えは根本的にまちがっている。なぜならその考えは，人が常に考えているということを否定し，考えることを軽視して丸暗記ばかりさせているのに，後になったら考えることができるようになるという考えなのだから。実際は，まったく逆である。教師は，子どもが考えないと嘆くが，それはたいがい，考えることや話すことを教えていないか，事実上考えることができない課題を課しているからだ。教師たちと取り組んできた10年間にわたる思考の可視化と考える文化のプロジェクトでは，どの学校においても同じことが起こった。考えることが教室の日常的な活動の一部となって教師が子どもの思考に興味を示して尊重すると，以前は学習面で力のなかった子どもが輝き始めたのである。学校が正解をすばやく返す場ではなくなり，個人の考えや疑問，観察に焦点があたるようになると，すべての子どもにとって新しいゲームの場が生まれるのである。それは，学校ゲームが得意な子どもを動揺させるのだろうか？　最初はそうかもしれない。しかし，時間とともにそういった子どももまた，より参加する価値のある新しいゲームを楽しめるようになる。

　考える文化の定義である，「全員に対して，個人および集団の思考が，毎日のあたりまえの経験の一部として尊重され，可視化され，強く奨励される場」は，達成されるべきものだというより，教師がみんなでめざすゴールである。ビアリク校でこの試みを始めて6年経ってもなお，考える文化はゴールであり続けている。そして，教員や首脳部の人事異動のたびに，毎年確認しなければならない。間断なくつくり続け育て続けなければならないのである。どんな組織であっても，文化は自然に維持されたり進化したりすることをあたりまえだと思ってはならない。時間をかけて，内部の人々が積極的に関与し貢献しなければならないのである。

　考える文化をつくるプロセスを理解し，さらにそれをより効果的に行う方法を理解してもらうために，3つの事例を紹介しよう。まず1つめは，アムステルダム国際学校のリザ先生のクラスである。2つめは，ジュリー・ラントフォークト先生がとりしきるメルボルンの教員の研究会，イサカ・プロジェクト。3つめは，ニューヨークの近代美術館のデイラ・コーエン主催の鑑賞会から。これらの事例は，それぞれに思考ルーチンやその他の思考を可視化するための仕掛けを活用しているが，それだけでなくより広範囲な学習環境が，子どもを一所懸命，積極的に取り組み，自律的に考えるように育てるために役立っていることを浮き彫りに

してくれる。そして、読者は「いったいどうすれば考える文化を効果的に築けるのか」把握することができるだろう。読み進めるに従って、考える文化を形成する重要な力が明確になっていく。それらについて考察していこう。

事例：ふり返りを取り入れる（リザ・フェルケルク先生と共著）

　2001年，理解のための教育とは何なのかを検討するために，マサチューセッツ州ケンブリッジにあるハーバード大学教育大学院にヨーロッパから来た39人の教育者が約1週間集まり，リザ先生もそれに参加していた。教師らは1週間，「理解のための教育[3]」（Blythe & Associates, 1998）とは何か学び，議論し，子どもの理解を深めることに焦点をあてた単元計画を立てた。新任教師であるリザ先生はこれらの活動に引き込まれ，単元計画について新しい考え方をするようになった。それには，このときのある経験が大きかった。毎日，教師たちがワークショップに来ると，理解について何がわかったかをふり返ることになっていた。一日の終わりではなく一日のはじめにふり返りをすること自体，たしかに斬新だったが，それよりもリザ先生はふり返りのやり方に興味を持った。この週の初日，参加者は一人ひとりスケッチブックを渡され，毎朝，自分にとって理解が意味するものを表す絵（視覚的なメタファー）を描くように言われた。クラシック音楽だけが流れる静かな環境で，絵を描くために，色

---

[3] 「理解のための教育」の枠組み（the Teaching for Understanding framework）として，the Teaching for Understanding Guide には，理解のための教育を進めるための4つのプロセスが示されている。
　・生成的なトピック（Generative Topics）：次のような課題を選ぶ
　　・学習領域の中心となっている
　　・子どもの興味関心を引く
　　・調べるためにたくさんの情報がある
　　・トピックどうしの関係や子どもの経験との関連が多様にある
　・目標の理解（Understanding Goal）：最も重要なことについて，子どもが何をできるようになればよいのかを文で表す
　・理解を示す成果（Performances of Understanding）：目標を理解したことを，新しく知ったことを用いて示させる
　・経常的な評価（Ongoing Assessment）：単元全体を通じて，評価規準を示しフィードバックを与えふり返らせる

鉛筆，水彩絵の具，クレヨン，パステル絵の具，それから，コラージュ用の素材が参加者に配られ，30分の時間が与えられたのである。

　最初，視覚的にふり返ることとそれを通して考えを何かにたとえることがおもしろく思えた。それは，前の日に抱いた理解についての考えの中で，重要なことを思い起こして，その時点の考えと疑問を改めて見つめていっしょにし，芸術的感覚から考えを深め，最も強く印象に残ったことを抽象物にたとえるというものであった。彼女は，言葉を使わないふり返りがとても強烈であることに驚かされた。文字を使ってはいけないというわけではないのに，参加者は文字よりも絵のイメージをより強めようとしていた。何を使って表してもよいというのは，いつもの文字だけのふり返りでは出てこないようなアイデアを湧き出させるユニークな方法であった。絵には，起点や終点はない。絵に表される思考は直線的ではない。この週の最終日，リザ先生は，受け持っている5年生にも同じ体験をしてほしいと思った。「ペイントリフレクション（絵で日誌を描く実践）を，とっても楽しんだわ。だけど，他の先生の中には，この体験を特別好きだとは思っていなかったり，うまく絵が描けないと感じている人がいたわ。それを見て，私が受け持つ子どもたちにとっても，もしかすると最初はむずかしいかもしれないということに気づいたの」とリザ先生は述べている。

　アムステルダムにもどったリザ先生は，新学期が始まると子どもたちにスケッチブックを持ってくるよう指示し，美術道具セットを揃える準備を始めた。しかし，時間割の中に毎日ペイントリフレクションのための時間をつくる時間的余裕がないことはわかっていた。一方で，もしふり返りを定期的な課題にしなかったら，彼女が体験した芸術を通して考えることの効果を，子どもたちは体験することはないだろうということもわかっていた。結局，1週間に45分ペイントリフレクションの時間をつくるというのが彼女の妥協案となった。「つまり，これはものすごく特別に与えられた時間ってことよ」とリザ先生は述べている。

　最初の時間に，リザ先生はふり返りを通して自分が学んだことについて話した。そして，学習を定期的にふり返る方法として，1年間ペイントリフレクションをするという計画を子どもたちに伝えた。そして，基本的なルールをいくつか決めた。これは静かにやることが望ましいので，集中できるように音楽を流すということ。もしふり返りを人に見せたくなければ，プライベートなものとして扱うということ。しかし，人に見せてもよいという人は，ふり返りの時

間のあと，スケッチブックを机の上に開いたまま席を離れ，クラス全体で他の人のふり返りの絵を見て回る時間を持つということ。最初の実践では，ふり返りのトピックに「友情」を選んだ。国際学校では，各学年の約30％が転校生であり，友だちになること，友だちでいることといったトピックはいつもうわべだけで終わってしまっていた。リザ先生は，「よい友だちとは何か？ なぜ友だちが大事なのか？」という問いについて考えさせ，みんなが絵に描いた考えについてふり返らせた。この日から，リザ先生も子どもに混ざって，絵を描いてふり返るようになった。

「みんなとてもうまく描けていたわ。子どもの中には，英語を母国語としない子がたくさんいるけど，彼らは英語を使わずに自分の考えを表現できることに喜んでいたわ」とリザ先生は述べている。時が経つにつれ，リザ先生は，子どもたちがペイントリフレクションでどれほど自己解放しているかに気づいた。「このときだけは芸術的な創造性が言葉より重要で，正解も不正解もないという，この活動の自由さをみんなとても気に入っているの。あとから気持ちを言葉でも表すのだけど，はじめに，たとえ言葉ではわかり合えなくても絵によって気持ちを通じ合わせることができるということを体験するの」とリザ先生は言う。

リザ先生は，毎週のふり返りの時間を続けた。子どもたちの絵に，少しずつ変化が見られるようになった。「最初は，棒人間や家，車なんかを描いて，考えを説明的な絵に描きたがる子どもがいたわ。その子たちは，じょうずに描けなかったらつまずいてしまうの。それで，そのうち何人かは考えを絵に描いてから文字にするのはむずかしいと思ってしまって，単純で表面的なふり返りしかできなくなってしまうの」とリザ先生は言う。この問題についてリザ先生は，この時間はじょうずな絵描きや美しい絵のクリエイターになるための時間ではなく，何でも使っていつもと違った形で考えを表すための時間だと指摘している。彼女自身，自分はアーティストではないし，正しく描こうとする必要はなくて，考えていることを線や記号や色を使って表せばいいのだとわかったとき，自分を自由に表現することができるようになったということを強調する。「みんなに，イメージを説明的に描くことにとらわれないよう，抽象的にペイントリフレクションを描くように指示しました。それでも，何人かの子どもにとってはむずかしかったみたい。班の中で，同じ色やパターンが使われていたわ」とリザ先生は述べている。

ふり返りをレベルアップしたいリザ先生は，メタファー，つまり何かによっ

て別のものを象徴したりわかりやすく説明したりすることについて，子どもたちにきちんと紹介しようと決めた。「彼らに，時々，私の人生はメリーゴーラウンドのようだと感じると話したの。そして，どうしてそんな比喩を使うのか考えてもらったわ」。そして，メリーゴーラウンドの特徴について話し合うと，回る，上がったり下がったりする，光と音楽がある，最初はおもしろそうだけど，時々早すぎたり，降りたくなるくらい目が回るなど，メリーゴーラウンドの特徴があがってきた。そして，それらの表現と人生とを関連づけていった。リザ先生はメタファーの概念にもう一歩踏み込んだ。「私は，視覚的なメタファーを描くのはとても簡単だと説明したの。色とか模様，線，形，動きがいろいろな形でアーティストの心の中のストーリーを表現してくれるのね」。また，彼女は気持ちや感情が色によってどんなふうに表現されるか，直接何かを表しているわけではない形がどうやって何かの概念を象徴するのか，ということについても話をした。「そして，今度は抽象画を描いてみてと指示したの」。

何年かやってみて，リザ先生は，みんなあたりまえに説明的な絵から抽象画に移行することがわかってきた。彼女が注目し開発しようとしているものは，一方できわめて自然で予期されているものなのである。「毎年，6週目になるとその変化が起きて，奇跡的にどの絵もユニークなものになるの。今やだれもがこれがどういうことなのか理解しているわ。彼らはそれぞれに絵に描くべき考えを持ち，その手段を持っているわ。子どもはこの活動を楽しむようになり，言葉でふり返りをするときには，よりたくさんの考えを伝え合って互いを理解し合うようになるの」。

みずから絵を描く経験を通してリザ先生は，どうふり返ったとしてもその効果は対象に大きく依存するということに気づいていた。彼女はハーバードでの1週間，理解のために教えるということ，学ぶということはどういうことなのかについて，読んで調べて議論した。ふり返りの時間は，学んだことを総合して確信を得るための機会となった。リザ先生は，ペイントリフレクションが考えることをうながして理解を深めるものになるためには，ただふり返るだけではだめで，何を期待しているかを示して絵の具を渡さなければならないとわかった。それから，子どもたちに何について考えてほしいのか，ふり返りに集中することが学習をどう深めるか，注意深く考えざるを得なくなった。そして，芸術を通してふり返る意味のあることを探し始めた。やがて，読みの授業に自然なふり返りの場面を見いだした。この授業では，しばしば本の中心テーマを

ふり返る活動を行っていたのである。その一例を，6章の**文・フレーズ・単語**の実践の概要で紹介した。リザ先生は詩の授業でも機会を見つけた。授業で扱った詩の意味を，絵で表現させたのである。

　リザ先生は他にも，社会科の問いや概念をトピックにすると，ふり返りをうまく継続できることに気づいた。たとえば移民の単元では，はじめに子どもに次の質問をする。「自分にとっての家とは何か？　家について，どんなことを感じるか？　家の何を大事にしているか？」。単元の中頃では，強制移民についてのたくさんの物語を読み，難民の窮状について学習する。単元の最後では，まとめのための一連の発問でふり返らせる。「あなたが移民の単元で学んだことの中で，最も重要なことは何か？　とくに大事で，覚えておきたいことは何か？」（図7.1）。

　この実践を続けるにつれて，子どもたちはどんどん引き込まれていった。ペイントリフレクションは，重要な週行事になって，子どもたちもそれを楽しみにするようになった。「運動会のような特別な行事があってペイントリフレクションができないとき，子どもたちは何か他の時間を割いてでもやろうって言ってくれて，実際よくそうしたわ」とリザ先生は言う。彼女は子どもの成長にとって，ふり返りとメタファーの両方のモデルを示すのがいかにたいせつか認識した。「毎回リフレクションが終わると，私たちはリフレクションの絵に書かれていることを見て回るわ。子どもたちは互いに質問し，その後，自分たちが気に入ったものや興味を引かれたものを指摘するの。この方法で，彼らはト

移民

渦巻きは移民してくる人の列。秤はたくさんの人が家を持ってないこと。カードはいなくなった人の写真。指紋は，密入国が犯罪だってこと。

図7.1　移民についてのペイントリフレクション

ピック全体に考えをめぐらせたり，自分の生活と関連させたり，感情や信念や価値観を表すための自信を身につけたりしたわ」とリザ先生は言う。「彼らは自分の絵についての説明をどんどん書くようになっていったわ。時々，他の時間には話し合えないとても個人的なことも共有したの。だから，ペイントリフレクションで共有することは個人的なものだという合意をし，教室の外では他人のふり返りについて話してはいけないというルールをつくったの。子どもたちは，同じトピックやテーマでもみんな異なる見方をするのがおもしろいと言って，少しずつ自分の観点にも価値を感じて，自信を持つようになったわ」。

リザ先生は，ふり返りを大事だと感じさせるのに，彼女自身がモデルを示すことが重要だということに気づいた。「大事なのは，正直さね。子どもたちは，私が静かに座って，たまに目をつぶっているのを見るわ。そんなとき，私は，素材の使い方や絵の描き方に浸って感動しているの。それから，絵全体について書いたり，ちょっと変わった角度から見たことについて書くのね。そんなやり方が，彼らを大胆にするんだわ。私は，本当に正直にやっているの。大人の視点から見るんだけど，でもいっしょに考えてきたことと関係しているはず。そう，心から彼らを信頼しているの。それで，人に影響されない度胸もつくんじゃないかしら？ 私が本当に大事だと思う所に焦点を絞るのを，この活動がどれだけ助けてくれるかいつも話をするし，彼らは私がどれだけそれを楽しんでいるか見ているの。いつも，ふり返りについて発表して話し合う時間をとっているわ。それによって，深い思考を高く評価してお互いの視点から学び合うのよ。それは，忙しい一日の終わりに立ち止まってふり返ることが大事だと私が思ってるっていうメッセージを伝えることになるんだわ」。

学年が終わるころには，子どもたちは毎週のこの時間をとてもたいせつにするようになり，家庭でペイントリフレクションを続けたいと言うようになった。ほとんどの子どもが，学習を進めて理解を深めるのにとても有益だと感じているのである。ダニエルは絵を描くことによるふり返りについて，「自分のふり返りを描いているとき，ただやっているだけのときもあるんだけど，没頭しているときは『これはこれを表してるからここに描こう，これはこれと関連してるからここに描こう』って独り言を言ってるんだ」と述べた。他の何人かも，没頭するというのはどういうことか，絵を描くことがどのようにして思考をうながし発展させるかに気づいていた。ヘニーは自分自身について，「いつもは十分によく考えることも，完璧に理解したりもしないんだけど，絵を描き始め

るとそういうことがやりやすくなるんだ。ほんの少し文章を書いて，それから絵を描くと，より深く考えることができるんだ」。アレックスも同じように言う。「描いているものをより深く理解したら，さらに多くの関連が見つかって，そしてそのことを描けるようになるんだ」。

英語が母国語でないレオール・ジミグルドは，思考を表現するために，絵を描くことがどのように役立ったのか発表した。「考えを絵に描くことは，言葉で話すよりもはるかに簡単だわ。その絵を見れば，自分が学んだことや知ってることが見えてくるもの」。また，彼女は英語が堪能でないことがどれほど表現することや理解することの壁となっていたかまでも絵に描いた。図7.2は，彼女の考えがレンガの壁で隠されていることを表している。

子どもといっしょにペイントリフレクションをするようになって数年経った今，リザ先生はこのルーチンが子どもと彼女自身にとって何を意味するようになったかふり返ってこう言う。「ペイントリフレクションを共有するこの時間はとても特別なものよ。私たちはみんなこの過程を楽しんでるの。この穏やかな音楽，このたいせつな道具を。次から次に教室移動して学校中を駆け回るようなよくある忙しい一日の中から，自分自身のためにほんのわずかな時間を盗み取るような感じね。この活動では，隠してしまいがちな自分の一面，つまり自身の感情に向き合わなければならないの。自分の感情をさらけ出すことできずなが強くなって，みんながお互いに敬意を払って理解し合うようになるの。この活動では，競争がなく，だれも正解ではなく，だれも高得点をとれないの

どうやったら言葉と絵の中に隠れている神秘のベールをはがせるか学んだ。それは時間がかかるけど，大成功。

絵には，レンガの壁とその後ろにある何かすてきなものを描いている。レンガが崩れると，すばらしいものが手に入る。

図7.2 レオールのレンガの壁の絵

よ。私たちはみんな平等なの」。リザ先生は，これのやり方になじませるために毎年教室で費やす時間は，同時に子どもたちがよりよく考えられるようにさせる時間だと感じている。「他者に心から耳を傾け，自分とは違う他者の見方を理解しようとすることを学ぶのは，効果的な考える文化を創造するのに重要な要素なの。もしそれができれば，私たちは協同的に考え，学ぶことができるわ。お気に入りの発問があって，毎年それを使うの…『なぜ1人で考えるより，みんなで考える方がパワフルなの？』。2，3か月すると，毎年1人は私に同じ質問を問い返してくるわ。それにはいつも微笑んでしまうの」。

事例：自分たちが学ぶ時間をつくる（ジュリー・ラントフォークト先生の場合）

　オーストラリアの学年歴のちょうど半分をすぎたころ，暗い冬の朝7時のことである。家を出て街中からやって来た教師らのために，コーヒーがいれられクロワッサンが温められる。そしてあいさつが交わされ，前月のニュースが交換される。研修が始まる前に，この前の集会から会っていない他校の教員と語り合う時間である。一日の始まりに何を選ぶか，いや，実際には始まる前に何をするかは，重要である。その日の課題はまだ始まっていない。彼らはこの時間を，目の前の雑事を忘れて，彼らの注意を引く大きな問題についてより深く理解したいという気分をつくる，準備の時間にしてきたのである。

　6年間のイサカ・プロジェクト[4]の最終年の研修である。イサカ・プロジェクトとは教員有志の集まりで，メルボルンの8つの学校から教育，カリキュラム，評価について考えて学習改善を図ろうとする者が集っている。このグループの研究課題の中心は，知的特性をどうやって引き出すかということである（Ritchhart, 2001, 2002）。この日の朝の研修の参加者全員は，イサカ・プロジェクトの最初からのメンバーではない。それにもかかわらず，理解とは何か，知的行動とは何かについて共通の認識がある。最も重要なことは，このグループは，効果的な学習・教授のための簡単レシピは存在しないし，だから学ぶべきことは常にたくさんあるということを理解している関心の高い教師の集まりだということである。

　7時半になると，みんなコーヒーや紅茶を手にしたまま自分のグループに入

る。主催者のジュリー先生は，号令をかける必要も，説明する必要も，注意する必要もない。これはこの年4回目の集会である。今や，やり方には慣れたもので，すっとリズムに乗っていける。スタンフォード監獄実験[5]の立案者である心理学者，フィリップ・ジンバルドーへのインタビューをまとめた『善人はいつ悪人になるのか（原題：When Good People Turn Bad）』が，今月の指定文献である。6つのグループが，この本に書かれている考えについて話し合うざわめきが聞こえ始めた。グループはそれぞれ6人で編成され，毎回同じメンバーである。ジュリー先生を含む全員が，年間を通して2種類のグループに属すことになる。前半のグループが〈談話〉のグループで，核となる概念は何か考える。後半のグループは，学校での実践について話し合う。今年は形成的評価についての実践を報告し合ったり文献を読んだりする。

　グループのメンバーを変えずに話し合うのは，一定の人数のグループの一員だという感覚が浸透することで人間関係ができていくからである。だれかが休むと，グループでしっかり考えるためには，教師，管理職，数学者や芸術家などの多様な視点が不可欠だということがあからさまになる。このようなきずなは，たまたまできるものではなく，ジュリー先生がよく考えて仕組んだものなのだ。「私は，このグループをシンクタンクにしたかったの。親密な友情でつ

---

[4] イサカ・プロジェクトの会合は，いつも次のスケジュールで進む。
　　7：15-7：30　〈朝食〉
　　7：30-8：00　〈談話〉　授業に役立ちそうだがまだ取り入れられていないことについて議論する。どの文献を読みたいか各人少なくとも1つ選んで，少人数のグループで話し合う。毎回，違う人が司会する。その際，おもに**関連・違和感・重要・変化**を使う。
　　8：00-8：15　〈私の学校で〉　どれかの学校あるいはグループが，研修，カリキュラム評価，実践結果などを報告する。トピックは事前に知らされ，関連資料も配られている。少なくとも1つ，資料を読んで参加する。
　　8：15-8：45　〈質疑〉　**つなげる・広げる・吟味する**を使って，実践報告について話し合う。その後，カリキュラム，評価，研修に関して，どのように発展できるか検討する。
　　8：45-9：00　〈予告〉　次の会合についての予告をする。実践について「何を考えてくるか」決め，文献について簡単に紹介される。その後，その日の話し合いが学校に帰ってどんな役に立つか，どうやって実現するか数分間話し合う。

[5] 1972年の8月に1週間かけて行われた，心理学上の著名な実験。ボランティアで集めた被験者24人を看守と囚人に分け，囚人21人は6フィート×9フィートの監獄に入れた。囚人と看守は自由に会話することが許された。看守は3人で8時間ずつの交代制で見張りをした。その結果，看守は囚人に対してどんどん攻撃的になり，囚人はどんどん受動的で抑圧的になっていった。実験は当初2週間の予定であったが，あまりにその状況が酷くなったため，6日間で終了した。

ながって，どんな考えでも試せるようなフォーラムをめざしたのね。そのためには，同じ体験を共有して，お互いよく知り合っていなければだめだって思ったの」とジュリー先生は言う。同じグループでいることで，グループに対するかかわりが強くなると信じていた。そして，それは学校での帰り際や緊急の会議ではなかなかできないことであった。また，彼女は最初の段階で，グループのメンバー決定で失敗しないようにしようと考えた。協同的にかつ継続的に学べるように，勧誘文には「すべての会に参加できなかったり，15分早く帰らなければならなかったりする人はお断り」と明記した。

7時45分。グループでの話し合いは順調で，内容も，司会者やみんなが思う通りうまく進んでいる。順番に担当する書記が打つタイプの音が，たまに話し合いを中断させる。ここで使われているのが，ルーチンである。5章で紹介した**関連・違和感・重要・変化**によってガイドされて，文献の何が自分と関係あるか，何が重要な概念か，何に疑問を持って何を話し合うか，何をやってみるか，今までやっていたことの何を変えるかを話し合うのである。ルーチンはただのおしゃべりではないので，議論を始めるときにはみんなが自分の考えを用意してきた。**関連・違和感・重要・変化**のステップを時間通りに進めるために，各グループには司会者をおいている。司会者も，順番に変わる。

今日の文献は，イラクのアルグレイプ刑務所の看守の行動と，集団行動，規範，仲間からの圧力との関連を考えるためのものである。やがて議論は学校生活に移っていき，教師集団における規範について，さらには子ども間の圧力の影響に及んだ。そして，文化，期待，価値，人間関係といった重要な概念についても話し合われた。それらは，自分の価値に従って生きるむずかしさや，教師として変わるべきことは何かということにつながっていった。1人が，「私たちの価値の体系がしっかりしてなかったら，子どものよさを引き出せないわ。学校は，子どもの行動を押さえつけることばっかりやって，事前にそういう行動が起こらないようにする方法を考えないのよ」と言うと，別のメンバーがその先を続けた。「教師としての自覚は，働いている場所で決まると思うわ。場所によって何をするかが変わるし，何かをする方法はそれしかないって思って，それが当然だと考えちゃうの。集団での行動も同じね」。

活発で広範にわたる議論が30分続いて，文献に書いていない多くのことを話し合った。彼らは，ずっと同じものを読んでいっしょに話し，順番に役割を交代しながら考えを共有してきた。だから，文献には書かれていないのに，話

題が文化をつくる方法に及んだとしても，不思議ではない。グループでの話し合いは，しばしば前に考えたことにもどったり，先に進んだりする。前の会合では，ジュリアン・サピュレスキューの『強く賢く素敵な人に（原題：Stronger, Smarter, Nicer Humans）』とマット・リドレーの『何がわれわれを人間にしているのか（原題：What Makes Us Human?）』を読んだ。独特なのは，文献が学校での生活とは直接関係していないことである。しかし，話し合いが進むにつれて，核となる概念に関してのさまざまなつながりが表れてくる。驚くべきことで，やりがいを感じ，そして，うれしいことでもある。

　8時になると，カップにコーヒーをつぎ足して，もう1つクロワッサンを食べる。みんなは後半のグループに移動し，メリー先生とアンジェラ先生が前に出た。今日は彼らが，学校で起こったことを話す番である。彼女たちは，形成的評価と教員研修のうまくいっている点と課題，今考えていることについて10分間で話した。他のメンバーは，思ったことを自由にフィードバックした。これは，ショウ・アンド・テル[6]でも自分について話す練習でもなく，仲間に向かって話してアイデアをもらい，うまくいっていることだけでなく，困っていることも共有する機会なのである。仲間からもらう言葉は，自分の場合はこうだったというような話ではなく，「こんなふうにやってみたら…」「こんなことを聞いたことあるけど…」「こうしたらどうかしら…」というような条件付きの言葉のアドバイスである。こんなふうに，グループでいっしょに学び，互いに支え合っているのである。このように，批判されずに学ぶチャンスになるので，困難が共有され，失敗を話すのも怖くなくなるのである。1年かけて，8校から集まったメンバーは全員，文献と学校での仕事の関係について，理論と実践の両方に基づいて話をするのである。

　8時15分になった。その日2回目の話し合いである。やり方は，1回目と同じ。1年間メンバーは変わらない。交代で司会者と書記をする。事前に文献を読んできて，話し合いにはルーチンを使う。ただ，ここで使うのは**つなげる・広げる・吟味する**である。今日は，フィードバックがテーマである。メンバーはそれぞれ，スーザン・ブルックハートの『適切なフィードバック（原題：Feedback That Fits）』と，やや心理学的な論文であるキャロル・ドウェックの『賞賛の罪と結果（原題：The Perils and Promises of Praise）』，教

●6　本来，人前で話をするのを鍛えるためのトレーニング方法で，何かを示してそれについて話をする。

育改革に焦点をあてたキャロル・トムリンソンの『個別化の目的（原題：The Goals of Differentiation）』から好きな文献を選んで読んできた[7]。全員が同じ文献を読むのではなく，異なる文献をもとにすることで，関連を見つけることができたり，比較ができたり，新たな疑問が湧いてきたりするのだ。司会者は，教師ならよく言う「私のやり方は…」というような言い方を避けて，**つなげる・広げる・吟味する**を使って，文献に書かれている知見と学級での日常の出来事をつなぎながら話し合いを進めていく。

「つなげる」で，すぐに関連は広がった。ブルックハートの文献を読んだメンバーは，学習を進めるのではなく，ただ要約するだけのフィードバックを返すことが多かったと反省した。ドウェックを読んだメンバーは，受け持ってい

---

[7] 研修で扱った文献は以下のとおり。
- ジュリアン・サビュレスキュー（Julian Savulescu）『強く賢く素敵な人に（原題：Stronger, Smarter, Nicer Humans）』（シドニー大学での講演録，2007, http://www.abc.net.au）
    われわれは，病気と闘うだけでなく，知能，行動，雰囲気，性格，道徳性を育成しなければならない。それは，個人だけでなく社会全体にとって，ばく大な利益を生む。
- マット・リドレー（Matt Ridley）『何がわれわれを人間にしているのか（原題：Nature Via Nurture: Genes, Experience and What Makes Us Human?）』（HarperCollins Publishers, 2003）
    20世紀後半は，人の行動が遺伝だけで決まらず，環境だけでも決まらないとされるようになった。人の発達に対する環境と遺伝子の相互作用についての書。
- スーザン・ブルックハート（Susan M. Brookhart）『適切なフィードバック（原題：Feedback That Fits）』（Educational Leadership, 2007, 65(4), 54-59.）
    子どもにとって理想的な形成的評価は，今の知識・技能の状態と次に目標にすべきことを示すことである。しかし，それが子どもにわかるように明確に示されなければ機能しない。
- キャロル・ドウェック（Carol S. Dweck）『賞賛の罪と結果（原題：The Perils and Promises of Praise）』（Educational Leadership, 2007, 65(2), 34-39.）
    知能をほめると自信と学習意欲を高めることができ，生まれ持った知能が学校の成績の主因だと信じられているが，前者はまちがっており，後者は危険である。ほめ方をまちがえると，自滅的な行動を生む。正しく動機づけなければ，子どもは学習に向かわない。
    固定論：知識を固定されて変わらないものと見る。このような子どもは，野心が強く，他の子どもから賢いと見られたいと思い，知能が低いと見られることを避けようとする。
    可変論：知能を柔軟で変化するものと見る。このような子どもは，学習のプロセスから満足を得ることができ，機会をうまく活かす。結果だけを見るのではなく，失敗したことから学ぼうとする。
- キャロル・トムリンソン（Carol A. Tomlinson）『個別化の目的（原題：The Goals of Differentiation）』（Educational Leadership, 2008, 66(3), 26-30.）
    個人の特性に合わせた教育の目的の１つは，学習内容やスキルをよりよく習得させることである。しかし，それだけに終わらず，子どもの効力感を高め，学習への自我関与を強くする。

る子どもに，固定論者と可変論者がいると話した。「（固定論者は）つまずいたときの反応を見たら，そうとわかるわ。何に関しても知能は変わらないと思っていて，すぐに無理って言うの」。メルボルン・グラマー中学校で歴史を教えるアラン・ブライス先生は，ブルックハートの論文と，ビクトリア州教育修了資格（VCE）の準備をさせなければならない高校教師のプレッシャーを関連づけた。「この文献からは，どうやって意図的で形成的なフィードバックを与えるかについて，何か学べると思うんだ」。

話し合いは次に，「広げる」に移り，自然とおもしろい観測が出てきた。メソジスト女子校の数学主任，リンダ・シャードロウ先生は，子どもについてよく知ることがどれだけ重要か話した。すぐに他のメンバーが「よいフィードバックをするには，時間をとってしっかり見ないとだめね。慎重にならなきゃ」と続けた。さらに，アラン先生は「子どもも自分がどう学んでいるか意識して，脳がどれだけ柔軟か知らなけりゃ」と付け足した。メソジスト女子校の学習指導課長のワリック・ワイン先生は，「吟味する」でレポートを書かせるむずかしさについて話した。「どうやったら，私たちが大事だと思うことをレポートにうまく書かせることができるんだろう。大事だと思うことを学ばせて，自分の学習をふり返らせると，長い目でみたら変わっていくのだろうか」。

文献には，議論のネタがたくさん含まれていて，学級の出来事とつなげられることがいくらでもあった。だから話し合いが活発になるのである。同時に，話し合いにルールがあることも重要である。**つなげる・広げる・吟味する**を使うと，話し合いが構造的になると同時に自由さも生まれる。焦点が明確になるのである。そして，何かにこだわり続けることも認められつつ，ステップは進んでいく。こうして，話し合いでは個人が活かされ，みんなの考えも活かされる。

8時45分，全員で集まって，これからの研修について短く紹介され，次の研修会のテーマが知らされる。その後10分間，後半の各グループにもどって，見通しを立てる。各学校での問題について，話し合いで何が得られたか，どんな疑問が生まれたか，何を活かせるかについて検討するのである。そして，学校にもどる途中も会話は続けられ，その後の職員会議や部会のミーティングにも反映される。9時までには研修は終わり，ほとんどの参加者はリセ（午前の休み時間）の後の授業に間に合うように自分の学校にもどれる。この90分間に，とてもたくさんのことが起こったことになる。この研修を観察して，われわれ

は疲れ果てると同時に，エネルギーをもらえた。多くの研修では，参加者は自分の授業で子どもに求めるほどの貢献や行動は必要ない。しかし，朝のこの研修は違う。彼らは，学習者であること，考えることをたいせつにしている。そして，この研修で生まれるプロフェッショナルな議論の希少価値を理解している。

　メソジスト女子校の美術主任であるアルマ・トゥーク先生は，このことについて評価するが，一方で悩みもある。「困ったことに，学校では研究時間がとれないんです。授業と関係ないあまりに多くのことをしなくてはならなくて…。この研修をずっと続けられたらと望んでいます。私は教育が好きで，自分たちの実践を改善するために本当に使える時間は，ここしかないのです」。ウェストボルン・グラマー校の6年生担当のケイト・ライス先生は，この研修を「毎日の仕事にとって大事なことだけでなく，やることやそのやり方を批判的に見ることのむずかしさについて，立ち止まって考えて議論する機会」だと評価する。そして，朝の研修の話し合いでたまに混乱することもあるが，それが「自分自身の実践や学校の取り組みについて，何ならやり続ける価値があって，何を切り捨てるべきか考え」ざるを得なくすると言う。

　この研修会の主催者にしてみれば，このような意見は願ってもないことである。朝の研修のむずかしさは，予想に難くない。彼女は，自分とメンバーが学べるように，従来は真剣になれなかった研修を刺激的なものにしたかった。「私たちの研修では，学校を子どもにとって，そして私たちにとっても考える場所にすることが基本なの。これはロンも言っていることね。だから研修のゴールは，教育に関する新しくて重要な問題にふれる機会をつくって，それぞれの学校で起こっていることを報告して善後策を考え，学校の外の世界で今関心が寄せられていることについて，文献を読んで，考えて，話し合って，みんなが学校に帰っても建設的な話し合いを導くように，みんなをサポートすることなの。もちろん，90分で何ができるか考えなければならないわ。研修での話し合いで，教育の重要事項についてある種の鑑定をしているのね。たとえば，いつも心に置いておかなければならない理論や，実践についての話や，教育改革についての考えは何かを探しているの」。彼女は，この考えに従って研修会の名前を決めた。ロアルド・ダールの『オ・ヤサシ巨人BFG（原題：The BFG）』に，やさしい巨人が夢を収集して，それを寝ている子どもに届けるという話があるが，それになぞらえて研修会の名前をBFGネットワークとした

のである。夢を届けるわけではないが，ジュリー先生はそこにはよい考えや豊富なプロフェッショナルな議論があって，それを教師や学校に届けるのを少しだけ後押しできればと思ったのである。

事例：豊かな話し合いを行う

　マンハッタンの54番街は，町を走る車のクラクションでやかましい。黄色いスクールバスがマンハッタンの6番街を曲がって近代美術館（MoMA）の横で止まった。7年生と8年生がバスから転がり降りてきて，歩道に広がった。今日は学校に行かない，美術鑑賞の日だ。元気いっぱいしゃべる子どもの声は，自由を満喫している印である。デイラ・コーエンら美術館の学芸員たちは，子どもも先生も，美術館に楽しみに来ていることをよく知っている（Anderson, Kisiel, & Storksdieck, 2006）。

　子どもが美術館に来るとき，新鮮さを感じていることが多い。ある子にとってはMoMAは初めてで，おそらくそうでない子も多くはない。この新鮮さは，デイラのような学芸員にとっては福音でもあり呪いでもある。子どもの関心を引き出してわくわくさせ，すべてを教えてあげたいと思う。しかし一方で，美術が好きだった自分の経験から，壁に沿って館内をめぐる教育ツアーは，記憶に永く残ることはほとんどないことも知っている。さらに，学校の美術館見学は，毎年来館する何百万もの旅行者と同じで，あっという間に帰ってしまう。美術館が提供する豊富な芸術に比べて，来館者にあまりに時間の余裕がないことを考えると，デイラのような思慮深い学芸員は，子どもに何をしてやれるのだろうか。答えはこれだ。時間をうまく区切って制限を吹き飛ばす生成的で核となる概念に焦点をあてることだ。

　「今日は，1つのことだけを考えましょう。つまり…画家たちは，自分自身や他の人のアイデンティティについての考えをどのように伝えようとしているのか，ということです。今から，4つの作品を見ます。それぞれがどのようにアイデンティティを伝えているのかを考えて，そこで学んだことをみなさんがアイデンティティについての版画をつくるときに活かしてみましょう」とデイラは言って，「アイデンティティ」に焦点をあて，それを描く方法に注目させた。

Part 3　思考の可視化に命を吹き込む

　鑑賞会でアイデンティティをテーマにすることは，教師との打ち合わせで決めたが，これは青年期の子どもの関心事である。そして，英語の授業で読んできた青年向け小説とも関連している。版画をつくる活動は，美術館のアトリエで行われる。昨今の社会経済的状況の中で，多くの学校では美術の授業が削られてきたが，これは芸術の創造を復権するプログラムの一部である。

　デイラの導入で，子どもたちに美術館で何をするか把握させ，そこで学ぶことに期待させ，目的をはっきり持たせることができた。しかし，鑑賞は彼女がするのではなく，子どもが主役である。しっかり学んでもらうには，アイデンティティの描き方に関心を持たせ，自分自身で考えを突き詰めさせる必要がある。それによって，対話―デイラと子どもたちとの対話，子どもたちどうしの対話，芸術作品との対話，そして自分自身との対話―が始まり，創造的な表現につながっていく。「アイデンティティって何？」デイラは投げかける。すると，緑のTシャツを着た女子が「自分って何だと思う？」と切り出した。それで，話すのをためらっていた他の子どもたちの気が楽になった。それは，子どもたちの考えを掘り起こすためにデイラがよく使う問いである。「自分を定義するにはどんなところに目を付けて，どんな方法で定義するかしら？」とデイラは尋ねる。

　質問の答えが決まっていないので，24人の子どもたちの心が軽くなって，いろいろなことを言い始める。性格，文化，容姿，スタイル，個性，環境，言葉，信念，アイデア…。デイラは，それらを持ってきた模造紙に赤いペンで書き込む。これは，とても簡単で効果的かつ，一人ひとりの考えが大事なんだと伝える方法である。模造紙をたたんでかばんにもどしながら，彼女は子どもたちに「作品を見た後でもう一度これを使って，今書かなかったことが書き足せるかどうかやってみるわね」と言う。美術館はあと数分で一般客の入場時間で，あっという間にいっぱいになることを告げ，グループで行動するように，作品を鑑賞している間，白い壁にもたれないようにと注意する（壁をこすったらすぐに傷がつきそうだった）。出発だ。エスカレーターを4階に上って，「20世紀中期」の部屋に行くように言う。

　鑑賞会のテーマをアイデンティティとしたときに，デイラはアイデンティティの問題と，その表現方法の両方を考えさせるには，どの作品がよいかしばらく考えた。もちろん，MoMAには選択に困るほどよい作品があり，したがっていくつもの意思決定をしなければならなかった。どの作品が，子どもたちに

思考が評価され，可視化され，推奨される場をつくる

最も強く訴えるか。どれがわかりやすく，しかも対話を呼び起こす複雑さがあるか。どの順番で見せると考えが発展して，対話がつながっていくか（注：実際に見た作品は，MoMAのwebサイト：www.moma.orgで探すことができる）。彼女は，常設展でウォーホルの「金のマリリン・モンロー」の隣に架けられている，ローゼンクイストの「マリリン・モンロー1」を，最適なものの1つだと感じた。デイラは，子どもたちが作品の前に揃うと，2つの絵の中間に座らせる。そして，2つの版画の違いをもとに，それぞれがマリリン・モンローのアイデンティティの，どんな面を表しているか考えるように言う。子どもたちは，ウォーホルの版画に孤独感を感じ，ローゼンクイストの絵の顔が肉体から離脱していることを見いだした。ある子が，作品の焦点の違いについて，「これ（ローゼンクイストの）は唇が印象的だけど，こっち（ウォーホル）は目に引き込まれる」と言う。デイラは，ローゼンクイストの絵のレタリングに子どもの注意を向ける。すると，話題が有名人，アイコン，広告へと移っていく。1人が，「コカコーラ●8は泡が吹き出すでしょ。それが彼女の性格みたいなんじゃないかしら」と述べる。その場を離れる前に，デイラはウォーホルの作品が版画であることを伝え，表現形態もまたアイデンティティを表す方法の1つだということを指摘する。子どもたちも，後で版画制作に取り組むからである。

　話し合いは，15分を少し越えた。美術館での鑑賞会にしては，かなり長い。しかし，デイラは考えるためには時間が必要だと思っている。対象を味わう十分な時間がなければ，考える機会もない。関連することを探したり，予想を確かめたり，理論をあてはめてみたり，わかり直したりするには，時間をとってじっくり見ることが必要である。ふらっと美術館を訪れたときでさえ，作品と語らって後からそれを思い出すかどうかは，時間と強く相関する（Cone & Kendal, 1978）。デイラはそのことを知っていたからこそ，見る作品を少なくして，対話と関連づけをうながした。それでも，時間が押しているとずっと感じている。話し合いをする前に，作品をじっくり見る時間をとるというのはたいへんなことなのだ。数秒間も静かにしていられなかったり，ぶしつけな行動や動き回る可能性を感じたりして，多くの学芸員は少なからず不快な思いをしている。さらに，紹介すべきものがあると，また別のプレッシャーを感じるのである。

●8　ローゼンクイストの「マリリン・モンロー1」にはコカコーラの商標が埋め込まれている。

時間のプレッシャーを感じて，デイラは子どもたちを立たせて階段を上り，19世紀および20世紀前期の部屋に連れていく。子どもたちは，ピカソの1932年の作品「鏡の前の少女」の前に，丸椅子を置いて座る。作品の解説版の前に立って，デイラは尋ねる。「だれかこの絵の中で起こっていることを説明してみない？」。ある子が，全体から受けた印象を話す。「女性が鏡を見ている」。デイラは，続けてみんなに「他に気づいたことはない？」と思いのほか単純に尋ねる。この質問で，子どもたちは観察に集中して，その本質を見ようとし始める。そして，対話が深まっていく。

  子ども：女の人の顔が割れている。それはたぶん，性格に2面性があるってことじゃないかしら。
  デイラ：そうね。どこを見てそう言うの？［子どもが指さす］
  デイラ：だれか，それをもっと深めてくれない？
  子ども：彼女は，鏡の中に自分の内面を見ているのじゃないかな。
  デイラ：なるほど。あなた，この考えを言ってくれたから，2つの面がどう違うか話してみましょうか。
  子ども：1つは明るくて，1つは暗い感じ。
  デイラ：そして？
  子ども：2つの顔があるわ。1つは昼みたいで，もう1つは夜みたい。昼の方には，太陽が描いてあるわ。
  子ども：1つは，ずっと抽象的だな。
  デイラ：抽象的ね。何を見てそう言うの？　説明して。
  子ども：暗い方には，より多くのモノが描いてあるんだ。

デイラの質問は解釈から始まり，それを詳しくしたり根拠を述べたりすることに移っていく（Housen & Yenawine, 2001）。それは，**見える・思う・ひっかかる**を少し変えたものである。彼女は，訪問者に作品を見せて，最初の印象を深めるときに，よくこれを使う。このルーチンは，まず自分自身の解釈と分析に焦点をあてる。学芸員は何も言わない。このような接し方については，美術館教育の世界で異論はない（Dobbs & Eisner, 1990）。デイラは，子どもたちに絵について学ばせるのか，絵を通して学ばせるのかを考えなければならなかった。彼女は，アイデンティティという問題を取り上げて，それを芸術家が描写する方法に焦点をあてて，一連の問いで，中学生が後で版画をつくるときに取り入れられる方法を見つけさせようとした。したがって，作品そのものに

ついての情報は，二の次となる。別に隠すわけではなく，この時点では焦点をあてないということである。

　絵についての話し合いが深まるにつれて，子どもたちは絵のモデルがだれにも見えない自分の内面を見ているという考えに変わる。「たぶん，彼女は自分がよい人間だとは思っていない。何か悪いことをしたと思っているかもしれない」とある子が言う。デイラが「何を見てそう言うの？」と尋ねると，その子は鏡の中の暗いイメージには，明るい方に比べて親しみを感じないと言う。ピカソの絵を見終わったところで，デイラは子どもたちの初期の考えをアイデンティティと関連づけるチャンスだと思い，鞄から模造紙を取り出す。それを広げながら，「アイデンティティについてのみんなの考えの，どれが内面で，どれが外面だと思う？」と尋ねる。模造紙に描かれていることを見て，子どもたちはほとんどが外面だと言う。「たぶん，信念はちょっと内面かな」と言うぐらいである。子どもたちは，内面にはほとんどあてはまらないことに気づいて，気持ち，感情，自分自身をどう見るか，夢，自己尊重などの新しい要素をどんどん付け加えていく。デイラは，それを模造紙に書き込む。鑑賞会の間ずっと，子どもの考えを記録して可視化しておくことで，デイラは移動教室をつくっているのである。

　ピカソから離れて，デイラは子どもたちを下の階の現代芸術の部屋に連れていき，モナ・ハトゥームの「＋と－」を見せた。子どもたちは，直径4メートルの円形のアルミの枠の中につくられた砂場のまわりに集まった。砂場の上には回転する金属製のアームが乗っていて，アームの片側についている歯によって等間隔の溝が掘られるが，すぐに反対側のなめらかなアームによって平らにならされる。はじめ子どもたちは，この作品の催眠的な動きに魅了される。そして，その意味を考えさせられる。デイラは作品そのものについては何も語らず，作家の背景についてだけ教えた。ハトゥームはレバノンに生まれたパレスティナ人で，今は英国に住んでいる。それだけを伝えて，子どもに3人か4人のグループになって，この作品がどのようにアイデンティティを伝えているのか考えるように言う。すると，生と死，汚点の帳消し，建設と破壊，旧態依然の行動と新しい行動，新しい世代によって失われる伝統，諸行無常などについて，静かに話し合いが進む。このような話し合いは，鑑賞会のはじめにはできなかっただろう。しかし今は，子どもたちは芸術とアイデンティティについて，深く広く話すことができる。デイラは，鑑賞会の間，全体からペアを経て，最

後に小グループへと話し合いのしかたを変えてきた。この対話型鑑賞 (Leinhardt & Crowley, 1998) では，子どもの美術館での経験を，所蔵作品のツアーから異なる次元に引き上げて深めるのである。

　子どもたちが54番街で黄色いバスから降りて，ちょうど90分が経った。しかしまだ，掘り下げ切れていない。しかしここで，デイラは彼らをエスカレーターで地下の教室に連れていく。子どもたちが席に着くと，デイラは教室の前に立ち，模造紙を取り出して貼る。彼女は，鑑賞中に子どもたちが話した言葉を用いながら，模造紙に書かれているアイデンティティについての考えをさっとふり返る。最後に彼女は，「アイデンティティにはとてもたくさんの側面があるの。人はみんな複雑なものなのね。芸術家は，アイデンティティのすべての面を表そうとはしないわ。その人にとって核となるような，何かおもしろくて引きつけられる面を切り取るのね。みなさんが版画をつくるにあたって，自分自身について考えてみて。内面であっても外面であってもかまわないから，あなたのアイデンティティのどこに光をあてたいのか」と言って，話を締めくくる。

文化をつくる力

　人は，文化を大きなCの[9]の文化として見る傾向がある。しかし，実際には数々の日常的な小さな文化によって，われわれの生活はできている。これは，どんな集団でも，どんな企業でも同じである。これまでに，3つの教育にかかわる集団について見てきた。ふつうの教室の1年間，毎月行われる教員の研修会，美術館見学である。それぞれの事例が示すように，グループの文化は，常にダイナミックにつくりかえられていく。確かではないが，このような文化は変わりやすい。しかし，そこには明らかにいくつかの力がかかわっている。期待，機会，時間，モデリング，言葉，環境，相互作用，そしてもちろんルーチンである。これらの

[9] 文化の2面性について，大きなCの文化，小さなcの文化の2つに区別する見方がある。前者は，制度や歴史，文学などにかかわる客観的文化，形式的文化である。後者は，主観的文化で，毎日の生活パターンのようなものをさす。

力は，考える文化を形成するテコの支点となり，思考ルーチンやその他の方法で思考を可視化するやり方を理解する鍵となる。

◆◆ 期待 ◆◆

　考える文化をつくるには，どのような思考を期待しているかを表明することが鍵になる。リザ先生のクラスでは，絵を描くことによって自分の理解の状態を確かめようとすることがないがしろにならないように，ペイントリフレクションのゴールを示すことが不可欠であった。リザ先生は，常にこの意図を示すようにしていた。デイラが中学生のMoMA見学で「今日は，1つのことだけを考えましょう，アイデンティティについて」と言ったのも，同じことである。同様に，ジュリー先生は朝の研修会の勧誘文に，何を期待しているか明言した。早退や欠席はだめだというような行動についてのことだけではなく，自由な気持ちでみんなの話を聞いて質問することが強調されている。

　期待には，そのグループのゴールや目的が込められていて，どのような思考が必要とされるかという，学習そのものの特徴が表される。従来は，行動に関する期待やその課程を修了したときの成果に焦点をあててきた。たしかにそれらは重要だが，それが学習のプロセスに意欲的に取り組ませるかというとそうではない。それに支配されてしまうと，考える文化ではなく，ひたすら受動的に従う文化ができてしまう。学習には焦点が重要で，学習者はどこに精神的エネルギーを注ぎ込むかを知る必要がある。もしデイラが，作品の鑑賞をしたあと版画をつくりますよとだけ言っていたら，子どもたちは何も期待されていないと思っただろう。リザ先生のクラスでも，常に関連を見つけて総合的に考えさせているので，何をしたか，何を読んだかを報告するだけではなく，豊かなふり返りができているのである。

◆◆ 機会 ◆◆

　期待は，どんな思考が求められているかを示す。そして，機会はそれを実現する場面である。3つの事例すべてで，学習者が考える機会が十分つくられていた。リザ先生は子どもの移民について理解させてそれを広げる挑戦的な情報を提供していた。ジュリー先生は，メンバーの役に立ち興味を引く文献を，注意深く選んでいた。デイラは，アイデンティティの異なる側面を明らかにする作品を選び抜いた。よい学習内容を選ぶことの重要性は，この本を通じて語ってきたことであ

る。それは，確実に考える機会をつくる礎になる。豊かな内容は，何かしら学習者を引きつける。同時に，学習者を新しい場所へと駆り立てる。

　機会をつくるのは学習内容だけではない。学習内容とどれだけ意味のある相互作用が生まれるかも，思考の機会を左右する。豊かな学習の機会を生み出すのは，最終的には学習内容に対して何をするかである。デイラが採用した作品と同じくらいおもしろいものを使ったとしても，たんにそれを見せて説明するだけでは，考えを豊かにする機会はつくれない。その機会をつくったのは，仕組まれた経験の蓄積である。子ども自身がアイデンティティに関連することがらを考え，表現の技法と方法を知り，そして最後にそれを版画の作成に応用したのである。それは，本当に効果的な機会となった。同様にジュリー先生は，朝の研修でみんなの関心を引く文献を選んだが，それは，本から言葉を引っ張り出して，話し合ったり実践と関連づけたりする機会だったのである。

◆◆　時間　◆◆

　機会をつくるのに必要なのは，考える時間を提供することである。学級だろうが，教員研修だろうが，美術館だろうが，あるいは他の場合だろうが，しっかり考えるためには時間が必要である。時間がなければ，教師も子どもも，関連にも理解にも洞察にもいたらない。自分の経験から，リザ先生は，深く理解させるにはふり返ることが重要だと知り，その時間をつくろうとした。そして，1年間，その時間を設けることで，たとえたりふり返ったりする思考が育つのを目のあたりにした。デイラは，15万点を超える所蔵作品から4つだけを選んだ。作品を見てより深く考えさせるためには，それを詳しく見て，議論し，深い理解を引き出す時間が必要だと思ったからである。

　もちろん，教育において時間は最も不足するリソースで，すべての教師がその制限を感じている。朝の研修会は，まさにこのプレッシャーを何とかしようとするものである。たった90分間で，さまざまな教師を相手にして，どのように豊かな研修が実現できるだろうか。ジュリー先生のやり方には，みごとに多くのことが凝縮されている。それはおもに，議論でルーチンが使われ，グループが自発的に効率的に話し合いができることによる。それで，必要な時間が短くなるのである。ジュリー先生は，研修会の効率をよくすることを考えたときに，メンバーが考える時間を切り詰めようとはしなかった。彼女は，一所懸命取り組んで考える機会は死守しようとした。その結果，ただ大量の情報をあびせるだけという陥

りがちな罠にはかからなかった。効率を求めてこの失敗をすることがあまりに多い。もっと早く行けないのか，もっと多くをこなせないのか，と考えてしまう。ところが，全部をこなそうというのは，学ぶことより教えること（もしくは教え込むこと）の方が大事だと考える人たちが持つ，誤った考えなのである。それは，あまりに広く教育界に浸透した虚偽である。教師と学習者の両方が，カリキュラムをこなすという名目で知らないうちに陥るのは，実は短時間で表面的にしか学ばないということなのだ。洞察と理解を生み出すためには，考える時間，考えを深める時間を保証しなければならない。

◆◆ モデリング ◆◆

　何かを教えるときに，モデリング（演示）をするのはよく行われている方法である。やり方，手順，課題，仕上がり具合などを教師がやってみせるのである。この方法はしかし，文化をつくるという点では効果はない。文化をつくるモデリングは，よりめだたず，常時行われている。教師が，考え学ぶ態度を持っていれば，それが可能になる。このモデリングは，うわべだけではなく，本物を子どもに与える。子どもは，教師がトピックに対して熱意を持っているか，学習内容に興味を抱いているか，深く考えるかなどを見ている。リザ先生がペイントリフレクションをさせたとき，そのプロセスは彼女にとって価値あるもので，だから子どもたちにとっても価値があるに違いない，ということがずっと伝わっていた。彼女が評価シートを前に座っていたら，クラスがどうなっていたか想像してほしい。同様に，ジュリー先生は，他の教師といっしょにグループに入ったが，それは彼女が他のメンバーといっしょに考えることに関心を持っているという証しであった。デイラの場合，芸術に対する関心と情熱が子どもに受け渡されたのである。2章で述べた，ヴィゴツキー（Vygotsky, 1978）の「子どもは周囲の知的環境に参加していきながら成長する」ということは，まさにモデリングの重要性と効力について述べたものである。モデリングは，「どうやってやるのか」を示すだけのものではなく，どのような存在になるのかを示すものなのである。

◆◆ 言葉 ◆◆

　概念化すること，意識づけすること，思考と考えに光をあてることは，どんな学習においても言葉を用いてなされる。子どもの注意を，そのとき焦点があたっている概念や実践に引きつけるのである。ヴィゴツキー（1978）の書は，学習は

社会的状況の中で起こるとするもので，「子どもは世界を目だけでなく，話すことによっても理解する。後には，見たものだけでなく行動したことも言葉によって伝えられるようになる」という。言葉は，経験を媒介し，形作り，伝え，確かなものにする。リザ先生の子どもたちは，言葉を耕すことで，自分の考えを話すことを学び，学習についてふり返ることを学んだ。彼女は，常に関連づけするように言い，比喩について話し合うことによってこれを実現した。この2つの思考に名前をつけて，常に意識させることによって，それを教室でいつも注目されるようにしたのである。

　言葉は，思考をいつの間にか形作る。ジュリー先生は，朝の研修の話し合いの言葉が，しだいに条件付きで（絶対的にではなく）使われるようになっていったと言う。条件付きの言葉とは，1つの見方や固定的な考えによるものではなく，可能性，他の言い方，多面的な見方に開かれている（Langer, 1989）言葉である。「～すべきだ」とか「考慮しなければならないことは～」というような言い方が，どれだけ人によって取り方が違っていることか。絶対的な言葉の下では，人は自分で経験したり考えたりしたことが権威者のものと違っているとき，自分を疑ってしまう。しかし，条件付きの言葉の下では，異なる見方が自由にできて，経験を新しい考えとつなげることができる（Langer, Hatem, Joss, & Howell, 1989; Liverman & Langer, 1995; Ritchhart & Langer, 1997）。

◆◆ 環境 ◆◆

　放課後，学校に行くことを想像してほしい。教師も子どももそこにはいない。廊下を歩いて教室に足を踏み入れただけで，どれだけそこで行われた学習や思考に気づくことができるだろうか。教室の状況からは，子どもたちが何を求められていたか，わかるだろうか。教師の机はどこにあるだろう。そしてその場所が何を物語っているだろうか。壁には何が掲示されていて，それはだれが貼ったものだろうか。終了して評価がついた前の単元の学習成果の掲示は，ごちゃごちゃ書かれたブレインストーミングの模造紙と比べて何を教えてくれるだろうか。両方が貼ってあるとどうだろうか。壁にまったく掲示がなかったら，教室のようすから，何がわかるだろうか。

　空間的環境も，考える文化をつくる要因となる。人は，常に環境を必要に合わせてつくったり変えたりしてきた。環境と関係の深い学習とはどのようなものだろうか。コミュニケーションをとること，話し合うこと，発表すること，討論す

ること，協同することなど，さまざまな場面がある。朝の研修会では，常にグループでの話し合いや活動であった。会議室には，7時30分にはジュリー先生たちによって6つの大きな島をつくるように机が並べられる。同じく，リザ先生の教室も4人から6人の子どもがグループで自由に活動できるようにしている。デイラは，部屋を移動するたびに座らせ方を変え，丸椅子に座ったり，立って鑑賞したり，床に座ったりしていた。どの場合も，ペアやグループで気軽に話ができるようになっていた。

　学習の流れに従って記録を残すことも，有用である。これによって，グループであるいは各自ではじめはどうだったか，どのように成長したかを見ることができ，関連づけをしたり新しい疑問を持てたりする。3つの事例のすべてで，記録が残されている。朝の研修では，それぞれのグループにみんなの考えを記録する書記がいた。記録はその場で参照する他，ウィキに投稿して，あとから読んだりコメントしたりできるようにしている。これは，記録を掲示したり置いておいたりできる会議室がないことに対する解決策である。美術館でも，考えを記録しておく場所はない。そこで，デイラは模造紙と赤いペンを持ち歩くことにしている。リザ先生は，ふつうの教室を使えるので，記録を教室に掲示できる。詩，移民，人権などについて学んだときに，考えを記録した。また，ペイントリフレクションは，リザ先生の授業が終わってからずっとあとでも，見に行くことができるようになっている。

◆◆ 相互作用 ◆◆

　教室の物理的環境が役に立つことはすぐにわかるが，学級内や学習グループ内での相互作用ほど重要なものはないだろう。2章で，子どもの考えを聞くことと質問することが大事だと書いた。2章で示した2つの事例の根底にあるのは，学習者の思考に対する興味と尊敬である。有意義な協同の基本は，建設的な相互作用で，それがひいては考える文化を築くことになる。競争していてもしていなくても，技能は各人で練習すれば上達する。しかし，理解させて学習を深めようと思うと，個人の練習は効果が薄い（Biggs & Moore, 1993）。人の意見をよく聞いて，その人の考えや視点を知り，それを評価し，自分の考えとつなげ，自分の考えを人に伝えることで理解は深まる。そして何かを伝えるとそこには質問の余地が生まれることや，伝えるときには根拠や理由を示さなければならないことを知る。そのような社会的な関係の中で，確かな理解や考えの変化が生まれるのであ

る（Johnson, 2010）。それが起こるかどうかは，グループ内の相互作用の質による。技能の習得に，個別学習が必ずしもよいとは限らない。上達するには，一般に他者からのフィードバックが必要なのである。

　建設的な相互作用を，どうやって実現すればよいかわからないかもしれない。よく教師は嘆く。「どうやって子どもたちがお互いのことを聞くようになるのだろう？」。これは，相互作用がうまくいっていない印である。相互作用の微妙な意味が，3つの事例で言い尽くせるわけではないが，多少は役立つこつが含まれている。まず，3人とも自分自身が学習のモデルとなり，他の人の考えに興味を示し，それを尊敬する態度を見せている。子どもは，必ずそれに気づく。教師が興味を示さなければ，子どもは輪を掛けて興味を持てない。第2に，教室であろうがなかろうが，建設的な相互作用には重心がある。人数に関係なく，人は何かのまわりに集まる。価値ある内容，核となる概念，生成的なトピックがそれだ。デビッド・ホーキンス（Hawkins, 1967/1974）は，すばらしいエッセイ『わたし，君，そしてそれ』（原題：I, Thou, and It●10）で，このことをみごとに言い表している。教育は教師と子どもと，そして学習内容の三角関係だというのである。3つの事例のどれでも，この三角形が基本となっている。どうしてそれが大事なのか。それは，考える文化における相互作用というのは，正しい行いをするとか，人をていねいにきちんと扱うとかいうことだけではないからだ。考える文化での相互作用は，個人やグループが活発に学習するようにうながされる。しかし，彼らは，秩序や公序についてだけ学んでいるのではない。実際，デイラの行った90分間の鑑賞会での対話のテーマはアイデンティティであった。3番目は，このような内容に基づいた相互作用をうながすために，特定の手順で相互作用をうながすルーチンが用いられていた。朝の研修では，それが明確である。大人であれば，文献について議論するのはさほどむずかしくない。しかし，ルーチンは，全メンバーが等しく参加することが保証される相互作用をつくり出していた。

●10　ホーキンスは，学習を三者関係でとらえる。I＝教師，Thou＝子ども，It＝学習内容である。そして，これが普遍的な位置関係を表しているという。つまり，教師は子どもより上にいる。そして，学習内容を教室に持ち込み，子どもと教材を関係づける。そして，子どもが前に進めるようにフィードバックをかける。

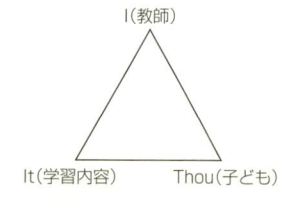

思考が評価され，可視化され，推奨される場をつくる

◆◆ ルーチン ◆◆

　第2部では，さまざまな思考ルーチンを，実践の概要とともに紹介した。実践の概要からは，学習を進めるルーチンの多様な使い方を知ってもらえると思う。この例で示せなかったのは，ルーチンが教室の中でどのように本当のルーチン，すなわち行動パターンになっていくかについて感じてもらうことである。この章で示した3つの事例が，それを補ってくれればと思う。リザ先生からは，彼女が1年間どのようにペイントリフレクションのルーチンを溶け込ませていったかを知ることができる。彼女は，子どもの成長を見極めながら，徐々に抽象的な比喩を使えるように後押ししていた。それは，リザ先生がモデルを示したことによるところが大きいが，ほかの子どもをモデルとして学んだ側面もある。結果として，子どもたちはペイントリフレクションを日誌のように定期的に実施するようになり，ふり返りが深まっていった。

　このようなことは，朝の研修でも同じく見ることができる。ルーチンの恩恵は，一度それが確立されると最小限の指示とサポートで，それを使えるようになることである。朝の研修では4回目にしてすでにルーチンが浸透していて，話し合いを段階的に進めるのに何の努力もいらなくなった。ルーチンは，研修の運営に関する時間を最小限にして，学習にあてる時間を最大限に活用するために不可欠だった。ルーチンを使ってみた教師たちは，子どもたちにもより自律的に学習できるようになってほしいと思うのである。MoMAの子どもたちに関しては，ルーチンを何度も使う効果がわからないだろう。一度だけの90分間の学習の話だからである。**考える・ペアになる・共有する**は，広く使われており，ほとんどの子どもがよく知っているルーチンである（Lyman, 1981）。だから，デイラは，それを活かすことができたのである。さらに，**どうしてそう言えるの？**も使われている。子どもたちは，それにすぐなじんだ。子どもの最初の発言を聞いたとき，デイラは「どうしてそう言えるの？」と尋ねている。何回かそれを重ねると，子どもたちはそう言われなくても，自分の意見を言ってその理由を話すようになっていた。つまり，このルーチンは短期間で定着するのである。思考ルーチンは，考えることを助けるようにつくられている。われわれが見たかったものは，このような，自分から考えることに取り組む姿なのである。

Chapter 8

実践記録から

　子どもの思考を可視化するのはむずかしい。本書では，記録すること，聞くこと，質問することや，特別なツールすなわち思考ルーチンを使うような方法で，どのようにその困難に挑むかを示してきた。同時に，「実践の概要」では，それぞれのルーチンの利用例を示して，考えることを尊重し，可視化し，うながす文化をどのように育てるかに光をあてた。これらの例は，掲載した実践の成果や潜在力を示していると思う。しかし，みんなが困っていること，陥りがちな失敗，それを乗り越える方法を取り上げなければ怠慢というものだろう。実践記録から書き起こしたこの最後の章は，このためにあてる。けっして忠告のためではない。むしろそれらは，教えるという複雑な行為にたずさわっているならだれもがあたりまえに経験しなければならないスピードバンプ[1]なのである。どこでどのように道をはずれそうになるかを知り，学習は本来どのように行われるべきものかを知ることは，行くべき道を見定めるうえでとりわけ有用である。そして，みんなが出会う困難がどのように克服されたのかを知ることから，多くを学べるのである。

　この章では，まずルーチンを学ぶ2人の教師を事例として取り上げる（Ritchhart, Palmer, Church & Tishman, 2006）。6年生の算数担当で子どもの思考の可視化に挑んでいるマーク・チャーチ先生と，9年生の歴史担当で考える文化をつくろうとしているシャローン・ブラム先生である。この2人の事例は，ルーチンの使

●1　車の速度を落とすために道路に設置されたこぶ。

いはじめにありがちな，考えなしに皮相な意見を出してしまう現象にどう対処するかに光をあてる。そこからは，ルーチンを使い慣れるまでに，どんな教師もどんな子どももたどる道が見えてくる。その道は，この数年の間，さまざまな状況で何百もの教師が通り，また彼らが教えた子どもたちも通った道である。この章の最後は，子どもの思考を可視化しようとしてきた教師たちがみんな陥った落とし穴とそれに対する闘いについて取り上げようと思う。それらのうちのいくつかは，すでに「チップス」のところで扱っている。しかしこの頻発する問題について，より綿密に検討し議論するために，再度見てみよう。これら実践上の問題には，研修指導をする中で呼び名をつけるようにした。付箋紙マニア，今日のスペシャル，「アラバマ物語」シンドローム，ワークシートによる思考阻止，一話完結から連続ものに，である。昔の探検家が「ここに竜あり！」などと危険箇所を地図に印したように，これらの呼び名を思考の可視化に向かう道標としたい。

算数における思考の可視化に向けて：マーク先生の事例

2003年に，スウェーデンのスティフテルセン・カルペ・ヴィタムの助成を受けた思考の可視化プロジェクトは，アムステルダム国際学校をはじめとするヨーロッパの3つのインターナショナルスクールで実践を行うようになった。アムステルダム国際学校は，45か国の約900人の子どもが通う，就学前から12年生までの学校である。60％以上の子どもの母語は英語ではない。この言葉や文化の多様性は，思考ルーチンの使い方と考える文化の研究にとってもおもしろい背景要因となった。国際学校の子どもたちはよくしゃべるし，学校や教室の文化は常に変わっていく。教師は，それがどんなものであれ自分の教え方が多くの子どもたちにとって，なじみのない教え方だということに気づいている。

2003年度の10月，われわれが開発した思考ルーチンを8名の教師が試すことに合意し，定期的に会議を持ってルーチンについて議論することになった。このグループの中にマーク先生がいた。彼はこの学校では5年目だったが，すでに12年の教師経験を持つベテランであった。マーク先生は，大学で小学校教員の訓練を受けたが数学に強く興味を持っており，中学部で数学を教えてい

る。アムステルダム国際学校では，理解のための教育（Blythe et al., 1998）と全米数学教師連盟の規準（NCTM, 1989）の研修グループのリーダーとして知られていた。このプロジェクトに参加した最初の年，マーク先生は6年生の算数の2つの単元，8年生の数学の1つの単元でルーチンを使ってみた。マーク先生のクラスはどれも習熟度別編成ではなく，コネクト数学シリーズ（Lappan, Fey et al., 1997）を用いる国際中学バカロレアでも普通レベルであった。

はじめのうちマーク先生は，『カバリングとサラウンディング[2]』を学習している子どもの理解を深めるのに**つなげる・広げる・吟味する**がぴったりだと思っていた。コネクト数学シリーズ[3]は各単元における応用・関連・拡張という段階を重視していて，このルーチンの3つのステップは6年生にとってわかりやすいと考えたからである。そしてマーク先生は，このルーチンによって子どもたちがどんなふうにいつもとは異なる考え方をするようになるのか，それがコネクト数学シリーズで用意された**応用する・つなげる・広げる**にかかわる発問が引き出す考えとどのように違っているのかを知りたいと思った。マーク先生は次のようにコメントしている。「関連づけをすることはとても重要だとはいつも思っているけど，それはあまり重視していなかったな。子どもに，数学的な問題がどんなふうに実社会とつながっているかをさっと説明するだけだったんだ」。

初めてルーチンを使うときに，マーク先生は3列の表に「つなげる」「広げる」「吟味する」と見出しをつけたワークシートをつくった。幾何についての作業を通した課題学習をする3日間，それを子どもに使わせたのである。課題は，長方形の犬小屋の囲いを設計するものである。使える囲いの材料は限られていて周囲の長さは決まっており，面積だけが変えられる。めあてを説明するときにマーク先生は，ワークシートには，問題の答えや好き嫌いだけを書くのではなく，そのとき考えたことを書くように伝え，この課題学習でわかったことと

---

[2] 平面図形の長さや面積を扱う教材群。さまざまな数学的概念や方法の関連を重視するコネクト数学シリーズの1冊。

[3] コネクト数学（Connected Mathematics）は，ミシガン州立大学で開発された6年生〜8年生向けの算数学習の総合的プログラム。数，代数，幾何，統計の4つの領域で構成され，各領域で扱う概念や方法どうしの関連，実社会との関連が重視されている。このプロジェクトをもとにした教科書のシリーズが発行されている。さまざまな数学的活動が問題解決的に行われ，考えたことを伝えたり質問し合ったりする活動に配慮された教材群である。

前にやった課題学習をできるだけつなげて考えるように言った。

　マーク先生は，子どもたちが「つなげる」に書くのはそれほどむずかしいとは思っていなかった。しかし，期待したものは出てこなかった。多くの子どもが「犬小屋の問題は，バンパーカー[4]の問題と似ている。どちらも周囲の長さと面積についての問題だから」などと書いていたのである。マーク先生は，これでは納得しなかった。「子どもを新しい方向に押し出せなかった」と言うのである。しかし，そのような単純な関連づけしかできていなくても，子どもたちはルーチンから何かを学んでいるとマーク先生は感じていた。はじめ，何人かは犬小屋の問題と台風の避難所を設計する問題（周囲の長さを変えて決まった面積をつくる問題）が同じだと言っていたが，最後には多くの子どもがこの2つの課題の違いに気づいたのである。

　マーク先生は，子どもが書いたワークシートを毎週の研修で紹介した。研修グループの教師たちはそれを見て，望ましい関連が書かれていることに気づいた。ある子は，「台風の避難所の床の形について考えていたときと同じで，形を太くするほど周囲は短くなる！」と書いていた。このような意見は全体の中では少数だったが，それを書いたのはできる子どもだけではなかった。このことからマーク先生たちは，「どんな子でもみんなが知る価値のある考えを出せる。思考ルーチンのどこがよいのだろう？」と不思議に思った。

　研修グループは，子どもの意見を検討する中で，どのような関連づけが子どもの理解を深めることになるのかという根本的な疑問を持った。そして，どうすればそのような関連をつくらせることができるか考えるようになった。ルーチンを使ったのは6年生の算数だけだったのだが，この疑問がグループ全員のものになった。われわれは，このようなことが他のところで何回も起こるのを見てきた。6年生の算数は，12年生の英語や幼稚園とは何の関係もないように思うが，特定の内容をどう教えて評価するかではなく，子どもの考えは何か，それをどうやって育てるのか話し始めると，全員が同じ目的を持ってつながっていることが明らかになる。そして，ある教師があるルーチンを使って子どもが考えを表すようになったら，それがさざ波となって広がっていく。つまり，自分の教科や受け持ちの子どもには向かないと思っていたルーチンでも，やってみようと思うようになるのである。

---

[4] 遊園地にある乗り物で，車体の周囲にゴムのバンパーがあり，互いにぶつけ合って遊ぶ。

マーク先生の経験からは、各ルーチンでの思考の流れは表向きは明確であっても、ルーチンを使うときには子どもの意見の質や深さに気をつけて、それがただの活動にならないようにしなければならないことがわかる。一般にこれは、表面的で目に見えているものの奥を考えるようにと言って、そのモデルを示すという形をとる。**つなげる・広げる・吟味する**を初めて使ったときのことをふり返って、マーク先生はこう言う。「子どもたちはいろんな関連の違いがわかっているのだろうかと思ったな。単純なものと、掘り下げられるもの…そう、理解を深めることができるようなものとの違いをね」。「つなげる」という用語は、子どもたちにとってはなじみはあったが、関連の具体的な意味を把握させるためには、適切な例や明確なモデルを示すことが必要だった。これは、ルーチンの問題ではなく教師の仕事である。しかし、ルーチンを何度も使ったりルーチンについて話し合ったりしているうちに、マーク先生も子どもたちも、意味のある関連というのはどういうものかがわかってきた。

　用語と意味の深まりの問題は、「広げる」と「吟味する」でも起こった。「広げる」の欄には、多くの子どもがどのように考えが広がったかを示さないで、ただ「勉強になった」とだけ書いていた。まったく何も書いていない子どもも多かった。しかし、中には周囲の長さを変えずに面積を変えられるなんて思っていなかったというように、考えが広がったようすを書いている子も少しはいた。マーク先生は、とてもおもしろいことを書いている子どもを見つけた。その子は、「もし囲いを1メートル以下の単位で変えることができたらどうなるんだろう」という疑問を書いていた。囲いを小数点以下の幅で変えたら違った面積になるのだろうか、という疑問である。マーク先生はこの疑問が子どもの理解レベルが上がったことを意味していると考えた。そして研修では、クラス全員の考えを深めるモデルとして、また「広げる」のモデルとして、この考えを他の子どもに示すべきか相談した。その結果、「広げる」は互いの意見を聞いて学び合う場面なので、それをクラス全員に示すべきだという結論にいたった。

　「吟味する」の欄には、多くの子どもが「何も不思議なことはなかった」とか「課題学習にはわからないことはなかった。できなければならないことは全部できた」というように書いていた。マーク先生は研修会で「課題学習で質問があるかと聞かれると、どうしてすぐにむずかしいとかわからないとかいう話になるんだろう？　おかしいと思う所があるのは、悪いことだと考えているのか

もしれない。簡単なはずなのにむずかしいと感じるのは，自分が悪いせいだと考えてしまうのだろうか」と相談することになった。

　マーク先生は最初，自分が育てたい力と**つなげる・広げる・吟味する**がうまく合っていると思っていた。しかし，わかりやすいと思っていたそれらが，子どもにとってはそれほどわかりやすいものではないということがわかった。ルーチンの用語を子どもに向けて解説し，モデルを示す必要があったのだ。マーク先生は，この問題について「ワークシートを配ったときに思っていたほど，関連づけができなかったんだ。**つなげる・広げる・吟味する**の代わりに，『一致するものを見つける，たくさん勉強したことを報告する，課題がどれだけ簡単だったか言う』をやってたようなんだな。列のいちばん上に，つなげる，広げる，吟味する，と書いてあるだけで，そんなこととは違う意見が出てくると思っていたのに」と総括した。この発言から，使う用語やモデルの提示方法も含めて，どうすれば子どもの思考の道筋を大事にできるか，どうすればそれを可視化できるかを全員が考えることになった。

　マーク先生は，研修グループのみんなからルーチンを続けてみるように励まされた。子どもの意見から拾い上げた質問はそう悪いものでもなく，それで元気も出た。おそらく，他の仲間や研究者からのサポートが得られない教師だったら，ルーチンのせいにして使うのをやめてしまっただろう。「役に立たない。もう十分」と言って。しかし，マーク先生はこの思考ルーチンにはまだわかっていない潜在力があると考えた。そして「それで私や子どもたちが何ができるかを見てみたいという，知的な好奇心のおもむくままに」やってみたくなったのである。

　マーク先生は，3列のワークシートをやめることにした。その代わりに，**つなげる・広げる・吟味する**の指示を言葉ですることにした。研究チームのインタビューを受けて，マーク先生は「3列の用紙自体は悪くないけれど，子どもにはもとの課題に付け足された別の課題に見えてしまうようなんです。だけど，関連づけることは，課題とは違うと思ってほしいんです。これまでにやってきた課題学習全体をまとめる価値と重要性があると思います」。その後，マーク先生は**つなげる・広げる・吟味する**の用語を変えることにした。たとえば，課題を出すときには「今日は課題学習をグループでやるけど，問題に答えるだけじゃなくて，最近やった問題とどうつながっていて何が新しいか考えてほしいんだ。この前やったことから，どんなふうに自分の考えが広がったり深まっ

りするだろうか？」というようにである。

　まずマーク先生は，ホワイトボードの隅にCEC（つなげる・広げる・吟味する）と書いて，このような発問をするのを忘れないようにした。そして時々授業を止めて，「何か気づいたかな？　それは，これまでやったこととどこが似ているかな。何か新しいことはあるかな。同じ内容かな，それともどこか違っているかな？」と尋ねた。そして，子どもが課題を見せにきたときや，グループ学習の指導をするときにもそのように問いかけるように意識した。

　しばらくすると，マーク先生は自然に子どもとこのようなやりとりをするようになった。「すぐに，やらされている感じもぎこちない感じもなくなりました…子どもの意見がいろいろ出てくるのに夢中になりました。それをもとに，個人やグループ，あるいはクラス全体に対する発問をつくれるようにもなりました。これまでにやった課題や別の問題とつなげて話すのを聞いて，課題に向かうときに前に考えたことを思い出すことができたんだと思うと，とくにうれしくなります。そんな時よく活動を止めて，先週の問題との関連をいろいろ見つけたグループがあるみたいだぞ。すごいなぁ。先週のことが今日もあてはまるなんて…というように言いますね。だけどいつも，子どもたちが新しいことを見つけられるか，先週学んだことに何か新しいことを付け足せるか心配になります。それをいつも考えるようにしないといけないと思います」と言うのである。

　年度末，マーク先生は3列のワークシートを，宿題に出してみた。しかし，マーク先生のクラスは，1人でとてもうまくルーチンを使えるようになっていた。今回はそれまでの授業を通して，**つなげる・広げる・吟味する**のそれぞれのステップを，子どもたちが完全に理解していて，それぞれでどんなふうに考えればよいのかわかっていた。そのイメージができると，各ステップの違いが明確になって，1人で高いレベルでルーチンが使えるようになる。それは，代替教員に授業をしてもらったときに，子どもに**つなげる・広げる・吟味する**をさせたときにはっきりわかった。何も言わなくても，子どもたちは次の日には話し合うべき考えを持ってきた。ルーチンが，本当に子どもたちのものになっていたのである。

　このころ，マーク先生の授業を参観すると，一人ひとりが自発的にルーチンやその用語を使う姿が顕著に見られた。子どもたちが，自分の考えが「広がった」とか「吟味した」などと言ったり，「つなげた」ことについて話したりして

いたのである。もう1つの変化は、「広げる」や「吟味する」での子どもの質問である。マーク先生が初めてルーチンを使ったときのことを思い出してほしい。その時は、「広げる」の時に疑問を出したのはたった1人で、「吟味する」では多くの子どもが「この課題学習はむずかしくなかった」と返していた。しかし、何度もモデルを示し、全員の考えを可視化することで、「広げる」や「吟味する」というのは、疑問を出すことでもあるのだということが、子どもたちの心に深く染み込んでいったのである。子どもの意見が変化したのは、ルーチンに慣れて何が期待されているかわかるようになったからだけではない。学習とは何かについての深いメッセージを内面化したからでもある。疑問は学習を進めるだけではなく、学習の結果でもあるということ、学習とは情報を集めることだけではなく、複雑な考えや概念を解きほぐすことでもあるというメッセージである。

　子どもたちが自発的に関連づけをするのを見ると、彼らは、ルーチンを学ぶだけでなく、考える姿勢も学んでいることがわかる。マーク先生は子どもの能力がはっきり向上するのを何度も見ているが、そういう子どもたちは関連を見つけ出すのに一所懸命で、その価値を高いと考えているのである。さらに、子どもたちは自分なりに何かをつなげようとしているようだ。マーク先生のように**つなげる・広げる・吟味する**を何度も使うことで、つなげる力がつき、それが好きになり、そうしようという姿勢が強まるのである。

内容＋ルーチン＋子ども＝考える文化：シャローン先生の事例

　紹介してから数週間で、**見える・思う・ひっかかる**はピアリク校中に広まった。1年生の肖像画の鑑賞から中等部理科の惑星の勉強まで、2年生の自然の写真を見て生物の生息地について勉強することから高等部でアメリカを襲ったハリケーン・カトリーナについて調べることまで、ピアリク校の教師たちは学習内容とこのルーチンの相性がとてもよいと思ったのである。さらに、教師にとっても子どもにとってもこのルーチンは簡単に使えて、学習トピックへの導入には持ってこいだった。このルーチンはふつう、視覚情報を提示してじっくり見るように言い、実際に「見える」ものをメモさせることから始まる。次に、こ

の観察の結果を解釈し，それはどうしてだと「思う」が説明させる。ある教師は，「子どもにとって，これはとても気楽なやり方なので，思いついたことは何でも言ってよいと思うのよ」と言っている。またこのルーチンによって，どの子も興味を持って自分から学習に向かう姿勢ができるとも言う。「いつもは話さない子どもたちにも声を上げさせられるところがよいわ」とか「みんなの考える過程を見えるようにするの。考えるのが苦手な子どもはとくにね」などの声もある。一方で，研究者や指導講師としてかかわっていると，とっつきやすくて一所懸命になれるという理由から，**見える・思う・ひっかかる**をたんなる活動として取り入れているのを見ることもある。そうなると，子どもたちはすぐに飽きてしまい，観察したり気づいたり解釈したり疑問を持ったりする力を育てることにはならない。ルーチンは思考を鈍らせることもある。

　見える・思う・ひっかかる（やほかのルーチン）を使った実践やその成果についてより理解するために，高校の歴史の教師シャローン・ブラム先生の２年間にわたる事例を見てみよう。シャローン先生は，ビアリク校で６年間，７〜９年生で歴史を教えてきた。教えることはうまくなってきたものの，自分では納得はしていなかった。他の中等部の先生と同じように（この時はまだ中等部と高等部は分かれていなかった），彼女は教室を移りながら授業をしていて，自分専用の教室は持てていなかった。だから，子どもの考えの記録や話し合いの成果を掲示するのはむずかしく，子どもたちには可能なときには自分で記録を残すように言っていた。最近になって，彼女は子どもに個人やグループでどのように成長したかをふり返ることができるように，成果を保存させることにした。シャローン先生は，**見える・思う・ひっかかる**が歴史の学習にぴったりだと考えた。「私は本当にこのルーチンが好きだわ。なぜって，とても歴史にあっているから。政治風刺画はいいわね。いろいろなものが見つけ出せるのよ」と彼女は言う。

　このルーチンを初めて使ったとき，学んだとおりの方法でやってみた。「子どもたちには本当に正直に話したわ。思考ルーチンの勉強中だと言って，やってみましょうって言ったわ。ルーチンは私にとって新しいやり方だって。知ったかぶりはしなかったわ。もしそうしてたら彼らにはすぐにわかってしまったと思うわ」と彼女は言う。期待したようにならないとき，子どもたちに率直にそう伝えている。今回のことについて，彼女は「ルーチンをやりながら使い方を勉強しようとしたわ。だけどうまくいかなかったので，『試してみたけど，

失敗したみたい』と告げたわ。そして，もう一回やってみようって言ったの。やってくれたわ。彼らもやりたかったのね。失敗したって正直に話すところを見て，みんな気軽な気持ちになったんだと思うわ」と続けた。

　次に**見える・思う・ひっかかる**を 9 年生で使ったとき，シャローン先生は 1959 年に出版された 'The Bulletin [5]' から 1 枚の政治風刺画を選んで提示した。それは東半球の絵で，右下にはややゆがんだ形でノーザンテリトリーとクインズランド州の輪郭がわかるように描かれていた。地図の上には，モスクワを中心に巣をはっている巨大なクモがのっていて，背中には C という文字が描いてあった。クモの巣は東ヨーロッパとアジア大陸のほとんど全部を覆っていて，オーストラリアには糸が 1 本だけつながっていた。クモの巣に絡め取られていたのは，人間のようだった。シャローン先生はその絵を使ったことについて，「子どもたちは冷戦と冷戦時代の『武器』について学んでいたの。武器っていうのは，宣伝や恐怖や被害妄想などね。みんなは風刺画の分析にも慣れていて，**見える・思う・ひっかかる**も 1 度やったことがあったわ」と説明する。

　シャローン先生は，その風刺画のコピーと 4 つの問いを書いた用紙を 2 人に 1 枚配った。

　　1．見える：絵の中に何が見えますか？
　　2．思う：それが何を意味していると思いますか？
　　3．根拠づける：どうしてそう言えるのですか？
　　4．ひっかかる：見えたものについてどんな疑問を持ちますか？

　「根拠づける」を付け加えたことはこのルーチンにとってはそれほど大きな修正ではなく，もともとこのルーチンの一部分であった。それは，子どもたちにとってもあたりまえになっていたことでもある。口頭でこのルーチンを行うときは，2 つのルーチンを統合して，子どもたちの解釈について「どうしてそう言えるのかしら？」と問いかけていたからである。このようにこの単純な問いかけで，発言を掘り下げて根拠づけさせることによって，子どもの理解が深まり話し合いが活発になるということを，多くの教師たちは知っている。シャローン先生の記録には，この質問の意図が書かれていた。この用紙は，評価の

●5　1880 年〜2008 年にオーストラリアで発行された週刊誌。オーストラリアの文化，政治に影響を持っていた。

ためのものではなく，考えを記録し，話し合いの土台をつくるためのものだという。

　ペアになって10分間風刺画についての意見を書いたあと，絵が何を象徴しているか，どのような感情が暗示されているかについてクラスで話し合った。ある子どもに何が見えたか聞くと，「オーストラリアが絵の隅っこにある。これは，オーストラリアがだんだん世界の端っこに追いやられていることを意味してると思う」と言った。他の解釈はないか尋ねると「オーストラリアが共産主義の巣に攻撃されている」という答えが返ってきた。シャローン先生が「どうしてそう言えるの？」と聞くと，2人の子どもは異口同音に「クモの巣がオーストラリアに伸びようとしているから」と答えた。これは多くの子どもが持った短絡的な意見である。そのことに関して，見えたものや解釈したことについてどんな疑問を持つか聞くと，話し合いは白熱した。子どもたちは「オーストラリアに共産主義者はいるの？」「オーストラリアはどんなふうに対応したの？」「端っこに追いやるっていうのは本当なの？　それともただの宣伝文句なの？」などの疑問をあげた。これらの疑問からその後の学習が展開していった。

　クラスでの話し合いは，残りの時間もこのように進んでいった。風刺画はかなりはっきりした絵だったため，ほとんどの子どもに同じものが「見えた」のも不思議ではないし，解釈が似通っていたこともうなずける。しかし，解釈の根拠をあげたり，疑問を話し始めるといろいろな意見が出てきた。どうしてクモを選んだんだろう？　どうすれば巣が大きくなるのを防げるだろう？　どうやってそんなふうに考えたり，イデオロギーを変えたりできるんだろう？　どうしてクモは1匹しかいないんだろう？　クモは何をしようとしているのかな？　こうして子どもたちも，質問することで学習が進んだり複雑なものが解きほぐされたりしていくことを学んでいったのである。

　シャローン先生は，ルーチンを使うことによって学習内容そのものではなく，学習内容への取り組み方が変わったと言う。「それまで風刺画を分析してきた方法とこのルーチンのおもな違いは，風刺画では全体から伝わるメッセージを読み取ることから始めていたのに対して，このルーチンを使うときにはそれは分析の最後の段階だということなのよ」。そしてまた彼女は，ルーチンでみんなで考えることも学習だということを学んで，話し合いが変わったと言う。「前よりずっと話し合いが活性化したわ…そして話し合いのやり方が変わった

の。ただみんなの考えを聞いたり根拠を話すように言ったりするようになっただけではなくて，ずっと自由に話し合いをするようになったし，もっと構造的な話し合いにもなったのよ。むしろ，その構造があるので，自由な話し合いができたのね」。シャローン先生はさらに，構造について言葉を重ねた。「最初に『見える』をすることで，より客観的になれるのよ。だから短絡的に結論を話してしまうようなことにはならないのね。見ているものをじっくり見るというのはどういうことかわかるのね。それに，『ひっかかる』のステップは，一人ひとりの子どもが意見を言うことになるから，他の2つのステップと同じように重要なのよ」。

　おそらく最も重要なのは，**見える・思う・ひっかかる**やその他のルーチンを使うことによって，シャローン先生が子どもを見る目が変わったことである。「前の年は，子どもが書いたものだけを見て，簡単にダメだと決めつけていたわ。昔どおりの，読解力とか分析力とかを見ていたのね。賢くてよくできる子どもというのは，質問する子どもじゃなくて，そういった力のある子どもだと思っていたわ。だけど今年は，できない子だと思っていた子どもが輝くのを見て驚いたの。思考ルーチンを使うことで，自分の考えをふり返ってよく理解し，組み立てて話すようになったのね」。シャローン先生は事例もあげてくれた。「成績は平均的で，サポートがいるほどの学習困難児ではなかったのだけど，書くこともスペリングも読解も全然できない子どもを受け持っていたのね。でも，彼の政治や世界についての考えを聞いたときには，驚いたわ。知識があるかどうかは別にして，彼は自分のまわりの世界について，自分なりの世界観を持っていたのね。授業で何かをじっくりやらせるような課題を出したら平均的なんだけど，自己認識については他の子どもたちよりも抜きんでていたわ。彼が本当に『深い思考』をしているんだと初めて思ったとき，思考ルーチンを使ったからそれに気がつけたんだと思ったわ。それから，私は知らず知らずのうちに『深い思考』や『洗練された思考』というような言葉を保護者あての通信票に頻繁に使うようになったようなの。実際にそれを見ているし，それについて報告することもできると思ったからだと思うわ」。

　見える・思う・ひっかかるのようなルーチンを使ってシャローン先生が学んだことは，ただそれを使えばいいというわけではなく，内容や子どもに合わせてどのように使うかをよく考えなければならないということであった。新しい年度に入って，**見える・思う・ひっかかる**を行う部屋で，オーストラリアで

思考の可視化に命を吹き込む

2005年12月に起こったクロナラ暴動[6]の写真を9年生に見せたとき，すぐに彼らがのめり込むのを見てうまくいくという自信を持ったのに，実はそうではなかったのである。「授業が終わってから記録を見てみたのね。すると，子どもの薄っぺらい考えが少ししか書いていなくて，がっかりしたわ」。彼女が感じた問題の1つは，子どもたちが絵を詳細に見るのではなく，全体的な印象か，戦いとか旗とか行進する人とかのこの絵の主題にだけしかふれていないということであった。これは，対象について何かを知っているときにはよく起こることである。もし，メキシコ湾のオイル流出事故の絵を見ていると知っていたら，また見ているものがだれか有名な画家が描いた絵だと知っていたら，それ以外の新しいものの見方をするのは，かなり努力しなければむずかしい。さらに，すでに知っていることに引きずられて，自分なりの解釈もできなくなってしまう。だから，**見える・思う・ひっかかる**では，あいまいな絵やものの方がうまくいくことが多い。しかし，シャローン先生がやったように，みんなが知っている絵を使ってはいけないということではない。ただ，そのためには少し準備や事前の話し合いが必要だということなのである。

　次の日シャローン先生は，観察や解釈があまりに大ざっぱだったと子どもたちに注意して，もう一度ルーチンをやってみた。今回は，ボール紙でつくった枠を使って細かい部分に注意を向けさせた。どうすれば，全体の中から一部にだけ焦点をあてることができるのかをそれで示そうとしたのである。全体ではなく一部分だけを詳しく見ることをくり返すことで，すでによく知っている事件でいろいろな解釈も聞いていたため最初は見つけられなかったことを，子どもたちは見つけることができた。これは，先に見た冷戦のときとは対照的である。冷戦は子どもにとってはあまりなじみがなく，そのようなことをする必要がなかったのである。

　このように，内容やルーチンや子どもの状態をどう調節するかを，学び続けることは大事である。ルーチンの目的は，子どもが学習内容にしっかり取り組み，自分の考えを表しながら理解を深めることができる仕組みをつくることである。シャローン先生はこう言う。「このプロジェクトでいちばんためになるのは，思考ルーチンが授業でどんなふうに役に立つのかを見ることなの。子どもが教室を出ても自分の考えを…ルーチンじゃなくて考えについて話している

---

[6] シドニーの白人が外国人排斥を叫んで起こした暴動。

のを聞くとわくわくするわ。彼らの頭の中がわかったように思うの」。ルーチンの1つの見方は，おもしろくて意味のある内容でいっぱいにすべき容れ物だという見方である。花瓶が花束を支えているように，ルーチンは内容の検討を支えている。花瓶は花束の価値を下げるためのものではなく，支えるためにある。同じように，ルーチンも内容を支えてそこに焦点があたるようにする。枯れかけた花をきれいな花瓶に生けてもしかたがないように，力のない内容で思考ルーチンをやっても得るものはない。

2つの事例が示すもの

マーク先生とシャローン先生の事例からは，ルーチンによって文化がつくられることがわかる。思考ルーチンは，おもしろい活動に取り組ませたり，子どもの能力を高めたりするための手法ではない。ルーチンをいつも意味のある内容を対象にして使うことによって，思考とは何か，学習とは何かについてのメッセージを子どもに伝えることになるのである。そのおもな意味は次のようなことである。

1．学習とは，思考の結果である。
2．学習とは，1人で行うものでもあり，みんなで行うものでもある。
3．学習とは，いつも暫定的で，増大・発展するものである。
4．学習とは，複雑な概念を解きほぐす疑問の連続である。
5．学習とは，一人ひとりが取り組まなければならない主体的なプロセスである。

これらの学習についてのメッセージが浸透すると，教室や学校の景色が変わって，子どもたちは自律的に学習するようになり，教師は子どもを一所懸命学ぶ思慮深い存在だと見るようになる。

このような変化は，一連のステップをただ実施するだけでは起こらず，何度も考えることによって生み出せる。関連づけをするとはどういうことか，はっきり見えるものの裏側にどのように気づかせるかなど，ルーチンに組み込まれた思考について解きほぐすことで，短絡的な思考をしている子どもを導けるようになる。考えるとはどういうことか，考えるときにはどのような言葉を使うのかモデル

示すと，考える方法がわかるようになり，考えが見えるようになる。ルーチンを使って思考に焦点をあてることで，子どもの思考に寄りそえるようになる。そして，子どもがどれだけ理解しているかを知るためには，その考えを見えるようにしなければならないこともわかってくる。こうして，思考ルーチンがいつも使われるようになる。思考ルーチンを使って出てきた意見を見ると，もっと使いたくなるのである。そして継続して使うことで，そのクラスで使うルーチンが決まってきて，思考パターンも定まってくる。そして，学習内容だけでなく学び方を学ぶ，本当の学習が行われるのである。

● 思考ルーチンを使いこなすまでの段階

　マーク先生とシャローン先生は，われわれ研究者や研修講師らが知っている何千人もの教師のうちのたった2人にすぎない。彼らの話からは，考える文化をつくって子どもの思考を可視化するということは，たんに授業の流れの中に思考ルーチンを挟み込むだけの問題ではないということがわかる。むしろ，それは教師と子どもの学習についての期待や考えが少しずつ変わり深まっていく過程なのである。マーク先生とシャローン先生の成長は，研究仲間とのかかわり合いによってずいぶんと助けられた。彼らは，いつも互いにサポートし学び合う，まさにプロフェッショナルな学習コミュニティだった（そうは名づけていなかったが）。2週に1度のミーティングでは，だれかが思考ルーチンを使った子どもの成果物を持って来て，LAST（子どもの思考を検証する：Looking at Students' Thinking，表8.1参照）という手順によって構造的に議論した。彼らは思考ルーチンの使い方は学んだが，それが目的ではなかった。思考ルーチンは子どもの複雑な思考を可視化するための，ツールにすぎなかったのである。

　研究者としてわれわれは，教師がどのように教室の思考を可視化する道具として思考ルーチンを用いるのかを研究してきた。事例研究や授業観察によれば，教師や子どもが思考ルーチンを使えるようになっていくのには段階がある（Ritchhart, 2009）。もちろん，先生は一人ひとり違うし，子どもも違っている。したがって，その段階は確実にそうなるというような固定的なものではなく，おおまかな傾向である。それでも，それは，これからルーチンを活用するときのやり方を示すことになるだろう。初めて使うときに，子どもだけでなく自分自身にいろいろなことが起きそうだと知っていることで，完璧をめざす必要はないとわ

表8.1 LAST：子どもの思考を検証する手順

役割	
報告者	子どもの成果物を提示し，議論を聞き，最後に意見を述べる。
ファシリテーター	時間の管理，各場面で議論を導く質問をする，必要なら議論の方向を修正する。
記録者	議論を記録する。
1．成果物の提示（5分）	報告者は授業の流れ，目標，課題で求められることについて話す。 内容の理解を深め，成果物を読み取る助けになるような質問をする。
2．成果物の読み取り（5～10分）	静かに成果物を読み取る。 あとでコメントするためにメモをとる。 以下の段階に合うように，メモを分類する。
3．成果物について書く（5分）	何が見えるか？ 成果物の特徴について気づいたことをすべて交換する。 解釈は避けて，目に見えるものだけについて書く。
4．子どもの思考を熟考する（10分）	成果物のどこに子どもの思考が認められるか。成果物のどんなようすから子どもの思考がわかるか。
5．成果物への疑問をあげる（10分）	成果物からどんな疑問が生まれるか。 個別の問題だけでなく包括的な問題についての疑問もあげる。 その疑問をさらに掘り下げた質問をする。「どれぐらいの時間がかかったか」というような言い方ではなく，「この成果物と同じ成果をあげさせるには，私ならどれくらい時間が必要だろうか」というように言う。 注：この時点では，発表者は質問には答えない。
6．授業での扱いについて議論する（10分）	子どもの考えに基づいて学習を発展させると，どのようになるか。 報告者に実践上の可能性と代替プランを提案する。 子どもの思考を発展させるために何ができるか，幅広くあげる。
7．報告者からの意見（5分）	議論を聞いて得たものは何か。 議論で興味を引いたグループの意見を取り上げる。 必要だと思う疑問に答える。 成果物を今後どのように扱うかについて簡単に説明する。
8．会議についてのふり返り（5分）	全体の流れはどうだったか，どう感じたか。 全体的な感想をふり返る。 前回このミーティングをしたときと比べて変わったこと，改善点に注目する。 次回の課題を考える。
9．報告者，ファシリテーター，記録者への感謝表明	全員の協力を認め合う。 記録をどのように共有し，利用し，蓄積するかを決める。 次のミーティングの役割を決める。

© 考える文化プロジェクト 2005　ハーバード・プロジェクトゼロ

かって気持ちが楽になり、自由な使い方ができる。また、その段階を知ることで、思考についての全員の考えが深まっているかどうか確認することができるのである。

◆◆ 初めての利用：最初の段階 ◆◆

　教師が初めてルーチンを使うとき、通常、それを授業と切り離した活動としてしっかり計画し、慎重にステップをたどりながらやってみる。何事も新しいことを取り入れるときは、そうするものだ。最初は、ルーチンがどのようなものか、それで何が起こるのかを確かめる必要がある。多くの教師が、ルーチンのステップを学んで、ルーチンで使う用語に慣れるために、手順通りのやり方をきっちり守る。われわれも、通常そうするように勧めている。もし、あまりに違ったふうにやってしまうと、うまくいかなかったり問題が起こったりしても、そこから学ぶのがむずかしくなる。マーク先生の場合、最初はルーチンの用語だけを変えてみたが、そのときにどんな言葉ではたらきかけたらよいのか、考え方をどのようにモデルとして示したらよいのか、子どものようすを見ずに決めてしまった。

　子どもたちが初めてルーチンを使うと、何を期待されているのか混乱したり、「何をしたらいいの？」という声が上がったりするのがふつうである。思考ルーチンがいつもの課題から遠ければ遠いほど、そうなる。ワークシートだと答えを書き込めばいいのであって、それがあっているかまちがっているかチェックされる。考えるように言われてそれを書かされるのは、いつもやっていることとはかなり違う。教師に気に入られようとして、まちがったりバカなことを書いたりすることを嫌がる子どももいる。そのような気持ちを持つと、例が示されるまで、どのように答えればいいのかわからない。短絡的で、表面的な意見を書く子どももいる。マーク先生が、初めて**つなげる・広げる・吟味する**を使ったときもそうだった。授業でやった活動とそれまでに学習してきた知識との間に関係を見いだせず、ついには「どうしてこんなことするの？」という声が出た。このような反応は、学校ゲームに慣れきって、情報を示してテストに役に立つ質問をしてくれることだけを期待している高学年の子どもにとくに多い。

　このような現象は、はじめに教師がうまくふるまうことで少なくとも部分的には軽減できる。たとえば、ルーチンをやるぞというのではなく、思考ルーチンを使う目的を示し、それが一人ひとりの理解にも、みんなの理解にも役に立つのだということを告げる。教師は、事前に同じ内容でルーチンをやってみて、どのよ

うになるのか，どんな例を示せばよいのかを試しておく。思考ルーチンがうまくいかないのは，多くの場合，もともと題材が思考をうながす要素を含んでいないことによる。事前にしっかり検討していれば，それがわかったかもしれない。しかし，いくら検討しても，このような問題のすべてを避けることはできない。マーク先生の事例もシャローン先生の事例も，子どもたちの考えが深まらないことがあることを示している。そういうときは，教師は同僚の助けも借りながら子どもの意見を分析して，どうすれば子どもの思考を深めることができるか考えなければならない。この試練をくぐるのは，思考の可視化においてはあたりまえのことであって，教師が悪いわけでも，子どもが悪いわけでも，ルーチンが悪いわけでもない。

◆◆ 慣れ：発展中の段階 ◆◆

　教師と子どもがルーチンに慣れてくると，新しい使い方が生まれてくる。これは，研修会でルーチンの使い方を紹介し合うことでうながされる。この段階で教師がよく言うのは，使うルーチンはどのような活動なのかということから，どんなことを学習させたいのか，何を理解させたいのかに関心が移るということである。「前は授業設計のときに，この単元ではどのルーチンを使えるかを考えていたけど，今は子どもにどんなふうに考えてほしいかを考えて，それを助けるルーチンは何かを考えるようになったんだ。たいした違いはないように思えるかもしれないけど，その差は大きいよ。今では，常に子どもが何を考えているかを考えるようになったんだ」というようなことをみんなが述べる。そして，授業の目標を達成するには，期待する思考に合わせてルーチンを少し変えて使うようになる。ルーチンを学んだら，改良を加えてもいっこうにかまわない。

　子どもにとっては，ルーチンを使うことで自信が生まれ，自分自身の考えの重要性を感じることになる。この自信は，深く考えて意見を言うことだけでなく，1人でルーチンを使うことにもつながっていく。ただ答えを言わせるのではなく，常にルーチンを使って考えを出させ，それを深めたり発展させたりしていると，子どもは自分の考えや意見に本当に興味を持ってもらっていると感じるのである。つまるところ，子どもは一般に，自分に対して示される興味の度合いに応じて他者に反応を返すのである。こうして，教室に徐々に学習するコミュニティという感覚が育っていき，考える文化が生まれる。

◆◆ 自信を持つ：進んだ段階 ◆◆

　実践とふり返りを重ねると，自信が生まれる。それは，新しい競技やトレーニングメニューや料理方法などと同じで，新しい思考ルーチンにもあてはまる。最初はおそるおそるでぎこちないかもしれないが，徐々に直感的に柔軟に使えるようになる。この進んだ段階では，教師は思考ルーチンを自分のものにしたように感じて，子どもの学習の流れにルーチンを溶け込ませることができるようになる。「実践の概要」に取り上げたこのような教師たちは，自分のニーズや目的をよりうまく満たすために，ルーチンに若干手を加えることもある。またこの段階になると，7章で見たように，教室の中に常に満ちている別の文化にも敏感になる。たとえば，ルーチンがうまくいったかどうかに常に関心を払っていると，学習を方向づけるために用いる指示や活動に割り当てる時間や，子どもとのやりとりの重要性に気がつく。記録のとり方について考えると，モデルの示し方や場の設定の重要性が見えてくる。ルーチンはもちろん重要な出発点ではあるが，教師の関心事は広がって，「どうやって思考ルーチンを使うのか」から「どうやって考える文化をつくるのか」に移るのである。

　思考ルーチンを使い込んで自分のものにしたと教師が感じると，子どもも同じように感じるものだ。思考ルーチンの意義の1つは，それが授業の流れを組み立てるということだけではないということである。ルーチンは，一人ひとりの子どもが使えるし，そうなるべきである。自分の学習を方向づけるために，何度も使って自律的にルーチンを使えるようになることが期待される。たとえば，ビアリク校の12年生担当教師たちは，子どもたちが年度末のビクトリア州の高等教育進学資格試験の準備のために，**つくり出す・並べ替える・関連づける・詳細化する**と**主張・根拠・疑問**を自分たちで使っていることに気づいた。アムステルダム国際学校のメアリー・ケリー先生が担当する6年生の理科ではいつも，みんなの理解を深めるためにどのルーチンを使ったらいいか，子どもたちが提案している。

よくある落とし穴と苦闘

　マーク先生とシャローン先生の話と段階の話から，教師や子どもが思考ルーチンを使っていくにしたがってどのようなことが起こるかを概観できたと思う。しかし，子どもの考えを記録したり思考ルーチンを使ったり，また別の方法によって何とか思考を可視化しようとしてきた教師たちを見ていると，みんなが陥る落

とし穴がいくつかあることもわかってきた。それらを紹介しよう。避けなければならないという意味ではなく，それが起きたときに気づくためにである。これを読んでどのような落とし穴があるかを知っておくことは，おそらくとても役に立つ。思考の可視化に挑戦してから6か月後あるいは1年後にこの節を読んでもらうと，ご自身が苦しんできたことについて新しい見方ができて，より経験を活かした形で実践に取り組むことにつながるだろう。

◆◆ 付箋紙マニア ◆◆

　いっしょに，プロジェクトをやってきた教師たちのほとんどが，教室ですばらしい議論をし，本当におもしろい質問が出され，すばらしい考えが生まれたのに，授業が終わると蒸発してしまう…終了の合図とともになくなってしまうと言う。教師たちは，子どもの思考を可視化して全員に示すことは，クラスでの活発なやりとりが蒸発してしまわないようにするだけでなく，学習が起こっているまさにその場所で子どもの思考を尊重しているということを子どもに伝えるのだということにすぐに気がつく。教室の前に貼った模造紙に貼りつけた付箋紙を関係づけさせたり，教室の掲示板にピン留めした短冊に核となる概念についての見出しを書かせたりすることは，見えない思考を可視化して子どもたちに示そうと思う教師たちが始める方法のいくつかにすぎない。

　教師のはたらきかけで子どもが考え始めることに興味を持つと，どうしても子どものアイデアやふり返り，どんな関連づけをしたかをすべてを知りたくなる。そしてはじめのうちは，多くの教師が教室の壁を付箋紙でいっぱいにしてしまう。ここで自問が始まると，付箋紙マニアを克服できる。「どうすれば，ここで生まれた思考の履歴やそのすごさをここに残せるのだろう？」。そして，壁に小さな付箋紙を貼り尽くすよりも，こういうことが役に立つと思い始める。「このトピックについての理解を深める中で，何度も読み直したり，変更したり，付け加えたり，改訂したり，時には捨てさせたいと思うのは，どんな考えや概念なんだろう？」。中等学校のメアリー・ベス先生が**主張・根拠・疑問**を使ったときは，数学教室に「試したことを主張しよう」と大きく書いただけだった。中等学校のクレア先生が**綱引き**を使ったときは，教室で起こっている学習を記録し，大事な所を選んで整理するために，ある時点で子どもの考えを言い表させて可視化したものを2枚貼っただけである。

◆◆ 今日のスペシャル ◆◆

　初めて思考ルーチンを使ったときにうまくいくと、全部やってみたくなる傾向がある。だれもそれを責められない。子どもが、学んだことをうまくつなげることができたり、とてもよい質問をしたり、興味深いことを探究したりするのを見ると、教師の期待も高まるものである。「他にどんなルーチンが使えるだろう？」と思って、毎日違うルーチンを使い始める。しかし、ルーチンが一回きりの特別なものになってしまうと、子どもはある種の疲れを感じ始める。そのよい例がメアリー・ケイ・アーチャー先生の実践で、**どうしてそう言えるの？**の「実践の概要」に掲載した。

　多くの教師にとって役に立つのは、ルーチンを使うことを目的にするのではなく、その状況ではどのような思考が必要かを考えることである。たとえば、関連づけのためのルーチンは、いろいろなものをつなげて考えることを必要とする状況で用いるのが自然で適切である。概念の核心をつかむことが必要な学習では、概念の本質は何かをとらえさせるルーチンが合っている。経験とともに教師たちは、思考ルーチンを食堂のメニューの「今日のスペシャル」のように繰り出すのではなくて、いつも使っている頭のはたらかせ方はどんなパターンか、どんなタイプの思考を自分のクラスの定番にしたいかを意識するようになってくる。最初はいろいろな思考ルーチンについて、手順や流れや目的を理解するために試してみなければならないが、しだいに場面に応じてルーチンを選択できるようになることが重要である。教師たちを見ていて極めたなと思うのは、彼らの質問が「どの思考ルーチンを使ったらいいんだろう？」から「この場面で意味があるのはどんな思考なんだろう？」に変わり、それに応じて教え方を決めるようになった時である。その時、教師たちはその状況でどんな思考が重要か、どの思考ルーチンが適切かに光をあてて、その思考をうながすための道具として思考ルーチンを使うということをわざわざ言わなくなる。

◆◆ 「アラバマ物語」シンドローム[7] ◆◆

　教師たちがよく困るのは、それぞれの思考ルーチンに適した内容の選択である。

---

[7] 「アラバマ物語」は 1962 年製作のグレゴリー・ペック主演の映画。映画の終盤で、精神に障害を持つアーサー・ラドリーを守るために、胸にナイフが刺さって亡くなったユーエルを「ナイフの上に落ちた」とした保安官に対して、少女スカウトが「モッキンバードを殺すのと同じでしょ」と言うシーンから来ている。「弱き者を裁く」という意味。

何年か前，ニューヨークの高校で考える文化をつくろうと熱心になっている先生と知り合った。その時，子どもたちはハーパー・リーの『アラバマ物語（原題：To Kill a Mockingbird）』を読んでいるところであった。その先生は，この小説の映画版アラバマ物語でアティカス・フィンチを演じた晩年のグレゴリー・ペックの写真をインターネットで見つけてきた。そして，それを教室に大きく投影して**見える・思う・ひっかかる**を行った。

「見えたもの，気づいたものをあげよう」と言われた子どもたちの答えは次のようなものであった。男，白人，帽子，裁判所の中，2階と1階，1階に座っている人はみんな白人，2階席の人はみんな黒人などである。子どもたちが出したもののほとんどは，写っているものの表面しか見ていなかったが，教師は次のステップではもう少し掘り下げられることを願いながら，それらを熱心に記録した。

「じゃあ，ここで何が起こっていると思うかな？」が次の発問である。子どもたちは互いを見合うだけだったが，しばらくしてある子が言った。「えっと，それはアラバマ物語だよ」。それで先生は固まってしまった。そして，こう尋ねた。「どうしてそう言えるのかな？」。…また沈黙が続いたが，先の子がきっぱりと「だって，それはアラバマ物語なんだもの」と答えた。

先生はいらついたが撤退はせずに，「じゃあ，何か疑問はないかな？」と続けた。子どもたちが先生の言いたいことを理解したかどうかはわからないが，先の子は当惑しながら答えた。「これは，アラバマ物語かもしれないなと思います」。

問題が徐々に明らかになってきたと思う。子どもたちは，この小説の主題を深く読み解くのに役立つ，すばらしい見方や発見や思考にはいたらなかったが，この小説は，たしかに掘り下げるのにふさわしい，強烈で複雑な概念があふれている。もうおわかりだろうが，それに気づかなかったのは子どもたちのせいではない。先生の意図はまちがいなくすばらしいのに，何かを見いだしたり，それを解釈したり，さらには何かを推量したりするのに必要なことが写真に含まれていなかったのである。先生が選んだ写真は，アラバマ物語の1シーンで，あまりにわかりやすすぎた。そのように使ってしまうと，このルーチンは**見える・思う・ひっかかる**ではなく，あっているかどうかをあてるだけの写真あてクイズになって，この小説から学ぶべき偏見や隔離，不正などについて考える機会が失われるのである。

名前あてクイズになってしまう「アラバマ物語」症候群は，何を理解させたいかが明確になっていなかったり，子どもに新しいことを考えさせるツールとして

ではなくあてものクイズとしてルーチンが使われていたりするときに，教師がよく体験する落とし穴である。考える文化をつくりたいと思えば，どの思考ルーチンを使うかを意識的に選ぶだけでなく，どのような内容を対象にルーチンを使うかを考える必要がある。考えるべきことがもともとあまり含まれていない題材では，質の高い思考を引き出すのはむずかしいというのが，教師たちが学んできた教訓なのである。

タミー先生は，**赤信号・黄信号**を使い慣れるとすぐに，対象とする文章や教材に，質問や疑問を唱える価値のある立場や視点が含まれていれば，話し合いが活発になることに気がついた。逆にさまざまな視点がなければ，赤信号や黄信号をともすべき場所もあまりないということになる。同じく，メアリー・ベス先生は，単純ですぐに答えが出る問題に比べると，さまざまな角度から考えられる数学の問題は，とりかかったときに，どう考えるかを言わせておくのがよいということに気づいた。

◆◆ ワークシートによる思考阻止 ◆◆

ワークシートを使う授業に魅力を感じる要因が，いくつかある。多くの教師がワークシートを使わなければならないと思っている。それはおそらく，長く学校では学習が仕事ととらえられ，子どもが主体的に仕事に向かうとは思われてこなかったからだと思われる。そして教師は，子どもを評価して序列をつけ，学んだ証拠を報告することへのプレッシャーを感じて，学習の確実な結果を示す何かを手にしたくなり，あるいは最低でも仕事が終わったということを示すものが必要になるからだろう。教師たちを突き動かすものが何であろうが，われわれは，ルーチンといっしょに使うワークシートを教師がつくるのを，何度も見てきた。本書や思考の可視化サイトにコピー用教材は存在しないし，またともに教員研修で講師をしてきた教師たちも，ワークシートを使ったルーチンなど使ってこなかったにもかかわらず，そういうことが起こる。

ワークシートを提供しないのは，ルーチンが学習内容について懸命に取り組み，話し合いを進めるようにつくられているからである。7章で見たように，「相互作用」は学習の文化をつくり上げるためには欠かせない。もしワークシートを使って空欄を埋めるだけの学習にしたら，まちがいなく相互作用は減ってしまい，学習ではなく仕事に変わってしまう。たとえば，**見える・思う・ひっかかる**で子どもの考えをワークシート形式で記録すると，他の人の考えを聞いてそれを発展

させることができなくなる。また，何を対象としていても，書き出すことが多すぎる。そして，子どもたちは「どれだけ書かなければならないの？」と言い出すことになる。これまでに，「見える」「思う」「ひっかかる」のそれぞれに5つずつ書き込ませるワークシートを使った例を見たことがある。そこに思考の形跡が見られなかったのは不思議ではない。ワークシートが思考を殺してしまったのである。

　一人ひとりの考えを記録することに意味がないと言っているのではない。そうではなくて，記録用紙とワークシートはまったく別物だと言いたいのである。記録用紙は自分の考えを見返してふり返るためにある。ラヴィ先生は，**コンセプトマップ**を使うときに，子どもに考えを記録させている。これらのルーチンや**色・シンボル・画像**では，たしかに記録が必要になる。他の人の考えを聞いて，それをもとにして自分の考えをつくらなければならないからである。逆に，ワークシートを埋めるのは教師を満足させるためなのである。考えることではなく，完成させることがゴールになってしまう。ここに分水嶺がある。ワークシートと記録用紙は同じように見えるが，学習や思考の結果には大きな違いが生まれる。

◆◆ 一話完結から連続ものに ◆◆

　最後は，ルーチンを孤立した活動として行うのではなく，授業の一連の流れに組み込むにはどうするかということであった。一話完結型番組の一つひとつのエピソードのように，多くの教師の報告は，一回きりの授業の報告である。こんな課題を出しました，子どもはこんなふうに取り組みました，目標が達成されました，こうまとめました…こうしてエピソードが終了する。次の授業では，その前のエピソードと関係ないエピソードが始まり，次の回のエピソードとも切り離されている。つまり，活動から活動に，エピソードからエピソードに飛び飛びに学習が仕組まれ，教師は一つひとつのエピソードをおもしろくして子どもの興味を引き，その時々のねらいに沿うように学習をうながすのに力を注いだことを報告してくれるのである。

　しかし，思考ルーチンが教室の文化になることで，毎回の授業が，相互に関連する内容のつながりになっていくと，多くの教師が述べている。この変化を，最近のテレビ番組の変化になぞらえる教師がいる。最近のシリーズ番組は，テレビ局の番組表の中で常に同じ時間帯に放送され，さまざまなストーリーがエピソードからエピソードへと連なっていく。さまざまな登場人物が異なる役を演じて話

の筋を前に進め，シリーズ全体の流れを織り出していく。教師は，そのトピックにとって，何が核となる概念かよく検討することで，ばらばらなエピソードとしてそれを学ばせるのではなく，大きな流れをつくり出すようにルーチンを使ったり他の学習方法を工夫したりするようになる。そして，関係しないエピソードを教えるのではなく，連続ものの授業の流れをつくっていくようになる。

つなげる・広げる・吟味するのところで書いたように，「社会における人種と構成員」や社会ダーウィニズムについての考えを出し合ってまとめさせるときにジョシュ先生がとった方法が，そのよい例である。子どもたちは，小説を読み，ビデオを観て，インターネットで調べ，日誌や作文を書いた。それに合わせて，ジョシュ先生は，**つなげる・広げる・吟味する**と見出しと**前の考え，今の考え**を順に使って子どもの考えをつなぎ，いくつかの重要な概念を織り出していった。そこで感じたのは，毎日異なる授業ごとに一つひとつ概念を取り扱ってまとめていくよりも，複雑な概念について子どもが調べるのを助ける方が，より目的的な授業になるということであった。

結語

　学習はとても自然でしかし複雑なプロセスである。学習が起こるようにはたらきかけているわれわれ自身が，そのプロセスに驚き勇気づけられることがよくある。目の前で起こるそのプロセスがあまりに複雑で多彩であることに心を打たれ呆然とするのである。まさに，思考を可視化することの力がここにある。学習のプロセスそのものを覗く窓が開くのである。この本に示したさまざまなツール，質問すること，聞くこと，記録すること，ルーチンを使うこと，そしてプロトコールを用いることで，子どもたちが考えること，ひいては子どもたちの学習をサポートすることができるのである。しかし，心に留めておかなければならないことがある。それらの方略はただのツールである。どんなツールもそうだが，よく慣れた人が正しく使うことによって，最大の効果が生まれるのである。

　思考を可視化する試みを読者自身が始めるときには，この本に掲載した教師たちのやり方を参考にしてほしい。そして彼らも，初めてツールやツールを使った実践に出会ったときには，試してみてふり返り，また試してみることをやって来たことに気づいてほしい。失敗してもかまわない。子どもたちから学べばよい。自分の試みをわかち合い，議論し，学び合う仲間を見つけてほしい。子どもの考

えを見えるようにするたびに，それを一回きりのエピソードに終わらせるのではなくて，次の授業に活かして学習がつながるようにしてほしい。そうすることで少しずつ，子どもの学習を深めて理解を深めるという大きな目標に向かって，考えることをうながし，思考を可視化し，それを尊重するような授業が実現されていることを実感していくのだと思う。

文献

Abeles, V., & Congdon, J. (Directors/Writers). (2010). *Race to nowhere*. In V. Abeles (Producer). United States: Reel Link Films.

Anderson, D., Kisiel, J., & Storksdieck, M. (2006). Understanding teachers' perspectives on field trips: Discovering common ground in three countries. *Curator, 49* (3), 365-386.

Anderson, L. W., & Krathwohl, D. R. (Eds.). (2001). *A taxonomy for learning, teaching and assessing: A revision of Bloom's Taxonomy of educational objectives* (complete ed.). New York: Longman.

Barnes, D. R. (1976). *From communication to curriculum*. New York: Penguin.

Barron, B. (2003). When smart groups fail. *Journal of the Learning Sciences, 12* (3), 307-359.

Biggs, J., & Moore, P. (1993). *The process of learning*. New York: Prentice Hall.

Biggs, J. B. (1987). *Student approaches to learning and studying*. Research monograph. Hawthorn, Victoria: Australian Council for Educational Research.

Bliss, A. (2010). Enabling more effective discussion in the classroom. *Stories of Learning*. Retrieved from http://www.storiesoflearning.com

Blythe, T., & Associates (1998). *The teaching for understanding guide*. San Francisco: Jossey-Bass.

Boaler, J., & Brodie, K. (2004). *The importance, nature and impact of teacher questions*. Paper presented at the proceedings of the twenty-sixth annual meeting of the North American Chapter of the International Group for Psychology of Mathematics Education.

Boaler, J., & Humphreys, C. (2005). *Connecting mathematical ideas: Standards-based cases for teaching and learning, grades 6-8*. Portsmouth, NH: Heinemann.

Bruner, J. S. (1973). *Beyond the information given: Studies in the psychology of knowing*. New York: Norton.

Cazden, C. B. (1988). *Classroom discourse*. Portsmouth, NH: Heinemann.

Colby, A., Beaumont, E., Ehrlich, T., & Corngold, S. (2009). *Educating for democracy: Preparing undergraduates for responsible political engagement*. San Francisco: Jossey-Bass.

Cone, C. A., & Kendall, K. (1978). Space, time and family interactions: Visitors behavior at the science museum of Minnesota. *Curator, 21* (3), 245-258.

Costa, A., & Kallick, B. (2009). *Learning and leading with habits of mind: 16 characteristics for success*. Alexandria, VA: Association for Supervision and Curriculum Development.

Craik, F. I. M., & Lockhart, R. S. (1972). Levels of processing: A framework for memory research. *Journal of Verbal Learning and Verbal Behavior, 11*, 671-684.

Dobbs, S. M., & Eisner, E. (1990). Silent pedagogy in art museums. *Curator, 33*, 217-235.

Duer Miller, A. (1915). *Are women people?* New York: George H. Doran Company.

Eyleer, J., & Giles, D. E. (1999). *Where's the learning in service-learning?* San Francisco: Jossey-Bass.

Facts about language. (2009). Retrieved July 25, 2009, from http://www.askoxford.com/oec/main page/oec02/?view=uk

Fried, R. L. (2005). *The game of school: Why we all play it, how it hurts kids, and what it will take to change it*. San Francisco: Jossey-Bass.

Fry, E. B., Kress, J. E., & Fountoukidis, D. L. (2000). *The reading teacher's book of lists* (4th ed.). San Francisco: Jossey-Bass.
Gallagher, K. (2010, November 12). Why I will not teach to the test. *Education Week*.
Gardner, H. (1983). *Frames of mind*. New York: Basic Books.
Gardner, H. (1991). *The unschooled mind*. NewYork: Basic Books.
Giudici, C., Rinaldi, C., & Krechevsky, M. (Eds.). (2001). *Making learning visible: Children as individual and group learners*. Reggio Emilia, Italy: Reggio Children.
Given, H., Kuh, L., LeeKeenan, D., Mardell, B., Redditt, S., & Twombly, S. (2010). Changing school culture: Using documentation to support collaborative inquiry. *Theory into Practice, 49*, 36-46.
Harre, R., & Gillet, G. (1994). *The discursive mind*. Thousand Oaks, CA: Sage.
Hatch, T. (2006). *Into the classroom: Developing the scholarship of teaching and learning*. San Francisco: Jossey-Bass.
Hawkins, D. (1974). I, thou, and it. In *The informed vision: Essays on learning and human nature* (pp. 48-62). New York: Agathon. (Original work published 1967)
Hiebert, J., Carpenter, T. P., Fennema, E., Fuson, K. C., Wearne, D., Murray, H., et al. (1997). *Making sense: Teaching and learning mathematics with understanding*. Portsmouth, NH: Heinemann.
Housen, A., & Yenawine, P. (2001). *Understanding the basics*. New York: Visual Understanding in Education.
Housen, A., Yenawine, P., & Arenas, A. (1991). *Visual thinking curriculum*. New York: Museum of Modern Art.
Intrator, S. (2002). *Stories of the courage to teach: Honoring the teacher's heart*. San Francisco: Jossey-Bass.
Intrator, S. (2006). Beginning teachers and the emotional drama of the classroom. *Journal of Teacher Education, 57* (3), 232-239.
Johnson, S. (2010). *Where do good ideas come from: The natural history of innovation*. New York: Riverhead.
Johnston, P. (2004). *Choice words: How our language affects children's learning*. Portland, ME: Stenhouse.
Keene, E., & Zimmermann, S. (1997). *Mosaic of thought*. Portsmouth, NH: Heinemann.
Keene, E. O. (2008). *To understand*. Portsmouth, NH: Heinemann.
Langer, E. (1989). *Mindfulness*. Reading, MA: Addison-Wesley.
Langer, E., Hatem, M., Joss, J., & Howell, M. (1989). The mindful consequences of teaching uncertainty for elementary school and college students. *Creativity Research Journal, 2* (3), 139-150.
Lappan, G., Fey, J. T., Fitzgerald, W. M., Friel, S. N., & Philips, E. (1997). *Connected Mathematics Series*: Dale Seymour Publications.
Leinhardt, G., & Crowley, K. (1998). *Museum learning as conversational elaboration: A proposal to capture, code, and analyze talk in museums* (Technical Report #MLC-01). Pittsburgh: Museum Learning Collaborative.
Leinhardt, G., & Steele, M. D. (2005). Seeing the complexity of standing to the side: Instructional dialogues. *Cognition and Instruction, 23* (1), 87-163.
Leinhardt, G., Weidman, C., & Hammond, K. M. (1987). Introduction and integration of classroom routines by expert teachers. *Curriculum Inquiry, 17* (2), 135-175.

Lieberman, M., & Langer, E. (1995). Mindfulness and the process of learning. In P. Antonacci (Ed.), *Learning and context.* Cresskill, NJ: Hampton.

Lyman, F. T. (1981). The responsive classroom discussion: The inclusion of all students. In A. Anderson (Ed.), *Mainstreaming digest* (pp. 109-113). College Park: University of Maryland Press.

Marton, F., & Saljo, R. (1976). On qualitative differences in learning: I. Outcome and process. *British Journal of Educational Psychology, 46,* 4-11.

McDonald, J. P. (1992). *Teaching: Making sense of an uncertain craft.* New York: Teachers College Press.

National Council of Teachers of Mathematics. (1989). *Curriculum and evaluation standards for school mathematics.* Reston, VA: National Council of Teachers of Mathematics.

Nystrand, M., Gamoran, A., Kachur, R., & Prenergast, C. (1997). *Opening dialogue.* New York: Teachers College Press.

Palmer, P. (1998). *The courage to teach: Exploring the inner landscape of a teacher's life.* San Francisco: Jossey-Bass.

Perkins, D. N. (1992). *Smart schools: From training memories to educating minds.* New York. Free Press.

Perkins, D. N., Tishman, S., Ritchhart, R., Donis, K., & Andrade, A. (2000). Intelligence in the wild: A dispositional view of intellectual traits. *Educational Psychology Review, 12* (3), 269-293.

Ravitch, D. (2010). *The death and life of the great American school system: How testing and choice are undermining education.* New York: Basic Books.

Ritchhart, R. (2001). From IQ to IC: A dispositional view of intelligence. *Roeper Review, 23* (3), 143-150.

Ritchhart, R. (2002). *Intellectual character: What it is, why it matters, and how to get it.* San Francisco: Jossey-Bass.

Ritchhart, R. (2009, August). *Becoming a culture of thinking: Reflections on our learning.* Bialik College Biennial Cultures of Thinking Conference. Melbourne, Australia.

Ritchhart, R., & Langer, E. (1997). Teaching mathematical procedures mindfully: Exploring the conditional presentation of information in mathematics. In J. A. Dossey, J. O. Swafford, M. Parmantie, & A. E. Dossey (Eds.), *Proceedings of the nineteenth annual meeting of the North American chapter of the International Group for the Psychology of Mathematics Education.* Columbus, OH: ERIC Clearinghouse for Science, Mathematics, and Environmental Education. (ED420494)

Ritchhart, R., Palmer, P., Church, M., & Tishman, S. (2006, April). *Thinking routines: Establishing patterns of thinking in the classroom.* Paper presented at the annual meeting of the American Educational Research Association, San Francisco.

Ritchhart, R., & Perkins, D. N. (2005). Learning to think: The challenges of teaching thinking. In K. Holyoak & R. G. Morrison (Eds.), *Cambridge handbook of thinking and reasoning* (pp. 775-802). Cambridge, UK: Cambridge University Press.

Ritchhart, R., Turner, T., & Hadar, L. (2009a). Uncovering students' thinking about thinking using concept maps. *Metacognition and Learning, 4* (2), 145-159.

Ritchhart, R., Turner, T., & Hadar, L. (2009b). Uncovering students' thinking about thinking using concept maps. *Metacognition and Learning, 4* (2), 145-159.

Robinson, K. (2010, October 14). Changing Education Paradigms. [Video file]. Retrieved from http://www.thersa.org

Ryder, L. (2010). Wondering about seeing and thinking: Moving beyond metacognition. *Stories of Learning*. Retrieved from http://www.storiesoflearning.com

Schwartz, M., Sadler, P. M., Sonnert, G., & Tai, R. H. (2009). Depth versus breadth: How content coverage in high school science courses relates to later success in college science coursework. *Science Education. 93*(5), 798-826.

Seidel, S. (1998). Wondering to be done: The collaborative assessment conference. In David Allen (Ed.), *Assessing student learning: From grading to understanding*. New York: Teachers College Press.

Skemp, R. (1976). Relational understanding and instrumental understanding. *Mathematics Teaching, 77*, 20-26.

Tishman, S., Perkins, D. N., & Jay, E. (1993). Teaching thinking dispositions: From transmission to enculturation. *Theory into Practice, 3*, 147-153.

Vygotsky, L. S. (1978). *Mind in society*. Cambridge, MA: Harvard University Press.

Whitehead, A. N. (1929). *The aims of education and other essays*. New York: Simon & Schuster.

Wiggins, G., & McTighe, J. (1998). *Understanding by design*. Alexandria, VA: Association of Supervision and Curriculum Development.

Wiske, M. S. (Ed.). (1997). *Teaching for understanding*. San Francisco: Jossey-Bass.

Yinger, R. J. (1979). Routines in teacher planning. *Theory into Practice, 18*, 163-169.

Zee, E. V., & Minstrell, J. (1997). Using questioning to guide student thinking. *Journal of the Learning Sciences, 6*(2), 227-269.

Zohar, A., & David, A. B. (2008). Explicit teaching of meta-strategic knowledge in authentic classroom situations. *Metacognition and Learning, 3*(1), 59-82.

〈邦訳文献〉

Johnson, S. (2010)
良いアイデアはどこで生まれる？
https://sites.google.com/site/tedjapaneseenglishnote/list/where-good-ideas-come-from

Lieberman, M., & Langer, E. (1995)
加藤諦三（訳）(2009)『心の「とらわれ」にサヨナラする心理学—人生は「マインドフルネス」でいこう！』PHP研究所

Whitehead, A. N. (1929)
森口兼二・橋口正夫（訳）(1986)『教育の目的』（著作集第9巻）松籟社

Wiggins, G., & McTighe, J. (1998)
西岡加名惠（訳）(2012)『理解をもたらすカリキュラム設計—「逆向き設計」の理論と方法』日本標準

◇◇訳者解説：日本の授業と思考ルーチン◇◇

■日本の学級文化

　教師なら、「1人でも多くの子どもの意見を発表させたい」と思う。「発表がうまくつながって、理解が深まってほしい」と願う。「教師が介入せず、自分たちで考えを深めてほしい」と考える。このような期待をもって、発表のルールをつくる。たとえば、「一日に一度は発言する」という目標をつくり、時間割が進むに従ってまだ発言していない子どもが優先的にあたる。発表された意見について、「つけたし」「賛成」「反対」のハンドサインを使って手をあげ、それを見ながら指名する。最初の1人は教師が指名し、発表者が次の発表者をあててつなげていく。ルールは、どの学級にも共通するのではなく、学級によって違っている。

　それぞれの学級には文化がある。それを学級文化とよぶ。「学級文化」は、「学級集団が共有する価値意識や規範、行動様式など」（山崎・片上編 2003: 82）と定義されており、級友とどれくらい率直に意見を言い合えるか、学級にいることがどれくらい楽しいか、どれくらい規律にのっとって行動するか、教師の指示にどのように反応するか、などさまざまなことが含まれる。そして、発言のルールなどは、学級文化をつくる1つの要素だと考えられる。

■考える文化

　本書で何度も出てくるのが、「考える文化」という語である。これは、考えることを尊重し重視する価値観が学級で共有されている状態をさす。授業におけるコミュニケーションの多くは、問いと答えの連鎖である。問いに対する正解が想定されている場合、そのコミュニケーションは期待される正解に近づくようにうながされていく。それは、逆に言えば、あまり正解に近くない答えの芽をつんでいくことである。そこでつまれる正解に近くない考えは尊重されない。しかし、考える文化の中では、すべての発言が尊重される。どのような発言も、重要なものとして扱われる。そのような文化をつくるための方法が、思考ルーチンである。

■オープンエンドな思考ルーチン

　思考ルーチンで子どもの考えを引き出すときは、正解を期待しているのではな

い。各自の見方や考え方が大事なときに、思考ルーチンを使う。

　見出しルーチンでは、指数関数的増加について見出しをつくる実践が紹介されている。指数について学ぶとき、通常はまず、2を底とする指数関数（$y=2^x$）において、適当な整数値（-3〜3など）を代入してグラフを描く。その後、底を変えたグラフを描いて、指数関数の性質などを導き出していく。代入の結果を正しく計算すること、グラフ上に正しくプロットすること、点と点をきれいにつないでグラフにすることなどを一つひとつ実行していく。この**見出し**の実践では、途中の段階でそれまでの学習をもとに見出しをつくっていく。学習内容について、感じたことを短い言葉で表すのである。代入の計算などと違って、見出しに正解はない。一人ひとり異なる見出しがつくられる。このように思考スキルの手順には、全員の考えが同じように扱われ共有されて活かされる仕組みが、活動として組み込まれている。思考ルーチンでの発言は、すべての子どもに開かれていて、そのことが、主体的に意見を述べ、互いの意見を尊重する考える文化を形づくる。

■ルーチン化の意義

　日本で時折見る授業に、写真にタイトルをつける活動がある。写真に写っている人やもの、それらの関係をよく見て、写真が撮られた時間や天気、状況などを推察し、総合してタイトルをつける。当然、それぞれの子どもが違ったタイトルを提案する。そして、その理由について説明もする。このような授業では、思考ルーチンと同じようなことを期待しているように思われる。各プロセスでどのようなことを考えさせるかも、明確に意識されている。ただし、それはその単元に限られる。

　同じようなプロセスを、さまざまな題材や文脈の中で常に用いることで、考えを表出して共有し、そこから新しい考えをつくり出す手順があたりまえになる。子どもたちどうしで、そのプロセスを進めていけるようにもなる。ルーチン化されるのである。

■思考ルーチンの基になる3つの活動

　思考ルーチンは、子どもの思考を方向づけ、なるべく多くの子どものアイデアが活かされるようにするための手順である。思考ルーチンで重要な活動は、次の3つだと思われる。

訳者解説：日本の授業と思考ルーチン

●可視化する

　この書のタイトルである Making Thinking Visible は，思考を可視化するということである。もともと思考は頭の中にあって，見えるものではない。それを図や絵で描き表したり，言語化して言い表したりして初めて人に伝えられる。

　図や絵にすると，当然，そのまま見ることができる。考えを書き表すと，それを読むことができる。ただし，何についてどのような形式で描いたり書いたりするかが共通理解されていることが重要である。それを示すのが，思考ルーチンのステップである。

　考えを口頭で発表することもある。何についてどのように話すかがステップの問いに埋め込まれている。考えを話すだけだと，それはその場で消えてしまう。したがって大事なのは，記録を残すことである。多くは，黒板や模造紙に発言を書いていくことである。そうすることで，どのように発言が展開していくかをその場で実感できたり，あとから発言全体をふり返ることができたりする。

●共有する

　考えを可視化するのは，自分のためでもあるが，学習者全員のためでもある。思考ルーチンは，個人で考えることよりも，協同で考えることに焦点を絞った手順である。そのために，各人の考えを可視化するだけでなく，それをみんなで見て，修正を加えたり，さらに考えを加えたりするステップが設定される。協同で考える方法が，活動として組み込まれているのである。

　協同で考えるために必要なことは，なるべく多くの意見が出ることである。それを実現するために，いくつかの方法がとられる。対象を提示して，何が見えるかを述べるステップが，いくつかの思考ルーチンに含まれる。何を考えるかではなく，何が見えるかという，だれもが何かを述べることができる入り口が設定されている。そして，その発言を徐々に，広げたり深めたりするステップが続く。

　いくつかの思考ルーチンは，全員が何かの刺激をきっかけに，考えを付箋紙などに書き出すステップをもっている。付箋紙は，模造紙などにどんどん貼り付けていく。貼り付けられた付箋紙に関連させて，考えを広げていくステップもある。全員が同時に取り組む活動で，短い時間に多くの子どもの意見が提示される。

　そうしてみんなで考えたものについては，教室内外に掲示され，何度もふり返られる。

●説明する

考えを共有するためには、考えについての説明が必要になる。「何を見てそう言うの？」という問いは、考えが出てきたきっかけや根拠を尋ねる問いである。まずは漠然と意見を言ったとしても、こう問われると意見の背景を説明することになる。このプロセスをそのままルーチンにしたのが、**説明ゲーム**である。

説明すること自体を目的としていなくても、活動自体に説明する場面を含むルーチンもある。**綱引き**では、引き手をどこに貼ればよいか話し合いながら貼っていく。意見の強さについて説明し、承認されるプロセスである。思考ルーチンの中には、対象を色やシンボルに象徴したり、比喩をつくったりするステップをもつものもある。この活動で行われるのは、対象の特徴をとらえて、それと他のものを結びつける思考である。何をどう結びつけたかについては、説明を経なければわからないことが多い。このようなルーチンも、説明する活動を含むことになる。

■思考ルーチンがうながす思考のタイプ

もちろん、すべての思考ルーチンが同じ思考をうながすわけではない。それぞれに、どのような思考をうながしているかは異なっている。それが1つだけのこともあれば、ステップごとに異なる思考を導く場合もある。目標となる思考のタイプについては、1章で次の8つが示されている。

①念入りに観察して記述する
②説明や解釈をつくり上げる
③根拠をもとに推論する
④関係づける
⑤異なる視点を考慮する
⑥核心を見抜いて結論を導く
⑦疑問に思って質問する
⑧複雑なものを単純化して深める

見える・思う・ひっかかるは、3つのステップをもつ。最初のステップでは、対象となる画像を念入りに見て、何が描かれているかをリストアップする。「①念入りに観察して記述する」ことが行われる。描かれているものがわかりにくい抽象画でない限り、「大事なことを言わなければ」というような心の規制がかからず、だれでも発言することができる。次のステップでは、「そこで何が起こっ

ているか」「どうしてそこにそれがあるのか」などについての自分の考えを述べる。「説明や解釈をつくり上げる」プロセスである。そして，3番目のステップは，それらを根拠として，その画像が何を伝えようとしているのか述べたり，それにつながる疑問を出したりするステップである（③根拠をもとに推論する）。最初から，「この絵は何を表しているでしょうか」と問うのではなく，絵に何が描かれているかを念入りに見て，そこで何が起こっているのかを説明するプロセスを経ることで，より多くの子どもが，絵の全体が何を伝えようとしているのかを根拠をもって話せるようになる。

　4つの方位には，ステップが4つある。対象は，何かの概念や提案などである。まず，その魅力的な部分，わくわくする点についてあげていく（②説明や解釈をつくり上げる）。次のステップでは，概念や提案に対して気になる点をあげていく（⑦疑問に思って質問する）。3つめのステップでは，その概念や提案に対して，知る必要があることをあげる（③根拠をもとに推論する）。最後に，これらの結果として，その概念や提案についてどう考えるのかを述べる（⑥核心を見抜いて結論を導く）。考える対象について，よいところ→問題点→疑問→結論，と順番に視点を変えてアイデアを出していくことによって，やはりより多くの子どもが，根拠をもとに自分なりの結論を示せるようになる。

　思考ルーチンの各ステップは，問いとして示されていたり，活動として示されていたりする。どちらにしても，そのステップでどのような思考が求められているかが直感できない場合もあるだろう。各ステップで想定している思考のタイプを理解しておくことは，モデルを示したり，期待する反応をうながしたりするためには重要である。その関係を，表1にまとめてみた。1つのステップで，複数の思考のタイプが求められる場合がある。その場合は「／」で区切って表示している。また，8つの思考タイプにあてはまらないステップもある。結果を見通したり，考えを拡散的に広げたり，考えを階層化して構造的に表したりするような思考である。それらについては，（　）でくくって示してある。

■思考ルーチンのパワー

　実際に日本の2つの授業で**見える・思う・ひっかかる**を使ってみた。1つは，小学校1年生の国語の単元「わけを話そう」（光村図書）である。教材文には，笑顔，泣き顔，怒った顔の子どもの顔の絵が描かれている。ここで子どもたちが見つけた「見える」ものは，「涙，鼻が赤い，頬が赤い，黄色い服，歯が見えている，

訳者解説：日本の授業と思考ルーチン

表1　思考ルーチンと思考のタイプ

思考ルーチン	各ステップの思考のタイプ
見える・思う・ひっかかる (See-Think-Wonder)	①念入りに観察して記述する→②説明や解釈をつくり上げる→③根拠をもとに推論する
ズームイン（Zoom In）	①念入りに観察して記述する→③根拠をもとに推論する→②説明や解釈をつくり上げる
思いつくこと・わからないこと・調べること (Think-Puzzle-Explore)	③根拠をもとに推論する→⑦疑問に思って質問する→（見通す）
チョークトーク（Chalk Talk）	②説明や解釈をつくり上げる／④関係づける／⑤異なる視点を考慮する
3-2-1 ブリッジ（3-2-1 Bridge）	⑧複雑なものを単純化して深める→⑦疑問に思って質問する→④関係づける／⑧複雑なものを単純化して深める
4つの方位（Compass Points）	②説明や解釈をつくり上げる→⑦疑問に思って質問する→③根拠をもとに推論する→⑥核心を見抜いて結論を導く
説明ゲーム（The Explanation Game）	②説明や解釈をつくり上げる／③根拠をもとに推論する
見出し（Headlines）	⑧複雑なものを単純化して深める
色・シンボル・画像（Color, Symbol, Image）	⑧複雑なものを単純化して深める
コンセプトマップ：つくり出す・並べ替える・関連づける・詳細化する（Generate-Sort-Connect-Elaborate: Concept Maps）	（広げる）→（順序づける）→④関係づける→構造化する
つなげる・広げる・吟味する (Connect-Extend-Challenge)	④関係づける→（広げる）→⑦疑問に思って質問する
関連・違和感・重要・変化 (The 4C's: Connections, Challenge, Concepts, Changes)	⑧複雑なものを単純化して深める→⑦疑問に思って質問する→⑥核心を見抜いて結論を導く→③根拠をもとに推論する
小実験室（The Micro Lab Protocol）	②説明や解釈をつくり上げる→④関係づける
前の考え, 今の考え（I Used to think..., Now I think....）	④関係づける
どうしてそう言えるの？（What Makes You Say That）	③根拠をもとに推論する
視点の輪（Circle of Viewpoints）	⑤異なる視点を考慮する
なりきり（Step Inside）	⑤異なる視点を考慮する
赤信号・黄信号（Red Light, Yellow Light）	⑤異なる視点を考慮する
主張・根拠・疑問（Claim-Support-Question）	②説明や解釈をつくり上げる→③根拠をもとに推論する→⑦疑問に思って質問する
綱引き（Tug-of-War）	③根拠をもとに推論する／⑦疑問に思って質問する
文・フレーズ・単語（Sentence-Phrase-Word）	⑥核心を見抜いて結論を導く／⑧複雑なものを単純化して深める

※複数の思考のタイプが共存する場合は「／」で区切っている。また，ステップによっては8つの思考のタイプと対応づかないものもある。それらは（　）でくくって該当する思考を記載した。

訳者解説：日本の授業と思考ルーチン

眉毛が蛇みたい，口の形が山みたい」など27種類であった。「思う」では，笑っているのはうれしいから，泣いているのは悲しいから，怒っているのは嫌なことがあったから，とあまり広がりはない。しかし，「ひっかかる」においては，笑顔に対して「友だちと遊んでいる」「逆上がりができた」，泣き顔に対して「お母さんに怒られた」「何かを壊された」，怒った顔に対して，「意地悪された」「何か取り合いをしている」など，自分の体験に引きつけた多様な意見が出てきた。これは，同じ教科書から「なぞなぞあそび」にある野菜のシルエット画に対して，思考ルーチンを使わずにわかったことをあげさせてみたときとはかなり違う。このときは，シルエット画が「なぞなぞみたいだ」という意見が出てきただけで，たとえば「たけのこの空洞にもかぼちゃと同じように種が入っているのかしら」というような意見は出てこなかった。

「なぞなぞあそび」でも思考ルーチンを使って何が見えているかを詳細に尋ねると，空洞があること，空洞の形，ピーマンとかぼちゃには種があることなどがリストアップされたのではないか。そして，それをもとにしたらより豊かな疑問が出た可能性はある。

もう1つの授業は，小学校6年生の「世界の中に日本が見える」（東京書籍）である。ここに掲載されている「東京停車場乃図」を対象に**見える・思う・ひっかかる**をやってみた。この授業では，思考ルーチンを使ったクラスと，思考ルーチンを使わずに「わかること，気づくこと，ちょっとでもそうかなと思うこと」をリストアップするクラスをつくって比較した。結果はやはり，思考ルーチンを使うことによって観察の対象が圧倒的に細かくなり，思考ルーチンを使わないクラスでは出なかった次のような推量があがってきた。

- 車が多いから日本は機械化していく
- 車が多いから産業が発達して生活が豊かになっている
- 日露戦争や日清戦争などの争いの多い日本から豊かな日本へ
- 建物が増え，文化が発達していく
- もっと機械化が進んで機械が増える
- 前まで人力車だったけど車になっていると思う
- 和から洋になった
- 大久保のめざした西洋に負けない国になった
- もっと平和になり，大久保の願い以上の日本になる
- 江戸の農民などの苦しい暮らしよりも人々のふところが豊かになり，暮らし

が楽になる
- 外国人がいるから人々の暮らしに新しい考えが生まれる

このように，絵の中に描かれているものからわかることだけでなく，それまでに習った事件や出来事と関連づけた考察が出てきている。そして，その中に，この単元で伝えたかったねらいもしっかり含まれていることが見て取れる。

■思考ツールと日本の授業

以下では，思考ルーチンがどのような場面で利用できるか検討してみた。

●見える・思う・ひっかかる

このルーチンは，画像を対象とするため，図工・美術の作品をじっくり鑑賞するのに使えるのは自明である。しかし，上にみたように，教科書にはさまざまな絵や写真が含まれている。生活科の教科書は，かなりの部分，絵で構成されている。それはたんなる挿し絵ではなく，たとえば「町探検」のページには，町にある信号や横断歩道，公園などの施設・設備，多様な仕事，さまざまな国の人々が描かれている。探検に出るまでに課題をもたせたり，町で見つけたいものを見通させたりするためには，教科書の絵をじっくり観察する時間をつくるとよいだろう。

社会の教科書にも，学習内容とかかわる写真や図，絵がたくさん含まれている。資料集やデジタル教材，現地でもらったパンフレットなどにもじっくり見るべき資料が多い。よく見て考察させる意味のある対象はいくらでも見つかる。それだけに，この手順に子どもがなじんでいると，思考ルーチンのパワーで紹介されている実践と同じように，自分たちだけでも対象を深く読み解いていけると思われる。

●ズームイン

見える・思う・ひっかかると同様の対象に使うことができるが，見せ方が異なる。

このルーチンでは，対象の全部を一度に見せるのではなく，教師の意図に応じてある部分だけを見せる。社会科の文明開化の単元では，煉瓦造りの建物やガス灯がある当時の街のようすを描いた絵が資料として用いられることがある。そのとき，まず和服の人物だけを見せて気づいたことを書かせ，洋服を着ている隣の人物に範囲を広げて気づいたことを書かせ，さらに煉瓦造りの家の壁を見せて気

づいたことを書かせる，というような段階的な見せ方をし，その後，気づきをつないでこの時代を描写する文章をつくるというような使い方が可能である。

　また，飛び箱の着手のしかたや場所について考えさせるために，その瞬間の写真を用意し，着手のときの手の向きに注目させるために手の周辺だけを見せ，腕と上半身の関係に注目させ，体全体の角度に意識を広げるというような見せ方も考えられる。

● 思いつくこと・わからないこと・調べること

　このルーチンは，あるトピックに対する漠然としたイメージや知っていることをあげ，それをもとに，まだよく理解できていない部分を明確にし，何を調べる必要があるかを浮き彫りにする。総合的な学習など，探究的な学習や大きな課題・テーマに取り組む際の導入として使うことができる。たとえば，食糧問題をテーマにしたとき，餓死する子どもがいることや毎日食べ物を捨てていることなどが，思い浮かんだとする。しかし，餓死する子どもが何人いるのか，どれくらいの量の食べ物を捨てているのか，なぜそんなことが同時に起こるのかわからない。では，1日に餓死する人の人数と1日に廃棄する食べ物の量を調べてみよう，といった具合に進めていくことができる。このルーチンのポイントは，学習の起点が子どもの抱いているイメージや既知情報となる点にある。あくまでも「自分の疑問」の解決を通して，学習課題に取り組むことがうながされる。

● チョークトーク

　このルーチンでは，声を出さずに紙面にコメントを書き込んでいく形で議論する。しかし，いつでも自由に書き込める掲示板のようなものではなく，自分の意見を書く時間と他人の意見を読む時間を保証する。学級の話し合いや道徳で扱うような議題の中には，全員の前では意見を言いにくいような繊細なものもある。それでも，文字なら書けるということがある。しかもチョークトークは，感想文のように完結的で一方的なものではない。その場で書き込む短いコメントなので，すぐに他の子どもに読んでもらい，賛同したり補足してもらうことができる。こうした繊細なテーマのほかに，体育祭や修学旅行など，クラス全体で特定の出来事をふり返ったりするような，一人ひとりの意見が出されることを期待する学習に活用できる。ある程度文字を読み書きするスピードが求められることもあり，小学校中・高学年以上での使用に向いている。

3-2-1 ブリッジ

　新しいことを学ぶときに，それまでに子どもが何を知っているか，どんな生活経験をしてきたかを確かめることは多い。たとえば，地域の祭りをテーマにする総合的な学習の時間でこのルーチンを使うことを想定しよう。最初に，「地域の祭り」について，1回目の「3-2-1」を行う。すると，「屋台」「踊り」「神輿」「うちわ」などがすぐに出てくるだろう。質問は「どんなお店が出ているか」「神輿の重さはどれくらいか？」「ほかの地域ではどんな祭りがあるか？」，比喩は「地域の祭りは運動会みたいなもの」「地域の祭りはデパートの地下みたいなもの」というような表面的なものにとどまるだろう。

　しかし，祭りの歴史を学んだり祭りを担う人たちから思いを聞いたりしたあとで再度「3-2-1」を行うと，それが3：「収穫」「再会」「昔を忘れない」，2：「どうすれば盛り上げられるか？」「昔はどんな地域だったのか？」，1：「地域の祭りは祈りのようなもの」というような，歴史や意味，関わる人々の心を映したものに変わる。そして，この変化をふり返ることで，何を学んだのかを深く考えることができる。

4つの方位

　残念ながら日本語では，EWNSという4つの方位の頭文字に当てはめてうまく使うことができないが，この4つの視点でトピックについて検討することはできるだろう。総合的な学習の時間に，河川敷を公園のように整備する提案をしようとしている。それを，管理者に説明するために，公園の構想についてどのように伝えるかを考える。そのため，まず公園の「わくわく感」について，だれにとってどのように役立つのかを考える。子育てや散歩，スポーツの場所などの用途があげられる。次に「不安感」について，雑草の手入れ，夜間の人の出入りなどがあがる。「必要感」では，一般的な公園がどのように管理されているか，水位が上がったときにどのように避難するか，などの検討事項があがってくる。そして，さらによい説明にするために，何について調べて説明を改善すればよいのか，方針が立てられる。

説明ゲーム

　このルーチンは，まず初めに細部に目を向けさせることで，根拠を意識して解釈することをうながす。絵や図，立体物など視覚的な情報を課題の対象とするた

め、社会科に出てくる絵巻物や算数・数学の図形はもちろん、芸術鑑賞にも使うことができる。ただし、既習事項を想起することを期待するのか、完全にオープンエンドな課題かどうかなど、教師が意識して選択することが評価をするうえで重要になる。また、帰納的な推論をさせるものなので、対象は子ども自身の目で細部までよく確認できるものが好ましい。このルーチンでは、あくまでも根拠をもって推論することに重点が置かれ、結論の妥当性までは問わない。しかし、最後に「別の可能性」を考えさせることで、吟味する機会が設けられている。そのため、教科の学習など特定の解がある学習課題にも活用することができる。

●見出し

本文中には、指数関数についての例が出てくるが、本来見出しなどつけないような活動に対しても適用できる。これは、学習事項についてふり返って一言でまとめる活動なので、およそどのような授業でも使えるだろう。そもそも、歴史では新聞をつくる授業が少なくない。新聞をつくれば、見出しが必要になる。たとえば、北条政子についての授業では、「強かった北条政子」「頼朝の意志を受け継ぐ尼将軍」「尼将軍、決意をうながす」「ご恩の力」など、の見出しができる。どこに目をつけてこの出来事をとらえているかが見出しに現れる。理科では、実験のようすをレポートにまとめ、それに見出しをつけるのはどうだろう。塩化銅水溶液の電気分解では、「気体の正体」「気づいたら青くない」「電極で起こっていること」など、考察で書いたことが焦点化されて見出しになる。

●色・シンボル・画像

このルーチンでは、物語やある出来事について、自分がイメージする色を選び、象徴するシンボルを決め、最後に絵を描かせることで、生徒一人ひとりがどのように感じ、理解しているのかに迫ることができる。物語の一場面や歴史上の出来事、語り部のお話などを対象に活用することができる。言語化して要約することがむずかしい場合でも、色やシンボルに比喩することで、その中心的な概念に迫ることができる。また、絵に描くことで想像力がいっそう刺激される。そうして一人ひとりの作品として視覚化されることで、解釈の多様性が明示されることになる。その色やシンボルを選択した理由を伝え合うことが議論のきっかけとなり、教師にとっては子どもたちがどのように感じているのか知る手がかりとなる。

●コンセプトマップ：つくり出す・並べ替える・関連づける・詳細化する

ルーチンとしては，まず初めにトピックに対して思い浮かんだことをただ列挙し，その後，それらをグルーピングしたり，階層的に並べ替えたり，関連づけたりして操作する。書き出した言葉から次々に思いついたことを広げていくイメージマップとは，この点が大きく異なる。また，つながった情報はどういう関係なのか説明を書くことも重要である。トピックとして物語や歴史の出来事などを扱えば，中心的な事象と周辺的な事象を区別したり，心情・事象の変化とその要因を意識させることができる。また，理科では複数の実験結果や記録した個々の情報の関係性に着目させることで，事象をダイナミックにとらえたり，新たな結論を生み出す手がかりとなる。こうして描かれたコンセプトマップからは，生徒がどんな情報をもっているのか，それらの関係性をどうとらえているのか，理解の程度をみとることができる。

●つなげる・広げる・吟味する

たとえば，社会科見学に行くとき，事前学習をしたりワークシートを持たせることで，積極的に情報を得ようとする姿勢をうながしたりする。それをより明確に手順化したものが，**つなげる・広げる・吟味する**である。このルーチンは，既知情報と新たな情報を意識させ，自分の考えがどのように広がり，深まったか記述させる。さらに，新たな情報が加わったことによって生まれた疑問に目を向けさせる。たとえば，三角形の定義を学習したあと，正三角形や二等辺三角形の定義を学習する。こういったつながりのある単元では，既習事項をおさえて次に進めることが前提となる。このとき，教師あるいは他の子どもが提示するのではなく，みずから文字に起こして再確認することが理解をより確実なものにするし，子ども主体の学習になる。また，課題が複雑化し，長期的な学習になれば，考えの変化はよりあいまいになるため，手順化することそのものにも価値が置かれている。

●関連・違和感・重要・変化

文章を読んだ後に行うルーチンである。したがって，国語の教材文は当然よい対象となる。しかし，従来の国語で行ってきた教材文を理解する読み方とは違って，批判的に読んで評価をしたり，自己との関連を考えたりすることをうながす。公民の時間に，政党のマニフェストを対象にして実施するのはどうだろうか。各

党のマニフェストについて，4つの視点のうち関連，違和感，重要の3つについてはまちがいなく実施できる。変化については，選挙や政党についての見方がどのように変わったかを問うのがよいだろう。自分自身の態度や考え，行動の改善について考えさせるという点では，道徳の読み物資料も対象として適しているだろう。資料に綴られている出来事が，自己の日常とどう関連するか，登場人物の発言や行動のどこに違和感を感じたり，重要だと考えるか，そして，自分の行動についてどのような決意をもつかを言葉にして話し合うのである。

●小実験室

　このルーチンは，3人で行うようになっているが，日本の教室でみると4人を原則とするのがやりやすいだろう。グループ活動で，全員が意見を述べることを期待する場面なら，いつでもどんなテーマに対しても使える。国語で登場人物の気持ちを推測して話すとき，社会で出来事が生じた原因について考えを述べるとき，算数で自分の解き方を説明するとき，理科で実験の予想について話すとき，音楽で歌詞をもとに歌い方を提案するとき，図工で完成した作品について紹介するときなど，いくらでも使える場面はある。

　通常のグループでの話し合いと違うのは，リーダーがいて発言をふるのではなく，全員が同じ立場で意見を言うことである。このルーチンが定着するためには，このような話し合いのしかたに慣れるのが必要で，またグループのメンバー全員が決められた時間（1分〜2分）自分の考えを話すことができなければならない。また，話し終わったあと，聞いたことについて静かに考えさせるようにするのが重要である。20〜30秒なので，それほど長くないが，聞いたことについて考えるというのはどういうことかを共有しておく必要はあるだろう。要点をメモする，賛成・反対を決めるなど，場合によって必要なことは異なると思われる。

●前の考え，今の考え

　単元を通して，どのように対象に対する見方が変わったかを明らかにするルーチンなので，どの教科のどの単元でも使える。たとえば，水泳など技能を習得することがねらいとなる単元であっても，水に入る前と泳げるようになった後のプールについての見方は変わっているかもしれない。もちろん，総合的な学習の時間で目かくしをして道を歩く疑似体験を行った後，自転車の放置や点字ブロックについての考えが変化したことをふり返らせるような使い方は，効果的である。

生活科で校長先生などと名刺交換をした前と後の先生に対する考えやイメージ、英語や外国語活動でテレビ会議システムで外国の子どもと直接話をする前と後のその国のイメージの変化をふり返るような場面なども有効である。

● どうしてそう言えるの？

きわめて単純なルーチンで、日常的に使える。そして、日常的に使うことによって、根拠をもとに発言することが意識づけられる。国語で、意見文の主張の根拠を探すとき、それは本文で提示されているさまざまな事実とそれに基づく筆者の推論のプロセスなので、それを説明させる。一方、物語文で登場人物の気持ちを想像するとき、根拠となるのは登場人物についてのさまざまな描写であり、そこには子どもの推察が含まれる。場合によっては、自分自身の経験や常識が推察の背景となることもある。それをうまく説明させ、話し合わせるのがよいだろう。

● 視点の輪

本文で述べられているステップに忠実にやれるのは、その場で視点をイメージできる絵や写真などだろう。国語では、文章を読んで、一定の知識を得てからであれば、さまざまな登場人物の視点から考えることもできる。社会科では多面的に見たり考えたりすることが求められるが、それは通常調べ学習がともなう。たとえば、織田信長、豊臣秀吉、徳川家康の「それぞれの視点から見れば天下とは何だったのか」について、実際に支配した地域、支配の方法やそのための制度などの切り口から調べてわかったことをまとめるのである。そういうときに、このルーチンの手順が使えるが、ステップの3（視点の決定）と5（「その視点から見れば～」）を割愛することになるだろう。

● なりきり

このルーチンでは、物語や歴史上の登場人物といった「他者」、あるいは、公園の木や壊れたおもちゃといった「物」になりきり、その視点からものごとを考える。よく使われてきた手法であるが、なりきるという点が重要である。そのためには、たんに「生産者」とするのではなく、農家の「○○さん」と具体的に特定し、その人の状況やその人の声といった情報にアクセスできることがたいせつである。国語では、登場人物の気持ちになって考えることが求められるが、物語も脇役や登場する「物」の視点から読むことで、読解を深めることができる。総合

的な学習なら，「〇〇川に生息する蛍」の視点から環境問題に迫ってみるのもおもしろいかもしれない。またある程度の情報を得ることが可能なら，「ネパールに住む9歳のイスラム教徒の〇〇ちゃん」といった視点から貧困問題を考えることもできる。こういった想像することがむずかしい立場でも，考えるべき項目が明示されていることで，どんな情報が必要か気づくことができる。

●赤信号・黄信号

　教科書に掲載されている情報について，あまり「本当か？」と疑うことはない。したがって，実社会の情報を授業に持ち込むときが使いどきである。そのような授業は，おおむねメディアリテラシーを意識したものになる。国語でコマーシャルについての授業をするとき，それはだれを対象に，商品のどの特徴に焦点をあてて，どのような効果をねらってどのような手法でつくられているかを分析する。詳しく分析をした後，他のコマーシャルを次々に視聴して，赤信号と黄信号を指摘するような授業展開はどうだろうか。コマーシャルの分析で学習した説得の手法を，他の対象に対してあてはめてみるのである。

●主張・根拠・疑問

　理科の実験や観察の予想で使ってみてはどうだろうか。電池のつなぎ方と電流や電圧の大きさ，発芽する場所，ばねの本数と伸び方など，大根の根と茎の境目など，さまざまな意見が出そうなものを対象に，各自の考えを主張させ，多少あいまいでもよいので根拠を示させる。さまざまに解釈できる絵画を見て，その意味について各自に主張させるのもおもしろい。国債や地方債を発行して，国や地方が事業を行うことについて，賛成や反対の主張をさせ，それに対して疑問を考えるような授業も考えられる。

●綱引き

　対立する主張を扱う授業は，よくディベート形式で行われる。このルーチンは，同じ対立する主張でも，扱い方がまったく異なる。ディベートに向けた特別なテーマのようなものではなく，子どもが本当に意思決定をしなければならないような場面で使うのがよいだろう。総合的な学習の時間や社会科で米作について扱い，自分たちの学校田でも実際に稲作を行うことになっているとしよう。そこで，除草剤や農薬を使うかどうかについての意見とその根拠を書き込んでいくのである。

訳者解説：日本の授業と思考ルーチン

道徳で何かをすべきかどうか価値葛藤で悩んでいる登場人物が，どうすべきかについてさまざまな価値や見方を綱の上に貼っていくのもよいだろう。

● **文・フレーズ・単語**

文章読解を念頭に置いたルーチンである。したがって，国語の時間で使うことを考えてみよう。通常の国語の読みに入る前に，各自気になる文，フレーズ，単語を選ばせ，それをグループの中で共有する。そして，みんながあげた文，フレーズ，単語に共通するテーマを考えるのである。その後，クラスで各グループの考えを共有する。この活動によって，じっくり文章を読む前に，仮説やポイントを得ることになる。そのあとで，従来通りの読みの授業を展開する。このようにすることで，文章読解のきっかけが与えられるのを待つのではなく，積極的に重要だと思う所を探したり，疑問をもったりしながら読めるようになる。

おりしも，能動的な学習への関心が高まっている。それは，子どもが自分の意見や考えを表して，グループやクラスで高め合うことである。これが実現されるためには，表してもよいと感じる場と，表された意見や考えが高まっていくプロセスのイメージが重要である。思考ルーチンは，意見や考えを生み出すきっかけを与え，それを抵抗なく表す場を提供し，そこに一人ひとりのアイデアが可視化される。そして，一つひとつのステップによって，意見や考えが高まっていく流れも可視化される。グループの議論を引っ張る少数のリーダーの意見だけが通るのではなく，すべてのメンバーのアイデアがもとになってみんなの考えになり，そこからまた一人ひとりの考えが生み出される。本書で紹介されている思考ルーチンのすべてが，日本の授業でそのまま使えるとは限らない。しかしこの考え方は，子どもの考えをもとに授業をつくりたいと思う教師にとって，なんらかのヒントを与えてくれると考える。

文献

山崎英則・片上宗二（編）(2003).『教育用語辞典──教育新時代の新しいスタンダード』ミネルヴァ書房

謝辞：小学校1年生の実践については高槻市立阿武山小学校の早川文先生，6年生の実践については，金沢市立安原小学校の小林祐紀先生のご協力を得ました。また，実践の記録，分析については，関西大学総合情報学部の竹田真菜さんにお願いしました。伏して感謝します。

索　引

●あ
赤信号・黄信号　174
足場　39
「アラバマ物語」シンドローム　258
アンダーソン（Anderson, L. W.）　5

●い
一話完結から連続もの　261
色・シンボル・画像　108

●う
ウィギンス（Wiggins, G.）　7
ヴィゴツキー（Vygotsky, L. S.）　24

●お
大きな C　230
オーセンティックな質問　26
オープンエンド　181
思いつくこと・わからないこと・調べること
　63

●か
核となる概念　10, 21, 28
学校ゲーム　209
考える文化プロジェクト　14
環境　234
関連・違和感・重要・変化　130

●き
機会　231
期待　231
今日のスペシャル　258

●く
クラスウォール（Krathwohl, D. R.）　5
グロッザー（Grotzer, T.）　23

●こ
コスタ（Costa, A.）　14, 24
言葉　233
コンセプトマップ　15, 114

●さ
3-2-1 ブリッジ　78

●し
時間　232
思考の習慣　13
思考のタイプ　11
視点の輪　159
主張・根拠・疑問　180
小実験室　137
真理主張　180

●す
ズームイン　56

●せ
説明ゲーム　93

●そ
相互作用　235

●ち
知的習慣　24
チャーチ（Church, M.）　8
チョークトーク　70

●つ
つくり出す・並べ替える・関連づける・詳細化
　する　114
つなげる・広げる・吟味する　122
綱引き　189

●と
どうしてそう言えるの？　30, 153

●な
名前をつける　24
なりきり　166

●は
パーキンス（Perkins, D.）　9, 21

●ひ
ビッグス（Biggs, J. B.） 13
開いた発問 26

●ふ
付箋紙マニア 257
ふり返りのトス 30
フリード（Fried, R. L.） 209
ブルーム（Bloom, B.） 4
文・フレーズ・単語 197
分類体系 4

●へ
ペイントリフレクション 212

●ほ
ホーキンス（Hawkins, D.） 236
本質的問い 27

●ま
前の考え，今の考え 145

●み
見える・思う・ひっかかる 47
見出し 101

●め
メタ認知 11, 13

●も
モデリング 233

●よ
4つの方位 85

●ら
LAST 252
LAST プロトコル 34

●り
理解の案内図 11
理解のための教育 211
リチャート（Ritchhart, R.） 9

●る
ルーチン 237

●ろ
ロビンソン（Robinson, K.） 208

●わ
ワークシートによる思考阻止 260

訳者あとがき

　本書は，思考ルーチン（thinking routine）についてのものである。ルーチンとは，毎日何度もくり返される決まりきった仕事や日課をさす「ルーチンワーク」のように，どちらかというと否定的にとらえられがちである。たとえば，become routine という語句には，同じことのくり返しによって新鮮味がなくなるという意味が含まれている。しかし，それを積極的にとらえると，確実に履行される決まった手順という意味になる。

　教室には，ルーチンがとても多い。授業の開始時に日直が起立の号令をかけお辞儀をする。教師は今日の「めあて」を黒板に書いて枠囲みし，子どもはそれをノートに写す。その後，全員で声に出して「めあて」を読む。授業の終わりに決まったフォーマットの「ふりかえりシート」を記入する。授業終了時には，再び起立してお辞儀をする。このようなルーチンは，授業に規律を与え，学習課題への意識を高め，学習の効率を高める役割を持っている。毎日同じ手順で行われるが，否定的な意味をもつものではない。

　思考ルーチンは，子どもの発言を生み出すための手順である。なるべく多くの子どもの多様な発言を引き出すためにはどのような活動をしくみ，どのように問いかけるかが，手順として示されている。この手順をふんでいくことで，徐々に深く考えるように導かれる。なお，原典には，思考ルーチンを用いた授業の映像がDVDで貼付されている。これを見れば，思考ルーチンの手順や子どもの反応が具体的にわかる。しかし残念ながら，本書ではDVDは割愛した。また，DVDについて触れている部分については，訳出していない。

　おりしも，能動的（アクティブ）な学びや協同的（コラボレーティブ）な学びに対する関心が高まっている。本書で示されている21の思考ルーチンは，すべて一人ひとりの子どもが自分の考えやイメージを表すことから始まる。そのために手順化された発問は，実はさまざまな制限を加える役割を果たしている。その制限によって，やや方向づけられた子どもの考えやイメージが解き放たれる。ここがおもしろい。そして，全員の考えが書き留められ，それを元にした次の思考につながっていく。協同的に学ぶ具体的な姿である。

　思考ルーチンは，1回やってみて終わりではない。何度も同じ手順をくり返すことでそれがルーチンになっていく。それは，子どもがどのようにアイデアを表し，どうやってそれを共有し，どのように自分のあるいは自分たちの考えをつく

り上げるかを知って，身につけることである。そして，それをおもしろいと感じ，全員が協同的にこの営みに参加する。このような文化ができると，それを「考える文化」とよぶ。

　日本の学校でも，教師は学級開きの日から，このような学級文化をつくり上げることに腐心する。本書にあるのは，そこにある暗黙知を形式として表に出すことによって，子どもとともにその文化をつくり上げていく方法とそのヒントである。

黒上晴夫

●訳者紹介●

黒上　晴夫（くろかみ　はるお）
1989 年　大阪大学人間科学部技官・助手
1993 年　金沢大学教育学部助教授
2002 年より関西大学総合情報学部教授
主著・論文
　教育メディアの開発と活用（共著）　ミネルヴァ書房　2015 年
　こうすれば考える力がつく！中学校思考ツール（共編著）　小学館　2014 年
　考えるってこういうことか～思考ツールの授業～（共編著）　小学館　2013 年
　シンキングツール～考えることを教えたい～（共著）　NPO 法人学習創造フォーラム　2012 年

小島　亜華里（こじま　あかり）
　関西大学初等部　理科・ICT 支援員，Carey Baptist Grammar School Assistant Teacher，園田学園
　　女子大学　非常勤講師，関西大学中等部・高等部　国際理解教育部職員を経て
現在　関西大学大学院総合情報学研究科博士課程後期課程
主著・論文
　小学校環境教育における修正の場面を取り入れた行動プラン法の効果（共著）　日本教育工学会論
　　文誌　2014 年
　体系的な情報教育に向けた教科共通の思考スキルの検討～学習指導要領とその解説の分析から～
　　（共著）　日本教育工学会論文誌　2013 年
　シンキングツール～考えることを教えたい～（共著）　NPO 法人学習創造フォーラム　2012 年

子どもの思考が見える21のルーチン
―アクティブな学びをつくる―

| 2015年9月20日 | 初版第1刷発行 |
| 2016年2月10日 | 初版第3刷発行 |

定価はカバーに表示
してあります。

著　　者	R. リチャート
	M. チャーチ
	K. モリソン
訳　　者	黒上　晴夫
	小島　亜華里
発　行　所	㈱北大路書房

〒603-8303　京都市北区紫野十二坊町12-8
電　話　(075) 431-0361㈹
ＦＡＸ　(075) 431-9393
振　替　01050-4-2083

©2015

印刷・製本／創栄図書印刷㈱
検印省略　落丁・乱丁本はお取り替えいたします。
ISBN978-4-7628-2904-8　　　Printed in Japan

・ JCOPY 〈㈳出版者著作権管理機構 委託出版物〉
本書の無断複写は著作権法上での例外を除き禁じられています。
複写される場合は，そのつど事前に，㈳出版者著作権管理機構
(電話 03-3513-6969, FAX 03-3513-6979, e-mail: info@jcopy.or.jp)
の許諾を得てください。